国家社会科学基金重大招标课题"加快经济结构调整与促进经济自主协调发展研究"(批准号:12&ZD084)

标准对中国农产品出口的贸易效应研究

谢兰兰 / 著

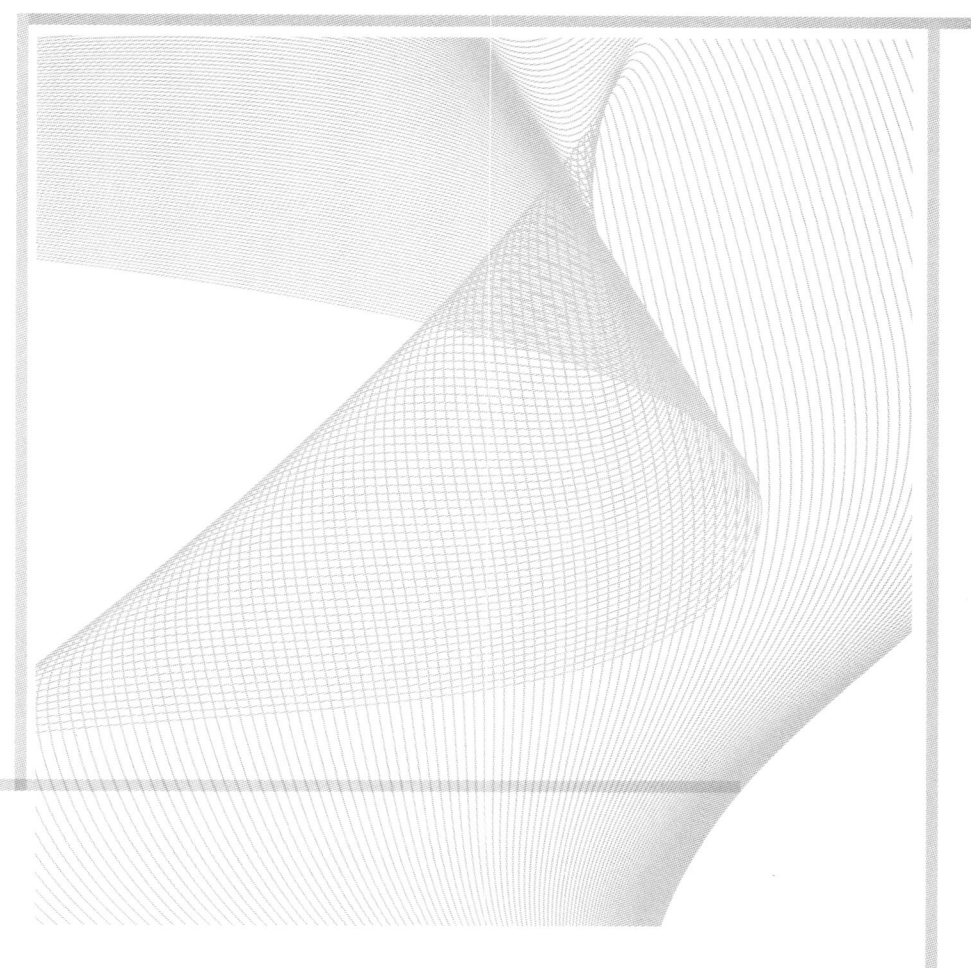

中国社会科学出版社

图书在版编目（CIP）数据

标准对中国农产品出口的贸易效应研究/谢兰兰著. —北京：中国社会科学出版社，2019.6

ISBN 978-7-5203-4594-1

Ⅰ.①标… Ⅱ.①谢… Ⅲ.①农产品—出口贸易—研究—中国 Ⅳ.①F752.652

中国版本图书馆 CIP 数据核字（2019）第 122360 号

出 版 人	赵剑英
责任编辑	刘晓红
责任校对	周晓东
责任印制	戴　宽

出　　版	中国社会科学出版社
社　　址	北京鼓楼西大街甲 158 号
邮　　编	100720
网　　址	http：//www.csspw.cn
发 行 部	010-84083685
门 市 部	010-84029450
经　　销	新华书店及其他书店
印刷装订	北京市十月印刷有限公司
版　　次	2019 年 6 月第 1 版
印　　次	2019 年 6 月第 1 次印刷
开　　本	710×1000　1/16
印　　张	13.5
插　　页	2
字　　数	208 千字
定　　价	76.00 元

凡购买中国社会科学出版社图书，如有质量问题请与本社营销中心联系调换
电话：010-84083683
版权所有　侵权必究

前　言

过去 20 年间，标准在全球农产品贸易中的作用日益增强。发达国家和新兴市场国家对食品安全和高质量农产品的需求、全球农产品价值链的深化重组导致了标准的大量增加和普遍采用，但农产品贸易，特别是高标准农产品贸易却实现了稳定增长，占农产品贸易总额的比重不断提高。到 2016 年，全球农产品贸易结构中以蔬果、乳制品、水产品、肉类产品为代表的高标准农产品贸易的比重已经达到 42%。因此，标准对贸易的影响引起了学术界和政策制定者的广泛关注和讨论。传统贸易理论视标准为非关税贸易壁垒，认为标准的增加和提高对贸易有抑制作用：发达国家可以将标准作为非关税贸易措施用于保护本国生产者，高标准导致的遵从成本增加会提高市场准入门槛，阻碍发展中国家农产品进入发达国家市场。但发展中国家高标准农产品出口的稳定增长对标准的贸易抑制作用的观点提出了挑战。最近的理论和经验研究表明，标准可以有效解决信息不对称和外部性问题、降低交易成本、增强消费者信心，在增加社会福利的同时促进农产品贸易增长。许多发展中国家将促进高标准农产品出口作为加快经济增长、增加就业和减少贫困的重要战略。

本书综合分析了标准对我国高标准农产品出口的贸易效应。在归纳总结现有研究成果的基础上，构建了标准贸易效应的理论分析框架，论证了标准促进和阻碍农产品贸易发挥作用的条件，指出标准对贸易的影响取决于标准提高导致的遵从成本增加和价格提高对本国生产者边际成本增加、消费者边际效用增加的影响程度和供求弹性的大小。

在研究了农产品领域标准的大量采用及其对全球农产品贸易格局影

响的基础上，进一步剖析了我国农产品在全球农产品价值链中的地位和国际市场竞争力，指出我国农业整体处于全球农产品价值链的低端，参与全球农产品价值链程度低，肉制品和乳蛋产品处于绝对劣势，水产品和蔬菜产品具有较强的出口竞争力。

为了分析标准对我国农产品出口的影响，结合主要贸易伙伴国对我国实施的与标准有关的技术性贸易措施的状况，本书构建了拓展的引力模型，实证检验了标准对我国主要优势农产品（水产品和蔬菜）出口的影响。结果表明，发达国家设置的质量安全标准水平，总体对我国农产品出口具有显著抑制作用。同时，也发现了一个引人深思的现象，在日本史上最严的农产品进口标准《食品中残留农业化学品肯定列表制度》颁布后，近些年我国对日本蔬菜和水产品出口恢复性增长的同时，被日本海关扣留的产品批次明显减少。这也正面印证了理论部分的分析：当出口国的生产者对进口国的政策措施有较强的遵从能力时，进口国设置的标准非但不一定会成为贸易的阻碍，还可能成为贸易的催化剂。

最后，与研究初衷相应，本书从构建以竞争力为导向的农业支持政策体系、按照国际标准建设国内农产品质量安全标准体系，通过外贸的带动效应，促进内外贸一体化发展、优化农业劳动力结构，以国家乡村振兴战略发展为契机，提高农业劳动力的教育水平，加快青年农民培养，推动农民职业化进程、充分发挥标准的市场属性，培育农产品领域的私营标准等四个方面提出了促进我国高标准农产品出口的政策建议。

由于作者研究能力所限，本书还有很多不足和缺陷，就此已在书中进行详细说明，在今后的研究工作中将进一步补充、修正和深入，本人诚恳接受所有批评和建议。在本书写作过程中得到了许多师长同人的指点，受益良多，在此一并致谢。

目　　录

第一章　绪论 …………………………………………………………… 1

　第一节　研究背景与意义 …………………………………………… 1
　　一　研究背景 ……………………………………………………… 1
　　二　研究意义 ……………………………………………………… 2
　第二节　研究思路与方法 …………………………………………… 5
　　一　研究思路 ……………………………………………………… 5
　　二　研究方法 ……………………………………………………… 5
　　三　本书框架 ……………………………………………………… 6
　第三节　研究内容 …………………………………………………… 7
　　一　理论研究 ……………………………………………………… 7
　　二　实证研究 ……………………………………………………… 8
　　三　政策研究 ……………………………………………………… 9
　第四节　研究创新处和不足之处 …………………………………… 11
　　一　创新处 ………………………………………………………… 11
　　二　不足及需要进一步深化之处 ………………………………… 12

第二章　文献综述 ……………………………………………………… 14

　第一节　标准与农产品贸易关系的文献综述 ……………………… 14
　　一　国外研究综述 ………………………………………………… 14
　　二　国内研究综述 ………………………………………………… 17
　第二节　标准贸易效应的度量方法 ………………………………… 22

　　　　一　覆盖率指数和频率指数 …………………………………… 23
　　　　二　贸易保护指数 …………………………………………… 25
　　　　三　异质性贸易指数 ………………………………………… 27
　　　　四　关税等值法及其扩展 …………………………………… 28
　　　　五　基于引力模型的经验分析方法 ………………………… 32
　　第三节　小结 ………………………………………………………… 34

第三章　标准对农产品贸易效应的理论分析 …………………………… 38
　　第一节　标准贸易效应的比较静态分析 …………………………… 39
　　　　一　对进口国供给的影响 …………………………………… 39
　　　　二　对进口国需求的影响 …………………………………… 41
　　　　三　对进口国供给和需求的影响 …………………………… 42
　　　　四　对进口国福利的影响 …………………………………… 42
　　第二节　标准贸易效应的理论模型 ………………………………… 43
　　　　一　消费者效用函数 ………………………………………… 44
　　　　二　生产者成本函数 ………………………………………… 44
　　　　三　对产品价格的影响 ……………………………………… 45
　　　　四　对消费者剩余和生产者剩余的影响 …………………… 46
　　　　五　标准对农产品贸易的影响——贸易催化剂还是
　　　　　　壁垒 ………………………………………………………… 46
　　第三节　小结 ………………………………………………………… 48

第四章　标准的兴起与全球农产品贸易的发展 ………………………… 49
　　第一节　全球农产品贸易领域的标准 ……………………………… 49
　　　　一　农产品贸易领域标准的兴起 …………………………… 49
　　　　二　与农产品有关的技术标准分类 ………………………… 57
　　　　三　规范农产品标准的国际组织 …………………………… 63
　　第二节　全球农产品贸易的发展特征 ……………………………… 65
　　　　一　农产品贸易额稳步增长 ………………………………… 66
　　　　二　高标准、高附加值农产品贸易比重上升 ……………… 67
　　　　三　集团化趋势明显，发达国家占主导地位，发展中国家

		地位上升 ……………………………………………	68
	四	农业成为全球 FDI 流向的热点领域 ………………	70
	五	严格的农产品标准被广泛采用 ……………………	71
	六	多层次的全球农产品贸易参与者合作共赢 ………	72
第三节	全球农产品价值链重组深化与高标准农产品贸易发展 …………………………………………………		73
	一	全球农产品价值链重组深化 ………………………	73
	二	全球农产品贸易与农产品价值链 …………………	74
	三	全球高标准农产品贸易的发展 ……………………	86
第四节	主要国家的农食产品质量安全监管体系比较 …………		89
	一	欧盟的农食产品质量安全监管体系 ………………	90
	二	美国的农食产品质量安全监管体系 ………………	96
	三	日本的农食产品质量安全监管体系 ………………	99
	四	新加坡的农食产品质量安全监管体系 ……………	103
	五	发达国家农食产品质量安全监管体系对我国的借鉴意义 …………………………………………	104
第五节	小结 ……………………………………………………		107

第五章 我国农产品出口现状及竞争力分析 ……………… 108

第一节	我国高标准农产品出口现状 …………………………		108
	一	我国农产品出口状况 ………………………………	108
	二	我国高标准农产品出口状况 ………………………	114
第二节	我国农产品出口遭遇的与标准有关的技术性贸易措施的状况 …………………………………………………		123
	一	我国农产品出口遭遇的 SPS、TBT 等措施数量持续增长 ………………………………………………	123
	二	主要贸易伙伴国对我国农食产品的拒收、扣留状况 …………………………………………………	125
	三	技术性贸易措施对我国农食产品出口企业的影响 ……	131
第三节	我国农产品的出口竞争力分析 …………………………		133
	一	国际市场占有率 ……………………………………	133

二　显示性比较优势指数 …………………………………… 134
第四节　小结 ………………………………………………………… 135

第六章　标准对我国农产品出口的贸易效应分析 ………………… 137

第一节　我国蔬菜与水产品遭遇主要贸易伙伴国扣留和召回
　　　　情况 ………………………………………………………… 137
　　一　被扣留及召回的总体状况 …………………………………… 137
　　二　被扣留和召回原因分析 …………………………………… 139
　　三　国别构成 …………………………………………………… 140
第二节　标准对我国蔬菜和水产品出口的贸易效应分析 ………… 143
　　一　模型构建和数据说明 ……………………………………… 143
　　二　模型估计 …………………………………………………… 146
　　三　实证分析结果 ……………………………………………… 151
　　四　标准对我国农产品出口贸易效应的动态变化 …………… 152
第三节　小结 ………………………………………………………… 154

第七章　促进我国高标准农产品出口的政策建议 ………………… 155

第一节　构建以竞争力为导向的农业支持政策体系 ……………… 155
　　一　农业政策中纳入对高标准高附加值农产品的扶持 …… 156
　　二　对一般服务支持结构进行优化调整 ……………………… 158
　　三　构建以保障农民收入为导向的经营风险管理体系 …… 159
　　四　推动农产品价值链深化升级 ……………………………… 160
第二节　推动内外贸产品质量和监管同标 ………………………… 161
　　一　我国农产品质量标准与发达国家的差异 ………………… 161
　　二　促进内外贸农产品质量安全标准一体化发展 …………… 163
　　三　内外同标的成功经验——中国输港鲜活农产品质量
　　　　控制体系 ………………………………………………… 165
第三节　增加人力资本投资，优化农业劳动力结构 ……………… 171
　　一　青年农民回流和培养计划 ………………………………… 173
　　二　加快推动农民职业化 ……………………………………… 174
　　三　政府、企业、民间的全方位支持体系 …………………… 175

第四节　培育农产品领域的私营标准……………………176
　　一　私营标准发展的一个成功例子——有机谷…………176
　　二　我国农产品私营标准发展存在的问题………………178
　　三　培育和发展农产品私营标准的思路…………………178
第五节　小结……………………………………………………179

附　录……………………………………………………………182

参考文献…………………………………………………………191

第一章 绪论

第一节 研究背景与意义

一 研究背景

农产品贸易与农产品标准密切相关。过去20年，在经济全球化的大背景下，全球农产品贸易的一个重要特征是标准对农产品贸易的影响明显增强。一方面，越来越多严苛的农产品质量安全标准被国际组织、发达国家和发展中国家的官方、非官方机构制定与实施，市场准入门槛提高；另一方面，以蔬果、乳制品、水产品、肉制品为代表的全球高标准农产品贸易增长迅速，农产品标准的提高与贸易的增长相伴而行（世界银行，2008）。这一特征反映了农产品市场的供需变化和结构调整，农产品市场的变化与调整导致全球农产品标准大量增加，但标准规范统一进程加快，降低了交易成本，促进了贸易增长。

从需求角度看，全球消费者对食品安全和质量的预期越来越高。在发展中国家和新兴市场国家，人口增长、收入提高和大规模城镇化，使人们对食品的需求从量的增加向多样化转变，从解决温饱问题转向对食品安全和营养丰富的要求；膳食结构从以谷物为主转向蔬果、乳制品、水产品多样化；从对初级加工农产品的需求转向对精加工农产品的需求。同时，发达国家的消费者对高质量和有机农产品的需求日益增加，对农产品生产过程中植物多样性、动物福利、环境保护、劳工条件、公平贸易等投入了大量关注。消费者偏好的这种变化导致各国制定出台的严格农产品标准大量增加。《中国技术性贸易措施年度报告》显示，2016 年，WTO 成员国通报的 TBT 措施中涉及最多的产品领域是农食产品，共 510 件，占比高达 30.3%，与农食产品直接相关的 SPS 措施通报数量高达 1392 件。在严苛的标准下，蔬菜、水果、乳制品、水产品、肉制品①贸易却实现了超常规增长。2016 年，高标准农产品②在全球农产品贸易③中的比重高达 42%。

从供给角度看，全球农产品价值链深化升级是标准得以被大规模采用的重要原因。发达国家的大型跨国公司和零售商主导着全球农产品价值链。大量的案例研究表明，随着全球农产品标准的提高和价值链的延伸，来自欧洲、美国等发达地区的跨国公司或零售商将亚洲、非洲的中小农场及农户纳入全球价值链，把中小农场、农户和严格的农产品标准、先进的农业技术、资金、市场、农产品整体营销、农产品品牌和物流结合起来，极大提高了这些小规模生产者的收入水平和资源使用效率，对提高所处国家和地区的福利水平、小农收入、产业标准和食品安全起到了积极的促进作用。通过贸易融入全球农产品价值链，满足发达国家的高标准要求，是发展中国家提高自身农产品标准、促进本国农业升级和供应链现代化的重要途径。越来越多的数据和案例表明，虽然标准会提高市场准入门槛，但同时可以成为贸易的催化剂。在拉美和加勒比地区，高标准农产品出口占农产品出口总额的比重由 1980 年的 20% 增加到最近几年的 37%，在非洲和一些太平洋群岛国家的农产品出口结构也呈现出相同的趋势（Maertens & Swinnen，2015）。这对发展中国家的经济增长和农民增收减贫至关重要，许多发展中国家把高标准农产品出口作为促进经济"亲贫困化增长"（Pro‐poor Growth）的重要战略。

二　研究意义

作为最大的发展中国家和新兴市场国家，我国农业肩负着保障 13 亿人的食品安全、减少贫困和可持续发展的重任。建立在 2.1 亿小农户

---

① 这几类农产品是在国际贸易中被标准限制最严格的几类产品，也是本书的研究重点，后文中称为高标准农产品。
② 纳入统计范围的产品包括 HS 编码 02.03.0401 – 0406.07.08.16 和 20。
③ 纳入统计范围的农产品包括 HS 编码 01 – 24。

分散经营基础上的我国农业基础薄弱、生产率低、抗风险能力弱，竞争力不强，处在全球农产品价值链的低端，转型升级面临巨大挑战。食品安全、农业资源利用率和生产效率、农民增收是我国农业供给侧结构性改革，提高农业发展质量过程中必须解决的几个问题。

改革开放40年，我国农业发展取得了巨大进步，农业生产总量位居世界前列，基本解决了粮食安全问题，但食品安全问题远没有解决。快速的经济增长和城市化使居民可支配收入持续增加，消费者对安全可靠高质量的食品需求持续增长。与发达国家相比，我国农业小农户经营占主导地位，农业生产技术相对落后，特别是农药化肥的大量使用造成的农业污染日益严重，农产品质量问题频发，农业发展水平与人们对高质量农产品需求的矛盾日益突出。

由于技术落后，我国农业生产效率、资源利用率和劳动生产率低于发达国家。2014年，中国亩产粮食约390千克，美国、日本分别为509千克和421千克[①]；在水资源利用方面，我国每1公顷农用地消耗水量557吨，澳大利亚182吨，以色列250吨，法国293吨；农业劳动生产率同样远低于发达国家，"我国用30%的劳动力创造了占国内生产总值9%的农业产值，而美国仅用2%的劳动力就创造了2%的农业产值"（叶贞琴，2017）。

我国是农业就业大国，2016年我国农业就业人口2.15亿，占全部就业人员（7.76亿）的比重为27.7%，但农民收入远低于全国平均水平。国家统计局数据显示，2016年全国居民人均可支配收入33616元，农村居民人均可支配收入12363元[②]，仅相当于平均水平的1/3。除去来自非农产业的收入，农业从业人员的收入水平更低。

国际贸易是我国农业实现高质量发展的重要途径。自加入WTO后，我国农业开始与世界市场接轨，对国际市场的依赖程度不断加深。国家统计局数据显示，2016年我国农产品贸易额占农业增加值的比重达18.6%[③]。但是长期数量扩张型的发展模式，导致农产品国际市场竞

---

① 按照当年粮食产量与种植面积平均值计算。
② 统计口径包括工资性收入、经营净收入、财产净收入和转移净收入四部分。
③ 按2016年人民币对美元中间价折算。

争力偏低，逐渐成为农产品净进口国，农产品贸易逆差呈扩大趋势，从2000年的54.18亿美元，增长到2016年的310.21亿美元。事实上，中国农产品出口规模很大，已经成为世界第三大单一农产品出口国[①]，农产品出口长期保持稳定增长，但相伴而来的是数量庞大的与标准有关的技术性贸易措施。由于无法满足进口国特定的技术要求和标准而大量遭遇取消订单、扣留、销毁、退回、改变用途和降级。国家质检总局对2016年我国出口企业受贸易伙伴国技术性贸易措施影响的情况进行的问卷调查结果显示，38.3%的农食产品类企业受到国外技术性贸易措施的影响，在所有行业中受影响比例最高，且区域分布集中，以欧盟、美国、日本等发达国家为主，其中遭遇最多的为农兽药残留限量、食品微生物指标要求、重金属等有害物质限量要求，直接损失率达5.1%[②]，仅次于木材纸张非金属行业（10.9%），远高于2.4%的平均水平。

我国农产品出口的遭遇是众多发展中国家的一个缩影。标准作为全球农产品贸易的新规则是大势所趋。在全球农产品贸易中，发达国家对进口农产品设置严格的技术标准，极大增加了包括我国在内的发展中国家农产品在国际市场的竞争压力，如果不能及时有效化解，既不利于我国农业产业结构调整，也会直接影响到农民增收。2017年中央一号文件对我国农产品出口的发展方向释放出积极信号。提出要"创造良好的农产品国际贸易环境"，并"积极参与国际贸易规则和国际标准的制定修订"，将农业供给侧结构性改革与积极合理的应对和利用各类与标准相关的非关税贸易措施、扩大优势农产品出口联系在一起。

分析和研究主要贸易伙伴国实施的标准措施给我国农产品出口造成的影响，在此基础上有针对性地提出应对之策，以主动提高农产品标准为突破口，促进我国高标准农产品的出口，实现我国农业高质量发展，推动供给侧结构性改革深入开展、实现农民增收等具有重要的理论和现实意义。

---

① 第一和第二分别是美国和巴西。
② 直接损失额占出口额的比重。

第二节　研究思路与方法

一　研究思路

本书遵循提出问题、分析问题和解决问题的逻辑思路。围绕标准的贸易效应这一中心，从理论上全面深入分析标准对农产品贸易促进和阻碍作用发生的条件；进一步分析标准兴起和全球农产品价值链重组深化背景下全球和我国农产品贸易格局，着重探讨标准和全球农产品价值链的重组深化对改变全球农产品贸易格局的影响；随后将研究重点转到标准对我国农产品出口的影响，首先，对我国高标准农产品出口的现状和遭遇主要贸易伙伴国技术标准限制的情况进行梳理，然后，指出我国农产品出口面临的严峻现实，从出口竞争力角度考察和分析我国农产品在国际市场的竞争优势和农产品贸易逆差增大的原因，并运用引力模型实证分析主要贸易伙伴国的农产品标准提高对我国农产品出口的影响。在此基础上，从降低遵从成本，提高遵从能力的角度提出促进我国高标准农产品出口和提升农业发展质量的政策建议。

二　研究方法

针对研究问题，本书运用不同研究方法，多角度对研究问题进行探讨。主要的研究方法如下：

（一）规范分析与实证研究结合

在借鉴相关理论的基础上，构建理论分析框架探讨标准影响农产品贸易的作用机理。结合我国出口的实践，构建经验分析模型，以蔬菜和水产品两种产品为例对理论结论进行实证检验和分析。

（二）案例分析

在政策研究部分，选取了两个有典型意义的案例作为政策探讨的延伸：一是中国大陆输港鲜活农产品质量控制体系的成功运行。从出口与内销农产品在生产、流通环节的差异进一步探讨了内外销农产品质量同标的制约因素。二是农产品领域中的私营标准，选取的是美国的有机谷（organic valley）。通过该案例，主要探讨了我国农产品私营标准的发展问题。

（三）比较分析

不同类型的技术标准对农产品贸易产生的影响不同，不同国家的质量安全监管体系各具特色。基于此，本书着重从法律约束性、标准制定动机和角度等方面对全球农产品贸易中出现的官方标准和私营标准进行横向比较；通过对美国、日本、欧盟、新加坡等全球农食产品质量安全监管最完善的国家和地区的监管模式进行对比，分析全球农食产品质量安全监管的趋势特征，对我国具有重要的借鉴意义。

三 本书框架

本书共分为七章。基本框架如下：

第一章是绪论，主要阐述本书的研究背景与意义、研究思路与方法、主要研究内容以及对研究的创新和不足等。

第二章是文献综述，梳理了国内外学者关于标准与农产品贸易关系的文献观点和思路，并整理和评述了标准贸易效应的量化分析方法，为后续的理论与实证研究奠定基础。

第三章是标准对农产品贸易效应的理论分析。首先，构建了一个局部均衡分析框架，分析标准提高对进口国的供给、需求、进口量和福利等各方面的影响。其次，在此基础上构建以产品标准作为变量的消费者效用函数和生产者成本函数，考察标准的变化对消费者效用、生产者成本、国际市场价格、生产者剩余和消费者剩余的影响。最后，在均衡市场条件下，探讨标准变化对农产品贸易促进和阻碍的作用条件。

第四章是标准的兴起与全球农产品贸易的发展。主要内容包括全球农产品贸易领域标准兴起的背景和现状、全球农产品贸易发展的特征、全球农产品价值链深化重组对全球农产品贸易发展的影响、主要国家农产品质量安全监管体系的比较。

第五章是我国农产品出口现状及竞争力分析。主要内容包括标准兴起下我国农产品出口的现状和特征、国外标准措施对我国农产品出口的影响和我国农产品出口的竞争力分析。

第六章是标准对我国农产品出口的贸易效应分析。以第五章竞争力分析中的我国在国际市场中的竞争优势产品（蔬菜和水产品）为例考察和分析了国外的标准措施对我国农产品出口的影响,并基于引力模型进行实证检验。

第七章是促进我国高标准农产品出口的政策建议。作为全书研究的落脚点,在前文理论和实证分析的基础上提出促进我国高标准农产品出口、提升农业发展质量的政策建议。

第三节 研究内容

本书主要从理论、实证、政策三个方面,分析标准对农产品贸易的影响机理、实证检验标准对我国农产品出口的影响,并提出具有实践操作价值的政策建议。主要研究内容具体如下:

一 理论研究

作为后续研究的基础和铺垫,本书在第二章详细梳理了关于标准与农产品贸易关系的理论研究进展。结论表明,评价标准与农产品贸易的关系与研究视角和研究方法密切相关,目前学术界在这方面的研究成果既丰富又矛盾。在一些研究中,标准是增加贸易成本、降低贸易效率的障碍,另一些研究则证明,当标准的出现是以消除买卖双方之间的信息不对称、缩减交易成本和稳定产品供给为目的的时候,客观上将对交易双方起到积极作用。在大量的案例研究中,研究结论也由于样本国家、产品种类和所采用的测度方法的差别而有所不同。基于标准与农产品贸易关系的复杂性,本书构建了一个综合的理论框架体系,来探讨标准对农产品贸易影响发生作用的条件。

本书首先构建了一个比较静态的局部均衡分析框架,考察标准提高对进口国的供给、需求、进口量和福利等各方面的影响。最终得出的结论是不确定的:在标准实施提高了国内外供货商的遵从成本、减少了消费者信息不对称性的情况下,进口量的变化取决于进口国国内供需的变化。当进口品价格提高幅度(即进口品的遵从成本)小于进口国供需曲线的变动幅度时,进口量增加,反之进口量下降。标准提高对进口国的福利效应取决于生产者剩余的增加和消费者剩余的变化孰大孰小。对于进口国来说,出于产业保护的目的采取提高标准的手段对进口产品进行约束，往往会牺牲消费者利益，可能与实现本国福利最大化的初衷相悖。然而进口国设置更高标准并不总是单纯出于贸易保护的动机，很多时候是基于对消费者和国家利益的保护，例如限制动植物病虫害入侵和环境保护措施。虽然进口量降低，但进口国的福利水平却能得到提高。

在此基础上，本书构建了以产品标准作为变量的消费者效用函数和生产者成本函数，考察标准的变化对消费者效用、生产者成本、国际市场价格、生产者剩余和消费者剩余的影响，最后，在均衡市场条件下，探讨标准变化对进口的影响，并将这种影响分为两部分：一是直接效应，表示标准提高对国内生产者边际成本和消费者边际消费效用的影响。在给定的世界市场价格下，当标准提高引起国内生产者边际成本增加或消费者边际消费效用提高时，可以促进进口增长。二是价格效应，反映标准提高对市场价格的影响。在逆供给曲线和逆需求曲线的斜率很小的情况下，标准的提高将引起进口的下降。最终标准提高对进口的影响取决于直接效应和价格效应的对比，结果具有不确定性。结论表明，对于出口国来说，当进口国的标准措施不存在歧视性，同时作用于国内生产者和国外供货商的情况下，出口商对进口国的标准遵从能力越强，标准提高对进口促进作用越明显。

二 实证研究

在详细梳理了全球农产品贸易中产品质量安全标准的总体发展状况、主要国家的质量安全监管体系以及我国农产品出口中遭遇的与标准有关的技术性贸易措施之后，本书构建了经验分析模型，测度标准对我国农产品出口的贸易效应。

在经验研究中，由于不同学者针对的研究对象和采用的具体研究方法不同，研究结果呈现出较大差异。客观上说，所有研究方法都有一定优缺，无法评判哪一种更好，只有结合研究目的确定最适用的方法。本书对比了该领域主要的实证研究方法，最终选择引力模型，一是因为本书重点关注的是标准的贸易效应，因此不考虑福利效果。二是引力模型的包容性和适用性很强，是研究国家间贸易流量变化的重要经验分析工具。三是相对于价格楔等方法，引力模型中的变量如贸易距离、经济规模、贸易成本等数据适应性强，更容易获取。

在具体模型变量设定中，除引力模型中经常出现的贸易距离、贸易国的经济规模和人均经济规模之外，代表标准的变量在综合考虑农兽药最大残留限量、添加剂最大限量等具体指标之后本书选取了我国主要贸易伙伴国的 SPS 措施通报数量。

在研究对象的选择上，为了使实证研究更有针对性，对产品和出口国别进行了筛选。选取的代表性农产品是蔬菜和水产品两类，这两类产品是我国主要的贸易顺差产品，出口量大且国际市场竞争力相对较强。根据统计，这两类产品也是受 SPS 措施影响最大的，从历年统计数据来看，遭遇主要贸易国的扣留、召回批次最多。考虑到发达国家和地区的进口产品质量安全标准更加严格，且变动性较大，另外我国农产品出口遭遇国外扣留召回主要来自美国、日本、韩国、欧盟等发达国家和地区，因此纳入考察范围的均为发达国家和地区。文中涉及的国家包括美国、日本、韩国、加拿大和欧盟成员国 14 国，共计 18 个国家。

借助 Stata 软件，对标准对我国蔬菜和水产品出口的贸易效应进行模型估计。结果表明，发达国家设置的质量安全标准水平提高，对我国农产品出口具有显著抑制作用。但是这一建立在总体分析基础上结论并不能说明全部问题。在研究中发现了一个引人深思的现象，在日本颁布和实施《食品中残留农业化学品肯定列表制度》之后，我国对日本蔬菜和水产品出口一度受挫，经历了短暂的调整，而后持续增长，同时被日本扣留的产品批次明显减少。由此释放出这样的信息：通过进口国的高标准门槛倒逼，我国相关生产企业的调整速度和遵从能力得以被动提高。这也印证了理论部分的分析：当出口国的生产者对进口国的政策措施有较强遵从能力时，进口国设置的高标准非但不一定会成为贸易的阻碍，还可能成为贸易的催化剂。

三 政策研究

对于出口国来说，面对进口国的高标准限制，应对策略包括退出市场、申诉和遵从三种。与本书写作初衷相应，在政策研究部分主要关注的是如何降低遵从成本，提高遵从能力，从而提高我国的农业竞争力。对此在以下几方面提出政策建议。

第一，构建以竞争力为导向的农业支持政策体系。一是在目前的农业政策中纳入对高标准高附加值农产品的扶持。首先，在推进农业供给侧结构性改革中，农业政策既要考虑增强农业质量效益和竞争优势，又要促进农民收入持续较快增长，因此充分培育和发挥农业的比较优势，将高附加值农产品作为政策的扶持重点。其次，应重点关注提高产品的国际市场竞争力，将促进出口的目标纳入政策体系中。二是对一般农业服务支持结构进行优化调整。改革当前由政府主导的公共储备结构，通过粮储体系的市场化改革，逐渐扩大社会化储备的份额，以减轻财政压力，并提高粮储效率。加大在短板领域，如农产品质量检验与控制、市场营销与推广方面的财政支持力度。尤其是对具有明显创汇优势的农产品，如蔬果、水产品等，由财政承担部分质量检验检疫、病虫害防控方面的费用，以增强优势农产品的国际市场竞争力。三是构建以保障农民收入为导向的经营风险管理体系，将稳定农民收入作为主要政策目标，并探索农业风险保障基金和政府主导下的商业化农业保险公司等多元化筹资渠道。四是推动农产品价值链深化升级。

第二，按照国际标准建设国内农产品质量安全标准体系，通过外贸的带动效应，促进内外贸一体化发展。一是加强对主要国际组织、贸易国相关标准的跟踪，建立系统的预警通报机制。二是建立权威、高效、便捷的产品国际标准化信息公共服务平台。三是全面开展风险评估与基础研究工作，完善现行的质量安全标准体系。四是加强国际标准跟踪技术力量，健全国际标准跟踪评议体系。五是以通用性标准取代产品标准。

第三，以乡村振兴战略为契机，优化农业劳动力结构。农业是我国所有行业中劳动力受教育程度最低的。这样的劳动力素质结构，很难适应农业技术和生产方式的创新，更不用提支撑起国家的乡村振兴战略。一是吸引青年农民回流农业。二是推动农民职业化进程。三是构建起政府、企业、民间的全方位支持体系。

第四，发挥标准的市场属性，引入市场主体参与标准制定，培育农产品领域的私营标准。尽管私营标准没有强制约束力，但在国际农产品贸易中，尤其在全球农产品价值链兴起的背景下，私营标准已经成为许多发达国家市场准入的事实标准。缺乏在国际市场上有影响力的农产品私营标准和我国农产品出口大国的身份极不匹配，已经成为我国农产品出口的短板。因此必须以市场为导向加快培育一批具有一定知名度和影响力的私营标准。

除了以上几个方面的问题，小农分散生产的独特农业现实，也是制约我国农业整体质量提升的桎梏。本书认为，在小农层面，严格监管和收入保障并重是关键。

第四节　研究创新处和不足之处

一　创新处

在已有国内外相关研究的基础上，本书进行了一些探索性研究，创新处主要有以下三方面：

（一）关注标准的积极作用

以往对标准与贸易关系的研究，无论理论还是经验研究，大多关注标准作为贸易壁垒的负面影响，本书的关注更多放在标准对农产品贸易的积极作用，并从理论上论证标准可以成为贸易催化剂，在经验研究中，我国对日本的蔬菜和水产品出口事实也证明，通过进口国的高标准门槛倒逼，在出口国的生产者对进口国的政策措施形成较强遵从能力时，进口国设置的标准是可以促进出口的。

（二）将私营标准纳入研究范围

官方标准大量出现在各类研究标准与贸易关系的文献中，但是对私营标准的关注程度一直较低。由于属于自愿性标准，且许多私营标准的法律效力尚不明晰，因此私营标准对贸易的作用机制与强制性的官方标准是不同的。但是随着全球农产品价值链的重组深化，私营标准正在发挥越来越重要的作用，从某种意义上说，已经成为全球农产品贸易的事实标准，因此发展私营标准对我国农产品的质量提升和农业的高质量发展有积极意义。本书就私营标准在全球农产品价值链重组深化过程中的重要性、如何培育我国农产品领域的私营标准问题进行了一些开创性研究。

（三）提出政策建议上的新观点

基于理论和经验研究，本书认为，对于出口国和出口企业来说，提高遵从能力，降低遵从成本比主动退出进口国市场更有利于提高农业竞争力，并提出了一些新的思考和政策观点。如将促进出口的目标纳入农业支持政策体系中，尤其是提高对高标准高附加值农产品的支持力度；以 WTO《农业协定》为方向优化调整一般服务支持结构，加大农产品质量检验与控制、市场营销与推广方面等短板领域的支持力度，以增强优势农产品的国际市场竞争力，减少与主要伙伴国的贸易摩擦；按照国际标准建设国内农产品质量安全体系，通过外贸的带动效应，促进内外贸易一体化发展，有效缩小我国与国际标准和进口国标准的差距，进一步带动高质量高标准农产品的出口，实现我国农产品质量的跨越式升级；以乡村振兴为契机，优化劳动力结构。将对青年农民回流和培养作为增强农业弹性和可持续性发展的重要手段，加快推动农民职业化；加快培育农产品领域的私营标准。

二　不足及需要进一步深化之处

（一）对标准的福利效应分析不足

本书主要关注标准对农产品贸易的抑制和促进效应。理论和实证研究的重点都是考察标准对贸易的作用。尽管在理论框架中加入了标准变化对进口国消费者剩余和生产者剩余的分析，但是并没有深入标准的福利效应。如果将关注范围从贸易本身扩大到整个社会福利，标准的角色更加复杂，可能呈现出不同的结论。

（二）研究方法有一定局限

实证部分研究标准的贸易效应采用了拓展的引力模型，尽管引力模型在国际贸易中适用性很强，但结论仅能代表总体状况，却无法反映微观层面的个体差异。由于进口国的标准措施直接作用于出口企业和生产者，因此研究进口国标准提高对出口企业和小农户产生的影响更加直接和有针对性，在此基础上提出的应对措施可能更有价值。这是未来值得进一步拓展的方向。

（三）对私营标准的研究有待加深

本书关于私营标准仅开展了初步研究，重点探讨了私营标准在全球农产品价值链重组深化过程中的重要性，以及我国农产品领域私营标准的培育。关于标准对农产品贸易的作用机制和影响，并未将私营标准与官方标准进行区分。在全球农产品贸易中，由于私营标准不具备强制约束力，以及法律地位不明确等原因，官方标准和私营标准对农产品贸易的作用机制和影响会有所不同。随着全球农产品价值链重组深化，私营标准的重要性将进一步提升。因此对这一问题的系统化研究是一个值得拓展的领域。

第二章 文献综述

第一节 标准与农产品贸易关系的文献综述

随着标准的兴起和大量采用,标准对农产品贸易的影响引起了学术界和政策制定者的广泛关注和争论。在 WTO 等国际组织致力于减少关税和配额,促进贸易自由化的背景下,许多贸易问题的研究者认为,标准可能被各国政府用作保护本国生产者和市场的手段,对贸易活动产生不利影响。但一些经验研究表明,标准不同于传统贸易措施,对贸易的影响受消费者偏好和生产者遵从成本等多种因素的影响。当标准能够有效解决信息不对称性和生产外部性的条件下,社会整体福利得到改进的同时,有可能促进贸易增长(Swinnen et al.,2015)。

评价标准与农产品贸易的关系与研究视角和研究方法密切相关。结论会因为样本国家、产品种类和所采用的测度方法的差别而有所不同。在这方面,学术界的研究往往呈现出相互矛盾的局面。各国经济技术发展水平不同、公众对安全健康的偏好迥异、不存在各国普遍接受的国际标准等原因,使各国产品安全标准难以协调统一,全面评价其作用难以实现(田东文、叶科艺,2007)。

一 国外研究综述

(一)抑制作用

一国出于保护动机实施的标准被称为保护性标准,这类标准的歧视性较强,由于遵从成本提高令贸易伙伴遭受损失。

Swann（2000）等认为，进口国设置较高或特殊的标准，虽然反映了消费者需求，但也有可能提高国外产品的进入门槛，减少进口。遵从成本一直被认为是高标准实施过程中，降低出口国竞争力的重要因素。Fischer 和 Serra（1998）认为，进口国标准提高会增加出口商的遵从成本，限制有效竞争。

标准对贸易的抑制作用出现在很多实证研究和案例研究中。Wilson（2004）基于 21 个 OECD 国家的香蕉进口食品安全标准的贸易影响得出的结论表明：1% 的标准提高将引致 1.63% 香蕉进口量减少。Jongwanich（2009）的研究也表明，发达国家的食品安全标准将阻碍发展中国家加工食品出口。联合国贸发会议（UNCTAD）在 2007 年对于技术性贸易措施对太平洋群岛国家的影响进行了一项研究。研究结果发现 SPS 措施显著造成了瓦努阿图农产品出口澳大利亚和欧盟市场的困境。

（二）促进作用

当标准的出现是以消除买卖双方之间的信息不对称、降低交易成本和稳定农产品供应为目的的时候，客观上将对交易双方起到极大积极作用。关于标准的正向经济效应，英国贸易工业部曾在 2005 年对 1948—2002 年标准对英国经济增长的贡献进行过一项研究，研究结果表明英国劳动生产率的 13% 是由标准贡献的，这无疑充分肯定了标准对经济的正向作用（张丽虹，2015）。

对于出口国而言，只要运用得当，各种类型的标准都可以发展成为贸易优势从而促进国际贸易（Link Albert，1983）。"标准作为一种非价格竞争手段，可以通过提高产品质量，进而提高本国产品的出口额，促进经济增长。"（Swann，1995；Gandal & Shy，2001）Moenius（1999）通过实证研究，论证了双边共享标准对促进双边贸易的积极影响。具体测度结果是"标准每增加 1%，双边贸易额增长 0.32%"。Blind 和 Jungmittag（2007）则认为，标准的制定与实施"降低了生产成本，增加了市场需求，在一定程度上能够促进产业内贸易的发展"。

对日益严苛的农产品标准积极应对可以帮助发展中国家提高农产品出口的竞争力。基于农产品贸易所做的一些实证研究对此进行了印证。Portugal–Perez 和 Wilson（2012）考察了食品标准对中国农产品出口的影响，发现国际标准的采用具有积极的贸易效应，并且每增加一条国际标准要比增加一条国家标准的边际贡献更大。即使在最不发达的国家和地区，也可以从高标准采用中获益。坦桑尼亚、莫桑比克和几内亚的热带水果产业，之所以能够成功供应欧洲市场，与之有直接关系（UNCTAD，2005）。

（三）不确定性的贸易影响

学术界关于标准贸易效应的研究结论，除了促进或阻碍作用外，另有一些学者认为，标准对贸易的影响会因研究方法、研究对象和研究角度的不同而得出不同的结论。Swann（2000）认为，标准贸易效应研究的关键是对标准的区分。不同类型的标准、同一标准的改变，对贸易及福利的影响都不确定（WTO，2005）。Moenius（2006）选取了5个欧盟成员国，考察了标准对这5个国家农产品贸易的影响。他的最终研究结论可以归纳为：对于农产品贸易而言，贸易参与国所采用的标准是否具有一致性与标准对农产品贸易的作用方向没有必然关系。一国的特有标准对贸易的净效应取决于"正面的信息效应与负面的成本效应之间的相对大小"，各国间的一致标准降低交易成本的同时也可能会减少贸易品种。在特定的标准化体系内部，标准会以不同的方式对体系内的成员国和体系外的非成员国产生影响。Bo Xiong和Beghin, J. C.（2013）以SPS和TBT措施为例说明了标准提高带来的贸易影响主要取决于需求增长与贸易成本增加孰高孰低。2016年，他们的另一项研究分别在局部均衡和一般均衡的框架下分析出标准提高产生的贸易效应和福利效应是不确定的，应综合衡量对消费、生产和非市场价值的影响，比如，虽然贸易额下降，但是由于标准的采用降低了负外部性，福利水平却提高了，再如，虽然标准提高引起成本增加，但是供货商的价格也提高了，其收入水平并不一定下降。Clougherty等（2014）发现，国际标准对发达国家和发展中国家的出口效应存在明显的国别差异。Disdier, A. C.和S. Marette（2010）、Cadot, O.和Gourdon, J.（2016）的研究得出了类似的结论。

（四）关于私营标准的讨论

目前进行的大部分研究对官方标准予以了关注。自20世纪末以来，食品安全事件频发，伴随着人们对植物多样性、动物福利、环境保护和劳动条件的空前关注，消费者的多样化消费需求，已经无法通过政府的官方标准予以充分满足，另外，由发达国家的大型零售商和采购商主导的全球农产品价值链兴起，他们倾向于采用更严苛的标准作为保持竞争优势的手段，这样的背景逐渐催生了农产品领域私营标准的兴起和迅速发展，并由此引发了各方对私营标准的关注与讨论。

一般认为，私营标准是游离在官方标准体系外的，不具有法律效力，也不需要像官方标准一样被要求强制执行，但是在发达国家的很多行业，已经成为实质上的标准准则，企业要想开拓新市场或保持原来的市场地位就必须遵循这些标准。UNCTAD（2007）认为，未来私营标准的重要性将得到进一步提升。

在更加严苛的标准控制下，不同国家遭受截然不同的命运。这方面的案例研究支持了不同的论断。为了能够满足进口国的严格标准，肯尼亚的蔬菜和园艺产品出口行业实施了 GlobalGAP 认证，尽管高昂的认证费用大部分由出口商承担，在标准实施的初始期，小农户仍然负担沉重（Graffham，2007；Mithofer，2007；Asfaw，2008），许多小农户的参与度受到极大影响。

在欧盟等私营标准发展较早的地区，对私营标准保持了积极态度，智利、秘鲁等部分发展中国家在实践中发现了私营标准实施的积极效应（Jaffee & Henson，2004）。支持方一般认为，由于产品能够满足进口市场的私营标准需求，使销售渠道更加顺畅。比如，赞比亚以 EurepGAP 标准规范了杀虫剂使用和食品安全后产生了明显的正面溢出效应（Andy Graffham，2006）。类似的案例研究还有很多，秘鲁芦笋产业不断提高食品安全控制能力，以达到 GlobalGAP 标准，成功取得了发达国家的市场准入资格（Jaffee & Henson，2004）。泰国水果由于积极采用私营标准，顺利进入美国市场（UNCTAD，2007）。

二　国内研究综述

国内对标准与贸易之间关系的研究开始较晚，从现有的文献来看，大部分都开始于 2000 年以后，这与中国加入 WTO 所带来的贸易规则变化有直接关系。本部分仅就标准对农产品出口的效应相关观点进行综述。

（一）抑制作用

国内的研究中，标准以贸易壁垒的角色出现对农产品出口国的贸易抑制效应主要呈现在三个方面，一是发达国家设定双重标准，对内外产品区别对待，如日本的《食品中残留农业化学品肯定列表制度》对进口产品的检查频率远高于国产品，既保护了国产品又限制了进口品，对进口农产品形成双重打击。标准的提升抬高了市场准入门槛，直接达到贸易禁止或贸易限制的目的（董银果，2011）。二是标准施行后由于负面效果通过传递和示范效应的扩散对发展中国家农产品出口带来接连打击。如个体连累整体、一国波及多国、产业链的传递效应、媒体放大宣传对最终消费者的引导等（董银果，2011）。三是标准的遵守困难。为了适应进口国的高标准，绝大多数出口国将精力转向保证出口食品达到进口国的法定要求和出口国提供的必要证书上（史豪，2004）。过多的检验认证项目，推高了遵从成本，导致企业利润丧失，退出市场（董银果，2011）。由此导致的贸易禁止、贸易限制和贸易扭曲等抑制影响被学者们广泛关注并从多方面被证实。

标准对贸易抑制效应在大量以发展中国家行业数据为支撑的实证研究中被证实。我国学者在这方面的研究成果十分丰富。

引力模型是国内众多学者在贸易效应实证研究中经常用到的分析工具。鲍晓华（2011）基于引力模型采用 Tobit 估计处理双边贸易零值，测算了我国谷物主要出口国家农药残留量的最大限量标准对我国谷物出口的影响。结果显示，进口国的食品安全标准对我国谷物出口具有抑制作用，并且这一结论不随进口国收入水平和食品安全标准度量指标的改变而改变。田东文、叶科艺（2007）同样使用引力模型测算了黄曲霉素最高限量对发达国家和发展中国家的水果及坚果类产品出口的影响。结果表明，进口国的安全标准级别越高，对其贸易伙伴的出口抑制作用越大。王耀中、贺婵（2008）基于同一模型，从国内外标准差距的角度考察了发达国家氯霉素最大残留限量对我国蜂蜜出口的影响，研究指出，由于我国与发达国家的农残标准差距过大，对蜂蜜产品出口造成了负面影响。国外高标准的实施对我国生产效率提高的正面效应被交易费用增加的负面效应所抵消；严皓、凌潇（2015）对我国谷物和坚果出口欧盟、美国、日本市场的研究得出了类似结论。

其他以产业层面为分析视角的研究还有很多，董银果（2011）分析了标准在中国水产品出口发达国家市场时的作用机制，刘汉成（2008）回归分析了 SPS 措施对我国水果出口的制约作用。章棋、张明杨等（2013）证明了进口国标准和法规的制定对我国蔬菜出口的抑制作用。

如果只是静态的标准差距，发展中国家可以通过逐渐调整和提高国产品的标准等级予以弥合。事实是，发达国家和发展中国家对食品安全的要求差距正在不断加大。据统计，欧盟、日本每隔 2—3 年就会对原有标准进行修订和调整。发达国家频繁调整和提高食品安全标准，进一步助推了贸易的复杂性，增加交易成本，降低经济效率（严皓、凌潇，2015），这无疑强化了发达国家以标准为屏障限制发展中国家农产品入境。

（二）促进作用

标准是一种有效的产品信息传递信号。发达国家制定的诸多农产品标准，主观上或多或少出于保护国产品和国内市场的初衷。但是，不可否认，经济发展水平越高的国家，国民对食品安全、生态、环境等问题的关注度越高。WTO 对成员国基于保护人类和动植物生命、健康和安全目的而制定和实施的动植物产品及食品的检疫措施合法性也予以承认。

对于发展中国家而言，与发达国家的标准差距需要时间弥合，随着时间的推移，发展中国家逐渐改善产品质量以满足进口国的标准。如果将这一时滞因素考虑进去，以时间为坐标轴考量标准的贸易效应，结果可能会有所不同。宋海英、Jensen H. Helen（2014）分析了中国对欧盟蜂蜜产品出口的贸易事实，在欧盟区域不同国别市场的贸易波动性与产品质量间存在内在关联，贸易数据直接印证了欧盟标准提高对中国蜂蜜企业不同时期的影响，从初期屡遭退货到 2006 年以后退货逐渐减少至零。进一步通过量化 SPS 措施对中国出口欧盟市场蜂蜜产品的贸易影响得出一致性结论：SPS 措施对中国蜂蜜出口欧盟可能产生短期和长期两种不同的效果：短期内，出口商由于无法达到进口商提出的新要求，蜂蜜出口受阻，经过一段时间的技术改进，出口商达到了进口国的要求，产品出口增加。笔者认为，标准对出口的潜在积极影响应引起重视。这种短期负效应和长期正效应的观点被从不同角度予以支持。宋海英（2013）对质量安全标准影响浙江食品输日的研究得到了相同的结论。

郭俊芳、武拉平（2014）应用扩展引力模型使用面板数据从总体上估计了中国与美国、日本、欧盟等主要农产品出口国的标准—贸易效应。分析结果也表明，食品安全标准在短期和长期的贸易效应截然相反。短期内由于企业的适应时滞带来的生产成本提高、出口量下降等负面影响，会随着时间的推移逐渐被抵消，最终通过农产品质量安全水平的提高，出口竞争力增强，贸易量回升。这一论断在现实贸易环境中也得到了支撑。2006 年日本针对进口农产品实施《食品中残留农业化学品肯定列表制度》，被称为最严苛的农产品农残标准。中国输日农产品从 2007 年的 83.5 亿美元下降到 2008 年的 76.9 亿美元，2010 年恢复到 91.5 亿美元，至今保持持续增长。

在不同分析技术手段下，标准的贸易促进效应也被证实。段辉娜（2010）利用局部均衡分析法，以倒"U"形曲线解释 SPS 措施对中国农产品出口的短期和长期影响。她认为，极高的遵从成本是 SPS 措施阻碍中国农产品出口的最主要原因，因此在中国农业完善到一定程度时，农产品的出口能力将得到大幅提升；秦臻、倪艳（2014）认为，HMR 模型和 ZINBPML 模型是目前最适合中国农产品贸易引力模型的建模技术。在构建模型的过程中将农产品类别以活动物和动物产品、植物产品、动植物油脂进行细分，分别考察了 SPS 措施对中国三类农产品的贸易效应。对 SPS 措施的积极影响给予了充分的阐述和说明，指出 SPS 措施既能增加中国农产品贸易的广度也能提高农产品贸易的深度。这一结论的原因是 SPS 措施不仅能够促进出口市场的多元化，还能增强消费者的信心和安全感，反而扩大出口；董银果、李圳（2016）基于 Heckman 两阶段方法考察了 SPS 措施在发达国家和发展中国家的贸易偏转效应，由于遵从成本的差异，更高的农产品标准导致的贸易偏转效应不同程度影响着各贸易主体。这对中国农产品出口来说，虽然表面不利，但是借助 SPS 措施的正向溢出效应，最终整体农产品质量水平将得以提升。事实上，一些国际组织和发达国家为了降低发展中国家的遵从成本，正在着力于帮助这些国家适应 SPS 标准，标准和贸易发展基金（STDF）进行了大量卓有成效的帮扶工作。成立至今，已经帮助 60 多个发展中国家的传统农产品成功适应了 SPS 标准（董银果、李圳，2016）。

（三）私营标准的贸易效应

在国内，更多的研究对官方标准予以了关注。相比较而言，对农产品私营标准问题的关注远不及 WTO 体制下的官方标准。除了零星的案例分析外，能够获取的相关文献资料少之又少，关于私营标准对贸易的作用机理与官方标准是否一样，以及对个体生产者和消费者的影响方面的研究处于空白，未来这方面有极大的研究空间。

一般认为，虽然私营标准不需要像官方标准一样被要求强制执行，但是在发达国家的很多行业，已经成为实质上的标准准则，企业要想进入一个市场或者在一个市场维持原有的地位就必须遵循这些标准。这些私营标准在国际贸易活动中往往具有某种程度的强制性特征（吴宏，2008），这类技术标准"有可能阻碍技术进步和贸易活动，而且厂商间在标准领域的合作和联系，有可能损害系统外第三方的利益"[①]。从垄断的角度而言，私营标准具有事实强制力，且缺乏等效性，可能成为大型零售商构筑市场准入门槛、实施贸易歧视的工具（于连超，2011）。

同样是在严苛的标准控制下，不同国家却遭受截然不同的命运。这方面的案例研究支持了不同的论断。在实践中，由于私营标准的高昂遵从成本、不同标准间缺乏统一和协调以及标准执行和实施中的不透明，导致发展中国家产品被挤出国际市场，蒙受损失的例子比比皆是（董银果、严京，2010）。坦桑尼亚、莫桑比克和几内亚等国家的小农户为此付出了高昂的代价。对于实践中私营标准实施的积极效应，支持方一般认为由于产品能够满足进口市场的商业需求，使销售渠道更加顺畅，同时，私营标准实施带来了劳工健康的改善、环境质量的提高并促进就业（戚亚梅、白玲、郑床木，2010）。对中国茶叶和蜂产品企业的调查表明，私营标准的实施提高了生产供应企业的市场竞争力（戚亚梅、白玲、郑床木，2010）。

[①] 葛京、李尉：《标准的形成及其与国际贸易关系综述》，《科技进步与对策》2009 年第 1 期。

第二节 标准贸易效应的度量方法

关于标准对农产品贸易影响的分析方法，既有定性表征，也有量化分析，由于定量分析的精准性，大量学者将对该问题的理论研究和经验研究重心放在量化分析上。在学术研究中已经积累了许多重要的量化分析指标。评价这些指标，无法回避以下几个问题：第一，不同指标精准度差别大，基于不同的条件和目的起作用，脱离了这些条件和目的，得出的结论值得怀疑。第二，标准是一种非关税贸易措施，不同于常规的关税手段，无法用现成的统计数字加以标示。想要将各国长期以来实施的各种标准和法规进行量化，需要大量的信息和数据，目前信息和数据的可得性和完整性对精确的量化分析来说是远远不足的（Korinek et al.，2008）。第三，农产品与工业品不同，是被诸多国际贸易规则叠加规范的领域，与农产品贸易相关的技术性贸易措施（NTMs）涉及安全、健康、环保等层面。许多与标准相关的NTMs，如标签制度、检验检疫、农药残留量标准等都是以同一政策措施的形式出现的，区分出其中某一种措施的贸易影响难度很大。第四，大量研究基于标准会限制农产品贸易的假设设置变量及模型，但是却忽略了这一预设结论成立的前提条件是不存在信息不对称及市场失灵（Beghin，Disdier and Marette，2014）。在不完全竞争市场中，标准可以增长贸易提高福利，由于采用严格的农产品质量和安全标准，塞内加尔、马达加斯加、肯尼亚、赞比亚等最贫穷的撒哈拉以南非洲地区国家，已经成为欧洲市场新鲜水果蔬菜的重要供应商（Pierluigi et al.，2015），以此作为提高国民福利和农户收入的途径。Beghin、Disdier和Marette（2014）基于关税等值法的量化研究支持了以上论断。因此，厘清这些指标的有效使用范围、优缺点和研究进展，对于全面准确地评价标准对农产品贸易的影响至关重要。

本部分对目前学术界采用的主要测度标准对农产品贸易效应的指标、分析方法及发展变化进行了梳理和评述。包括覆盖率指数和频率指数、贸易保护指数、HIT指数、关税等值法和常用的经验分析模型等。

一 覆盖率指数和频率指数

WTO 每年均会公布成员国通报的各类 NTMs 的数量,以这些数据为基础,覆盖率指数和频率指数得到了广泛的运用。

(一) 覆盖率指数

覆盖率指数(coverage ratio,CR)反映受标准影响的贸易额占一国总贸易额的比重。Nicita 和 Gourdon(2013)、Beghin 和 Xiong(2016)采用了以下公式:

$$CR = \sum_i D_i V_i / \sum_i V_i \qquad (2-1)$$

其中,V_i 表示进口国对 i 产品的进口额,D_i 是一个虚拟变量,当进口国对 i 产品实施了标准限制措施时取 1,没有则取 0,CR 指数表示实施标准限制措施的进口商品价值占全部进口商品价值的比重,这个值介于 0 和 1 之间,值越大,说明标准限制的覆盖面越大,反之亦然。

(二) 频率指数

频率指数(frequency index,FI)显示某国某种进口商品被通报的标准限制措施的发生频率,计算公式如下:

$$FI = \sum_i D_i M_i / \sum_i M_i \qquad (2-2)$$

其中,D_i 和 M_i 均为虚拟变量,D_i 与式(2-1)中含义相同,M_i 表示进口国是否进口了 i 产品,有进口取 1,没有进口则取 0,这样 FI 的大小直接可以衡量进口国对 i 产品使用严苛标准限制措施的频率高低。FI 取值介于 0 和 1 之间,值越大,说明进口商品遭遇的限制措施越频繁,反之亦然。

以上两个指标,除了可以用于计算国家层面和部门层面外,亦可以用于国家间的横向比较。从不同侧面表征了标准对农产品贸易的影响,有以下几点需要注意:

第一,局限性。FI 指数只显示对某产品实施标准限制措施的频率,但是却不考虑实施的数量,也就是说,实施 1 种措施和 100 种措施,效果完全一样,这显然与实际情况不相符。对此 CR 指数以不同产品的进口额为权重做了调整,进口额越大,权重越大,受到措施限制的影响越大,这似乎比 FI 指数更能吻合真实贸易状况,但是却忽略了关于权重的内生性问题，因为进口额本身就会受标准措施的影响，以进口额为权重往往会造成向下的偏差。假设进口国对某些进口商品采取了十分严格的措施，导致这些商品进口额下降，CR 值随之下降，从结果上看，似乎进口国减少了限制措施，但事实并非如此。

第二，关于虚拟变量。在两个指标中均引入了虚拟变量 D_i，D_i 用于表示进口国对进口产品 i 是否施加了限制措施，通过这种方式计算的结果，无法区别不同种类和不同数量限制措施的贸易效应，也即是说，在这样的分析框架内，无论实施了几类标准限制措施，1 种还是 100 种，结果是一样的。这显然与事实极为不符。但在一些特定问题的分析中，这种方法仍然是适用并有效的。比如，在国家间的横向比较上，如果不需要对标准限制措施的贸易效应具体量化，根据频率指数可以直观地判断出哪个国家的境况更差，覆盖面指数则可以用来分析一国的进口结构（Penello，2014）。

第三，两个指标是相互联系的，可以通过数值比较得出一些有意义的结论。经验研究得出的结论显示，CR 指标总是高于 FI 指标，这一方面表明贸易量越大的商品限制措施实施的可能性越大（Ederington and Ruta，2016），这可以从国际贸易中得到证实，中国是日本最重要的蔬菜进口国，日本通过增加和调高从中国进口的菠菜、大蒜等蔬菜的农药残留量标准达到限制中国蔬菜进口的目的。另外，也说明，进口国实施标准限制措施的目标并不仅仅为了保护本国市场，可能是出于公众健康或者市场失灵的考虑。

第四，标准限制措施对进口商品价格和数量的滞后效应无法通过这两个指标进行体现（Deardorff and Stern，1997），这也影响了结论的可信度。

此外，从数据角度看，这两个指标中使用的数据主要来自于各成员国对 WTO 的 TBT 和 SPS 通报，但在现实中，许多国家不能按时或不向 WTO 通报上述信息，会导致数据不完整，此外，不同国家对于通报的 NTMs 执行情况也不同，发达国家比发展中国家的执行力度更大。另外不同类型的 NTMs 产生的影响有天壤之别。如标签制度和农残最低限量水平（MRLs）对国外供货商产生的遵从成本孰轻孰重一目了然。因此，简单地对通报数量进行加总有可能得出低估的结论。

二 贸易保护指数

贸易保护指数（protectionism index）以一国实施的限制性标准和法规的强度，即绝对数量或限制水平来衡量标准实施的严苛程度。一般来说，一国实施的限制性标准和法规的绝对数量与其贸易影响成正比，但正如 Beghin 和 Bureau（2001）指出的，由于不同部门和产品的标准差异性很大，仅凭实施数量无法区分标准和法规的异质性。有鉴于此，Otsuki 等（2001）、Wilson 等（2003）、Gebrehiwet（2007）等在研究中引入了标准限制水平，最常用的是 MRL 水平。如通过蔬果、肉类的农药残留量或抗生素水平等量化一国农食产品安全标准的严苛程度。

Li 和 Beghin（2012）在产品层面分析了不同国家的标准限制效果。他们的研究以农产品中农兽药最大残留量提出的 NTMs 保护指数为具体标准对贸易影响的量化提供了重要思路，很好地解决了许多量化分析方法只能在宏观方面应用的不足，是在微观领域进行量化分析最有代表性的成果之一。

贸易保护基于进口国对进口农产品设定的最大农兽药残留水平与国际标准①进行对比。如果进口国的标准比通行的国际标准更严苛，意味着该国实行了贸易保护，反之亦然。具体计算过程如下：

$$S_{ij} = \frac{1}{K_{(j)}} \Big[\sum_{k_j=1}^{K_{(j)}} \exp\Big(\frac{M_{intl,jk_{(j)}} - M_{ijk_{(j)}}}{M_{intl,jk_{(j)}}}\Big) \Big] \qquad (2-3)$$

$$S_i = \sum_{j=1}^{J} \sum_{k=1}^{K_{(j)}} \frac{1}{K_{(j)}} \Big[\sum_{j=1}^{J} \exp\Big(\frac{M_{intl,jk_{(j)}} - M_{ijk_{(j)}}}{M_{intl,jk_{(j)}}}\Big) \Big] \cdot w_{ij} \qquad (2-4)$$

$$S_j = \sum_{i=1}^{I} \sum_{k=1}^{K_{(j)}} \frac{1}{K_{(j)}} \Big[\sum_{j=1}^{K_J} \exp\Big(\frac{M_{intl,jk_{(j)}} - M_{ijk_{(j)}}}{M_{intl,jk_{(j)}}}\Big) \Big] \cdot w'_{ij} \qquad (2-5)$$

式（2-3）、式（2-4）、式（2-5）分别是产品—国家保护指数（S_{ij}）、国家保护指数（S_i）和产品保护指数（S_j）。各指数中涉及的相关变量含义如下：

$K_{(j)}$：进口国 i 产品 j 的有害物含量；

$M_{ijk_{(j)}}$：进口国 i 产品 j 有害物 k 的最大残留量；

---

① 国际食品法典委员会设定的标准（Codex Alimentarius Commission）。

$M_{intl,jk(j)}$ 是同一产品同一有害物的国际标准；

J：产品总数；

w_{ij}：进口国 i 所有产品中 j 产品的权重；

w'_{ij}：针对给定产品 j 不同进口国的权重；

IM_{ij}：i 国 j 产品的总进口额。计算公式如式2-6、式2-7：

$$w_{ij} = \frac{IM_{ij}}{\sum_{j=1}^{J} IM_{ij}} \qquad (2-6)$$

$$w'_{ij} = \frac{IM_{ij}}{\sum_{i=1}^{I} IM_{ij}} \qquad (2-7)$$

以上三个贸易保护指数的含义分别是：S_{ij} 表示给定国家 i 和产品 j，全部有害物[1]的 MRLs 保护水平，在计量模型分析中，它可以作为双边贸易流量的决定因素。如 Faria 和 Wieck（2015），Xiong 和 Beghin（2014），Ferro、Otsuki 和 Wilson（2015）；S_i 表示给定国家 i，所有产品全部有害物的 MRLs 的保护水平，可以用于刻画和描述一国的进口监管水平；S_j 表示给定产品 j，所有国家的全部有害物 MRLs 的保护水平。

在运用以上三个指数计算贸易保护程度时，有几个问题需要明确：第一，MRLs 的量级，不同有害物 MRLs 量级差别极大，从百万分之 0.01 到百万分之 10 甚至更高。为了保持不同残留量水平间的可比关系，一个变通做法是使用相对值而非绝对值，如国内 MRLs 与国际 MRLs 的比值。第二，关于短板效应。进口国标准设定越严格，出口商越难以企及，有时进口国设定的 MRLs 限量水平除一两种外均高于国际标准，但起到限制进口作用的就是这一两种。既然不同的 MRLs 严苛程度对贸易的影响程度不同，在数据处理中应该被赋予更高的权重。第三，保护指数的取值介于 0 和 2.72 之间。以 1 为分界线，数值越大，进口国的贸易保护倾向越明显。1 代表国内和国际标准相同，进口国没有实施额外的贸易保护，大于 1 表明国内标准严于国际标准，小于 1 则表明进口国实施的 MRLs 相对于国际标准更宽松。

关于贸易保护指数的缺陷，第一，这一指数只能用于国际标准和国

---

[1] 指对于不同产品在国家标准和国际标准中所标示的有害物数量。

内标准都设定的有害物残留水平的比较,若某有害物的 MRLs 水平,只有进口国有规定,而在国际标准中没有提及,二者就无法进行比较,关于该有害物的信息无法在指数中体现出来,可能导致结论不准确。Ferro、Otsuki 和 Wilson(2015) 通过非对称的 HIT 指数解决了这一问题,详见后分析。第二,权重问题。通过简单平均方法计算出的指数值,对于 MRLs 执行力度大的国家和地区赋予的权重过低,结论可能被低估。

三 异质性贸易指数

标准是一类范围极广的政策工具。有农兽药的最大残留量限制水平,有生产过程的卫生标准、安全标准,还有流通环节的标签和边境检验等。对不同的标准进行比较和加总在研究中十分棘手。Winchester 等 (2012) 按照不同措施的可度量性划分出三种变量类型,第一类是无法详加描述的标准,以二进制变量表征,存在取值为 1,不存在为 0。第二类是可以定性描述严苛程度的标准,以序变量形式表征,如全面产品限制、产品相关指标限制、完全无产品限制。第三类是包含有参量信息可以定量描述的标准,如 MRLs。

完成变量类型的划分后,Winchester 等 (2012) 尝试在产品层面将进出口国标准措施的差距进行对比,提出异质性贸易指数 (heterogeneity index, HIT)。HIT 指数计算公式如式 (2-8),对进 (d) 出 (o) 口国在某产品上实施的所有标准措施 (i) 的差距 (DS) 进行加总,来说明贸易伙伴国的各种标准措施的差异性大小。为了使不同变量类型的标准差距具有可比性,Winchester 等 (2012) 使用 Gower index 对变量差距做了标准化处理①,用于表示标准措施差距的 DS_{ido}^{HIT},计算见式 (2-9),在 Drogué 和 DeMaria (2012) 的研究中,则使用了两国进行某产品贸易的农药残留量 Pearson 相关系数。x_i 是标准 i 的观测值,$\max(x_i)$ 和 $\min(x_i)$ 是相关国家标准 i 的极差。

$$HIT_{do} = \sum_{i=1}^{n} DS_{ido}^{HIT} \qquad (2-8)$$

---

① 为了使不同类型的标准差距具有可比性,Winchester 等 (2012) 对变量差距做了标准化处理。序变量的处理参见 Podani (1999) 对 Gover 指数的修正。详见式 (2-9)。

$$DS_{ido}^{HIT} = \frac{|x_{id} - x_{io}|}{\max(x_i) - \min(x_i)} \qquad (2-9)$$

HIT 指数假设双边实施管制的差异会阻碍贸易活动的开展（Liu and Yue，2013；Vigani et al.，2012）。从以上计算过程可见，HIT 指数取值在 0 和 1 之间，出口国与进口国实施的标准差距越大，即存在着一国比另一国更严格的非对称性差异时，表明对贸易的阻碍作用越大（DeFaria and Wieck，2014）。

以上所见，HIT 指数计算十分简单，可以直观比较贸易伙伴国所采取的标准等 NTMs 的差异大小。此外，该指数解决了数据缺失问题的处理，国家间标准的不兼容经常存在，如 2011 年俄罗斯对柑橘规定了 16 种农药残留限量，而巴西则规定了 102 种之多，由于数据缺失过多，通过平均 MRLs 水平来比较两国的标准限制强度势必会产生极大偏差。以 0 值来代替缺失数据显然并不准确，因为 0 在这里表明最严格的限制程度，所以 HIT 指数用最大值，即最低限制水平来代替缺失数据，这样处理与实际相符，很好地解决了问题。

按照同样的思路，Ferro、Otsuki 和 Wilson（2015）对 61 个出口国的 66 种农产品的 MRLs 进行比较，结论与 Winchester 等（2012）、Vigani 等（2012）、Liu 和 Yue（2013）、DeFaria 和 Wieck（2014）等计算结果完全一致：进口国与出口国设置的标准差距越大，两国间的农产品贸易受影响越大，严格的标准对发展中国家农产品出口的负面影响远大于发达国家。

四 关税等值法及其扩展

（一）关税等值法

关税等值法（ad valorem equivalent）的基本思想是比较在标准实施前后对进口商品造成的价格扭曲，不同程度的价格扭曲相当于对进口商品征收了不同程度的进口关税。在初始运用中计算并不复杂，只需通过正常进口价格与实际进口价格对比得出价格差，用价格差的大小来评估标准实施对进口国国内产品价格的影响程度。价格差越大，说明措施实施对进口产品的负面影响越大。较早使用该方法的是 Deardorff 和 Stern（1997），他们认为，NTMs 造成的价格扭曲会给进口国带来垄断利润或

经济租 R，这种方法将价格扭曲看作是对进口商品征收了名义关税，R 与正常进口价格 P_c（CIF 价）之比即为关税等值（以下称为 AVE），即：

$$ave = \frac{R}{P_c} = \frac{R_x + R_m}{P_c} \quad (2-10)$$

式中，P_c 代表没有 NTMs 情况下的正常进口价格（CIF 价），R_x 和 R_m 分别表示在出口环节和进口环节由于 NTMs 造成的经济租。它们的数值可分别由进出口实际价格与正常计算出的结构价格相比较获得。

Ederington 和 Ruta（2016）使用了更为直观的表达方式：

$$ave = (P_d/p_w) - (1 + t + c) \quad (2-11)$$

对某种进口商品来说，式（2-11）的含义如下：P_d 表示进口国国内市场价格，p_w 表示世界市场价格，t 是进口国对进口商品征收的从价关税税率，c 表示进口商品的国际运输边际成本（采用从价表示法），这样进口国实施标准限制措施的严厉程度可以很直观地从 ave 的取值大小看出。

然而在 Yue 和 Beghin（2005）看来，以上方法存在着极大缺陷。因为对价格差的估计都是基于同质产品和价格套利条件的假设，假定在确定参考价格时选取的国产品和进口品是同质的且为完全替代关系，此时二者之间的价格差异自然应该是政策因素导致的。但由于现实经济世界中，商品的异质性及运输、交易成本等因素的影响，可能高估了NTMs 的影响。Yue 和 Beghin（2005）、Yue 等（2006）、Liu 和 Yue（2013）通过产品的不完全替代等假设拓展了上述方法，提供了新的研究框架估计关税等值。Yue 和 Beghin（2005）的研究很有代表性。他们将商品的异质性、消费者偏好、运输和交易成本等都纳入分析框架内。分析过程如下：

假设进口国为贸易小国，其进口品价格 P_I 是外生决定的，国产品价格 P_D 则由国内供求关系决定。满足消费者效用最大化的条件是：

$$\text{Max} U(D, I) = [\alpha D^\rho + (1-\alpha) I^\rho]^{1/\rho}$$
$$\text{s.t.} \ P_D D + P_I I = M \quad (2-12)$$

式中，M 表示消费者的可支配收入，α 和 ρ 表示消费者对国产品和进口品的偏好，假设 $\alpha > 1/2$，P_D 和 P_I 表示国产品 D 和进口品 I 的零售价，因此 P_I 的价格构成中既包含到岸成本价 P_{CIF}，还包括进口关税 t

(从价税)、实施 NTMs 的关税等值 ave_{NTMs} 以及国内的交易成本及运输成本 t_R,因此 P_I 的价格构成如下:

$$P_I = P_{CIF} \cdot (1 + t + ave_{NTMs}) + t_R \quad (2-13)$$

由此得到的马歇尔需求函数为:

$$D(P_D, P_I, M) = (\alpha/P_D)^\sigma \cdot \{M/[\alpha^\sigma P_D^{1-\sigma} + (1-\alpha)^\sigma P_I^{1-\sigma}]\} \quad (2-14)$$

$$I(P_D, P_I, M) = (1-\alpha/P_I)^\sigma \cdot \{M/[\alpha^\sigma P_D^{1-\sigma} + (1-\alpha)^\sigma P_I^{1-\sigma}]\}$$

$$(2-15)$$

式(2-14)、式(2-15)中: $\sigma = 1/1 - \rho$ 为国产品和进口品的替代弹性。

进一步,国产品 D 和进口品 I 的效用最大化条件为:

$$MRS = MU_D/MU_I = P_D/P_I \quad (2-16)$$

综合式(2-12)至式(2-16),得到从价关税等值 ave_{NTMs}:

$$ave_{NTMs} = \frac{P_D}{P_{CIF}} \cdot \frac{1-\alpha}{\alpha} \cdot \left(\frac{D}{I}\right)^{1/\sigma} - 1 - t - \frac{t_R}{P_{CIF}} \quad (2-17)$$

需要注意的是,代表国内交易成本和运输成本的 t_R 赋值方式的不同会直接影响价格差的大小,在上面模型中它被设定为一个确定的单位成本概念,当 t_R 采取从价方式时,所计算出的价格差会变大。

关于如何确定商品的正常进口价格,学者们的观点不尽相同。一般认为,这一价格应该是国内的进口商付给国外出口商的发票价格,即 CIF 价,该价格包括运输成本但不包括关税。Deardorff 和 Stern(1997)在模型中使用了 CIF 价,Beghin(2001)也将 CIF 价格作为首选,他认为,在 CIF 价格不可得时,可以选择其他替代商品价格,比如从其他国家进口的类似产品价格。还有一些学者认为采用进口国市场的零售价比 CIF 更合适,Yue 和 Beghin(2005)用零售价代替了 CIF 价。崔鸽(2006)认为,经过国内的批发、零售等分销环节,最终商品的零售价格高于 CIF 价格的部分,无法断定都是由于 NTMs 导致的价格扭曲,因此可能 CIF 价比零售价更有参考价值。更早一些的研究中,Laird 和 Yeats(1990)就如何确定正常进口价格提供了一个可以借鉴的方法,使用贸易量和国产品及进口品的供给和需求弹性进行调整从而得到没有 NTMs 影响下的价格。

关税等值法在计算中往往受数据限制。从上述推导过程不难看出,该方法需要大量的相关贸易成本数据，一旦某些贸易成本无法得到或在模型中被忽略，由于 NTMs 导致的 AVE 就会被高估。另外，价格差法总是基于假设 NTMs 对贸易的阻碍得出结论，但事实上，NTMs 对进口品造成的价格效应，可能是由于高遵从成本和消费者更高的支付意愿共同作用的结果。此外，商品的质量也是模型中没有被考虑进去的重要因素。

（二）基于关税等值法的一个经验模型

Kee、Nicita 和 Olarreaga（2009）假设在没有 NTMs 的情况下保持贸易流量不变的方法反推关税等值的估算方法。该方法建立了一个回归模型，通过关税、国内农业支持政策、核心 NTMs 和其他进口国市场的特征等变量解释进口额。

最终的模型形式如下：

$$\ln m_{n,c} - \varepsilon_{n,c} \ln(1 + t_{n,c}) = \alpha_n + \sum_k \alpha_{n,k} C_c^k - \exp(\beta_n^{Core} + \sum_k \beta_n^{Core} C_c^k) Core_{n,c} - \exp(\beta_n^{DS} + \sum_k \beta_{n,k}^{DS} C_c^k) \ln DS_{n,c} + k_{n,c} \qquad (2-18)$$

模型中的各变量含义如下：

$m_{n,c}$：c 国产品 n 的进口额，进口价格外生给定，$\varepsilon_{n,c}$：进口需求弹性，$t_{n,c}$：产品 n 的从价税率，C_c^k：进口国市场的一组特征变量，在具体模型估计中经常被描述为相对要素禀赋①以及 GDP 来表征进口国的经济规模，$Core_{n,c}$：c 国对产品 n 实施的核心 NTMs②，用频率指数来表征，$DS_{n,c}$：c 国国内农业支持水平。对于模型中 NTMs 和国内支持水平变量的内生性问题，Kee、Nicita 和 Olarreaga（2009）选取邻国加权平均 GDP 为工具变量予以解决。

进一步地，通过对式（2-18）中各变量参数的非线性最小二乘估计，可以得到 NTMs 的数量效应，要将其转化为 NTMs 的关税等值，则有 $ave = \partial \ln p^d / \partial NTMs$，$p^d$ 是国内市场价格，对式（2-18）求偏导并移项，式（2-20）是最终得到 NTMs 的从价关税等值（AVE）：

---

① 如资本/GDP、劳动力/GDP、农业耕地/GDP 等。
② Kee、Nicita 和 Olarreaga（2009）在计算中使用了 UNCTAD TRAINS 数据库中的 NTMs 分类法，其中包括价格控制措施（数据库代码 6100\6200\6300）、数量控制措施（数据库代码 3100/3200/3300）、垄断措施（数据库代码 7000）和技术法规（数据库代码 8100）。

$$\frac{\partial \ln m_{n,c}}{\partial Core_{n,c}} = \frac{\partial \ln m_{n,c}}{\partial \ln p_{n,c}^d} \cdot \frac{\partial \ln p_{n,c}^d}{\partial Core_{n,c}} = \varepsilon_{n,c} ave_{n,c}^{core} \qquad (2-19)$$

$$ave_{n,c}^{core} = \left[\exp(\beta_{n,c}^{core}) - 1\right]/\varepsilon_{n,c} \qquad (2-20)$$

不难看出，进口商品的进口需求弹性越小，NTMs 对贸易的阻碍作用越大，AVE 值越高。

需要指出的是，Kee、Nicita 和 Olarreaga（2009）的模型高估了 NTMs 对贸易的影响，这一方面是由于在估计 NTMs 时使用的 FI 指数自身存在的问题（详见前述），另一方面，他们假定 NTMs 总是阻碍贸易的，这与事实并不完全相符，Beghin、Disdier 和 Marette（2015）基于 NTMs 既可能便利贸易的开展也可能阻碍的前提，进一步发展了 Kee、Nicita 和 Olarreaga（2009）的估计方法，结果表明 39% 受到技术性措施影响的产品从价关税等值为负，意味着 NTMs 也可能对贸易起到促进作用，为这一问题提供了新的研究角度。

五　基于引力模型的经验分析方法

引力模型是国际贸易中常用的重要经验分析工具，越来越多地被用于区域贸易集团、区域贸易偏差和国内贸易偏差等问题的研究中。根据研究问题和研究侧重点的不同，衍生出很多具体形式。在对标准的贸易影响研究中，模型假设双边贸易流量可以被进、出口国的相关特征变量和贸易成本变量所解释，标准被作为一种贸易成本出现在模型中。

Ederington 和 Ruta（2016）使用的对数线性形式引力方程比较有代表性。

$$\ln m_{s,j} = \theta_{s,j} \ln(1 + t_{sij,t}) + \gamma_s NTM_{sij,t} + \sum_z \delta_z X_{ij,z} + \varepsilon_{sij,t} \qquad (2-21)$$

式中，$m_{sij,t}$ 表示在时间 t 内，i 国对 j 国 s 产品的进口额，$t_{sij,t}$ 表示 i 国对 j 国 s 产品的进口关税税率，$X_{ij,z}$ 是能够表征影响 i、j 两国经贸关系特征的一组变量，伴随着应用环境的改变和研究工作的深入，变量的设置成为一个不断拓展和延伸的外生变量系列（谷克鉴，2001）。在现有文献中，这一组变量被具体化为两国的经济规模、人口、地理距离、语言、文化和运输成本等因素，近年又延伸到关税税率、汇率、消费价格指数等众多变量。$NTM_{sij,t}$ 表示与 NTMs 发生率相关的信息（如 CR 指数和 FI 指数，WTO 的 TBT 和 SPS 措施通报数量或 STC[①]）。

正如 Ederington 和 Ruta（2016）模型变量的设定，在许多研究相关问题的经验模型中，标准等 NTMs 都是作为构成贸易成本的解释变量出现的，这种预设结论的假设方式极有可能高估或错误估计标准对贸易的影响方向。在另一个研究具体问题的经验模型中，Xiong 和 Beghin（2014）将标准可能带来的积极效应，如解决信息不对称、降低消费者的健康风险引入模型中，得到了不同的结果。Xiong 和 Beghin（2014）研究了高收入国家农产品农药最大残留量（MRLs）对贸易流量的影响。具体模型形式如下：

$$\ln(T_{sijt}) = (1-\varphi)Q_{sit} - \theta\ln(1+tar_{sij}) - \theta b_d\ln(1+dist_{ij}) + \theta b_l Lang_{ij} + \theta b_b Bord_{tj} + \theta b_c Col_{ij} - \theta_\gamma \max\{MRL_{sjt} - MRL_{sit}, 0\} + \theta\beta MRL_{sjt} + fe_{it} + fe_{hit} + \varepsilon_{sijt}$$

$$(2-22)$$

式（2-22）中，T_{sijt} 是在某年份 t，i 国出口到 j 国的产品 s 的出口额。Q_{sit} 表示 i 国在年份 t 产品 s 的供应量。tar_{sij}、$dist_{ij}$、$Lang_{ij}$、$Bord_{tj}$、Col_{ij} 表征了与贸易成本相关的关税、距离、语言、共同边界。$\max\{MRL_{sjt} - MRL_{sit}, 0\}$ 表征了进口国相对于出口国更严格的 MRLs 标准引起的贸易成本，使用了前述 Li 和 Beghin（2012）计算的贸易保护指数。进一步地，Xiong 和 Beghin（2014）考虑到了严格标准带来的进口国需求增加效应，以 MRL_{sjt} 表示。fe_{it}、fe_{hit} 分别表示进口国市场随时间变化的固定效应和出口国市场的部门固定效应。

在引力模型的技术处理上，有剔除零贸易、Tobit 模型、Heckman 样本选择模型、极大似然估计法（PPML）等具体估计方法。Hoekman 和 Nicita（2011）使用 PPML 方法处理双边贸易零值，鲍晓华（2011）采用了 Tobit 估计方法，秦臻、倪艳（2014）为了更准确地测度技术的贸易效应，经过多种技术处理方法的比较，选取 HMR 和拟极大似然估计两种方法呈现模型的最终估计结果。宋海英、Jensen（2014）将剔除零贸易、Tobit 模型、Heckman 样本选择模型、PPML 等方法并用于中国蜂蜜出口欧盟市场的标准效应分析中，通过结果比较得出了基本相似的结论。

---

① Special Trade Concerns，特别贸易关注。

引力模型的解释能力很强，但是即使在没有国内规章和其他因素影响的情况下，也不可能准确地解释全部贸易流量。尤其是当集中研究既定国家间单个产品及空间贸易流量时，其结论很可能对模型的假定条件非常敏感（Beghin and Bureau，2001）。此外，NTMs 和进口量之间的内生性问题一直没有得到解决，因此结论有待商榷。

第三节　小结

目前的研究表明，标准对于农产品贸易的重要作用被广泛认同。国外的文献中，标准与贸易的关系被从各个方面充分阐述，既有理论研究，也有实证检验，研究成果颇为丰富。事实上，对于在该领域出现的一些新的问题，比如私营标准，正是国外学者率先提出并纳入研究范围的。另外，由于标准对农产品贸易的重要作用，该议题也一直为各国际组织所关注，近些年来，WTO、UNCTAD、FAO 等组织相继发布关于 SPS 措施，私营标准的发展，标准对发展中国家主要农产品、农业从业者的影响以及如何帮助发展中国家小农户适应各类农产品高标准等研究报告。国内的研究则更注重基于产业层面的实证，从实证检验的结果出发提出产业的应对之策。这些研究成果为本书奠定了基础，并提供了有价值的思路。

标准对农产品贸易是一把"双刃剑"。农产品关系到人类的生命安全和健康，这一属性决定了基于安全、健康和环保等设置标准和法规的必要性和必然性，同时近乎完美地解决了不完全市场中存在的市场失灵和信息不对称。但是，当标准和法规被贸易国用作限制或报复贸易伙伴的政策工具时，由此产生的高昂遵从成本远超过关税。在学术界有一个存在争议的问题：如果一国对国产品和进口品采取了同样的高标准，这个标准是合理的还是贸易壁垒？

因此，量化分析和评价标准对农产品贸易的影响是具有挑战性的，除了标准产生的贸易效应的复杂性外，政策工具的异质性以及系统化数据的缺乏也是一个重要原因。目前的量化方法都是基于不同的假设并根据具体问题选择分析指标或设定模型，大多数方法都采取了局部均衡分析，利用价格、数量、成本评估标准或法规对单一产品和市场的贸易影响。但是由于各自研究所基于的假设以及数据上的差异，得到的结果往往也不相同。对贸易参与国来说，标准实施除了对相关产品的生产成本、价格和贸易量有直接影响，还会对整个经济系统产生广泛的间接影响，如消除信息不对称、减少市场失灵、技术标准提高产生的外溢效应等，局部均衡分析框架无法纳入这些因素。目前，有一些学者正试图将研究视角放在整个经济系统，建立一般均衡模型分析标准和法规的经济影响。此外，目前的分析方法以宏观和中观为主，对微观企业的关注不足，从这一角度进行的分析基本是空白的。企业是经济活动的主体和经济系统的细胞单元，只有将研究引入微观领域，从企业层面入手，才能更清晰透彻地揭示标准对各经济层面的影响机理，这是今后该领域研究的两个重要拓展领域。

目前的研究仍然有很多需要进一步深化的地方。第一，缺乏标准对农产品贸易作用机制的理论探讨。目前，已有的关于标准与国际贸易关系的理论研究大部分都是将贸易作为整体进行的，进行产业细分的不多。没有考虑产品类别的差异对作用机制和路径的影响。农产品与工业品及服务产品生产过程截然不同。在现代产业化发展中，虽然农业的生产方式和生产过程发生了变化，但其专业化程度和要素投入集约化程度仍然无法与其他产业相比。土地和自然条件仍然无法被其他要素完全替代。因此农业领域中存在的诸多标准，理化标准、方法工艺标准、绿色壁垒、认证内容与程序等，除了构成进口国的屏障，抑或减少贸易伙伴间的信息不对称及减少交易成本外，往往呈现出极大的合法和合理性，因为在标准因素中包含着人们对环境、健康、生态的关注，其逻辑性完美无瑕，这与其他产业大大不同。也正因如此，标准对农产品贸易的作用机制和贸易效应与其他产品无法相提并论。虽然已有的文献对标准与贸易之间关系的研究并不少见，但是真正将农产品贸易作为研究对象的则少之又少，从目前的研究成果中很难看到对这一问题的系统化论述。

第二，研究角度趋同。大量的经验研究都更倾向于将农产品贸易领域中出现的标准作为发达国家对发展中国家设置的贸易壁垒来看待。研究角度的限制导致的一个直接后果是在理论研究和实践中，人们更愿意去思考如何化解作为贸易壁垒的标准对农产品出口国，尤其是发展中国家的负面影响，而这种化解方式也更多的是消极应对，比如通过 WTO

的争端解决机制进行诉讼。如果能够从更积极的角度去评判标准的提高对发展中国家农产品出口的作用机制和影响，最终得出的结论也会不同。客观上，发达国家对发展中国家农产品设置的高标准，一是有助于提高农产品的质量、安全和环保；二是克服国家间信息不对称、减少交易成本、增强兼容性、润滑交易的必由之路；三是从一些发展中国家的实践看，有助于提高小农的收入和幸福感。

第三，研究框架大部分是在 WTO 的 TBT 协议及 SPS 协议框架下进行，较少专门考虑私营标准对农产品贸易的作用机制和影响。

第四，在量化分析中，所有关于标准和法规的经验研究都不可避免涉及数量和加总的问题。如前所述，与标准相关的 NTMs 不同于关税措施，这类政策措施没有办法直接标示其贸易影响，因为种类太多。比如，MAST[①] 分类法将 NTMs 分为 16 类，包括 SPS 措施、TBT 措施、其他技术措施、价格控制措施、数量控制措施等。这些措施大体可以分为基于数量限制和质量限制两大类。一是在质量限制措施方面，如标签制度，它直接影响企业的生产和营销成本，但不太可能在计算价格等值时直接进行加总。在具体问题处理中，这类标准限制措施总是以虚拟变量的方式出现以表征它是否存在，但虚拟变量提供不了更多的信息，如措施的严厉程度、覆盖范围等。评价这类标准措施的贸易影响仍然是个挑战。二是在经验研究中，为了使研究的结果更有价值和针对性，研究者们总是试图采用在全部 NTMs 中分解出某种措施进行研究（Disdier and Marette，2010；Wilson and Otsuki，2004）。但是，在通常情况下，贸易影响总是在诸多标准措施共同作用下呈现出来的，试图从这些起作用的措施中单独分解其中某一种，会导致主观选择偏差，退一步说，即便没有偏差，结论的可靠性和代表性也有待商榷。三是目前的研究对私营标准的关注不足。已有的研究大部分是在 WTO 的 TBT 及 SPS 协议框架下进行的，食品安全、健康、动物福利和环保已经成为全球性的重大关切，于是催生出大量代表着更高标准等级的私营标准。虽然私营标准在法律上不具备强制性，属自愿标准，但在许多发达国家，私营标准正在

---

① Multi – Agency Support Team，UNCTAD 对 NTMs 的分类是由多个国际机构共同组成的 MAST 小组商定的。

逐步取代官方标准,成为新的农食产品标准规范,势必会给农产品贸易带来新的变化,性质不同决定了私营标准的影响机制与官方标准的区别。如何将私营标准纳入研究框架是今后研究的难点。

第五,针对中国问题的系统研究十分少。中国是个农业大国,也是农产品出口大国。农业问题一直被视为关系国计民生的大事。近几年的中央一号文件屡次提及农业产业优化升级、供给侧结构性改革等问题,党的十九大报告中提出乡村振兴战略,将"三农"问题提到国家战略高度。在国内外大的宏观经济背景下,农业过剩产能的输出问题没有被学术界提高到与制造业相同的地位,目前对此问题的研究甚少。另外,中国的农业生产是以小农户为主的模式,不具备发达国家的大农场式集中生产条件,因此对小农户利益的关注至关重要,未来如何通过质量和安全标准提升带动农业结构调整,提高小农户的收入和幸福感,进而促进高质量、高标准农产品的出口,应该成为一个全新的研究视角。

大量的经验研究更倾向于将农产品贸易领域中出现的标准作为发达国家对发展中国家设置的贸易壁垒来看待。研究角度的限制导致的一个直接后果是在理论研究和实践中,人们更愿意去思考如何化解作为贸易壁垒的标准对农产品出口国,尤其是发展中国家的负面影响,而这种化解方式也更多的是消极应对,比如通过 WTO 的争端解决机制进行诉讼。客观上,发达国家对发展中国家农产品设置的高标准,有助于提高农产品的质量、安全和环保;是克服国家间信息不对称、减少交易成本、增强兼容性、润滑交易的必由之路;从一些发展中国家的实践看,有助于提高小农的收入和幸福感。如果能够从更积极的角度去评判标准的提高对发展中国家农产品出口的作用机制和影响,在政策制定中将这些因素考虑进去,从长远来看,对我国农业高质量发展有积极的促进作用。

第三章 标准对农产品贸易效应的理论分析

现代经济活动，是建立在一整套规则基础上有约束的经济行为。经济活动主体遵守相应规则，才能维持经济活动的秩序，降低交易成本，并最大限度地保证公平和效率。本质上说，标准与其他的经济规则无异，它的形成是在一定环境下，各参与方互相博弈的结果。在国际农产品贸易中，关于标准的角色争议性很大。以 SPS 措施为例，1995 年 WTO 成立后，逐渐规范了成员国 SPS 措施的采用，要求成员国必须向其他成员国及时通报可能对贸易产生较大影响的 SPS 措施。根据 WTO 的统计，1995—2017 年，WTO 成员国采取的 SPS 措施累积规模已经扩大了 100 倍之多，并且还在持续增加。学术界关于标准本质的探讨一直没有停止，一种观点认为，标准是一种新形式的重商主义贸易保护手段，弥补了关税措施日渐乏力背景下贸易保护的空位。但是这一观点却和一些经验观察的结果相悖，生产者和消费者的利益通常被认为存在某种程度的对立，基于个体利益最大化的理性考虑，生产者主张的标准如果仅是基于贸易保护目的，消费者往往会提出反对。反之，消费者主张的标准，即便水平很高，也未必与贸易保护有关，比如欧盟的 GM 法案①就是消费者主动选择的结果，而并非基于生产者利益。Tian（2003）的研究也表明，提高进口品的环境标准未必会产生对进口国生产者的贸易保护效应；相反还有可能会促进进口，损害进口国生产者的利益。Marette 和 Beghin（2010）证明，当出口国的生产者比进口国的

---

① 转基因作物法案。

生产者更有效率时，提高标准就是非贸易保护的。进一步证明，如果将关注范围从贸易扩大到整个社会福利，标准的角色更加复杂，将呈现出不同的效果。

本章的目的是构建理论框架，以分析标准阻碍和促进农产品贸易的作用条件。

第一节 标准贸易效应的比较静态分析

在国际贸易中，标准实施对贸易流量的影响主要是通过影响国内外供货商的遵从成本[①]间接发挥作用的。本部分利用供求曲线在单一产品市场中使用比较静态局部均衡分析，考察在不同假设条件下标准实施的成本和收益，通过逐步放宽假设条件，将局部均衡的分析层层推进，并观察由此产生的贸易量变化。

一 对进口国供给的影响[②]

从供给角度看，进口国提高产品标准可能会不同程度影响产品供应链的某些环节，进而导致国内外供货商成本的提高。在供求曲线中，表现为供给曲线的上移。图 3-1 是某贸易小国 M 在提高产品标准后对进口商和国内供货商价格及产品供应量的影响。M 国国内供求曲线分别以 y、x 表示，进口量为 m，NTM 是进口国实施的技术标准，世界市场价格以 wp 表示，$t(NTM)$ 用以表示标准实施增加的产品成本。标准实施后，进口供给曲线由 wp 向上平移至 $wp+t(NTM)$，同时 M 国国内供给曲线由 y 向左上方平移至 y'。需要注意的是，除非国内供货商和进口商产品的成本构成相同且在新标准下二者的遵从成本相同，否则这两条曲线的变动幅度是不同的。新标准实施对 M 国国内供货商产生的贸易效应取决于以下条件：当国内供货商适应和满足本国实施新标准的遵从成本小于进口商时，产生贸易保护效应；反之，则产生反向保护效应。图 3-1 所示的是第一种情况。

[①] 为了达到进口国的技术性措施要求额外发生的成本。
[②] 为了分析问题的方便，在对第一、第二部分进行分析时，假设需求或供给不变。

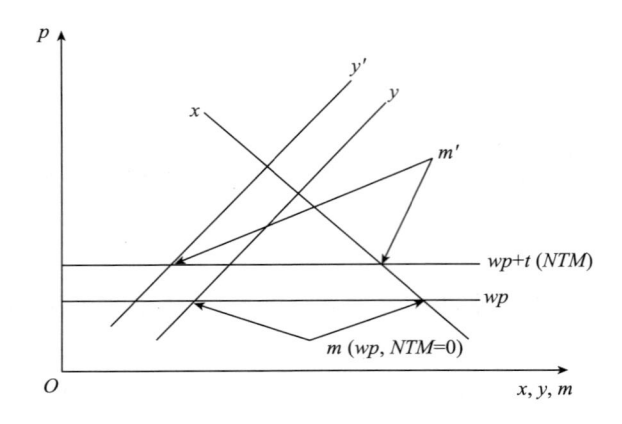

图 3-1 遵从成本提高导致的供给曲线移动

在某些情况下，提高进口商品的标准可能对国内供货商带来好处，如更加严格限制植物病虫害入侵的措施会降低进口品带来的负外部性。在这种情况下，标准提高对国内外供给将产生相反影响：如图 3-2 所示，国产品的成本降低，国内供给增加，供给曲线由 y 右移至 y'，进口品的单位成本提高，价格由 wp 提高至 $wp+t(NTM)$。这两种相反的影响共同导致进口量由 m 降至 m'。值得注意的是，虽然贸易量降低了，但进口国的福利水平却得到了提高。这是因为提高标准带来的生产者剩余的增加大于消费者剩余的减少。

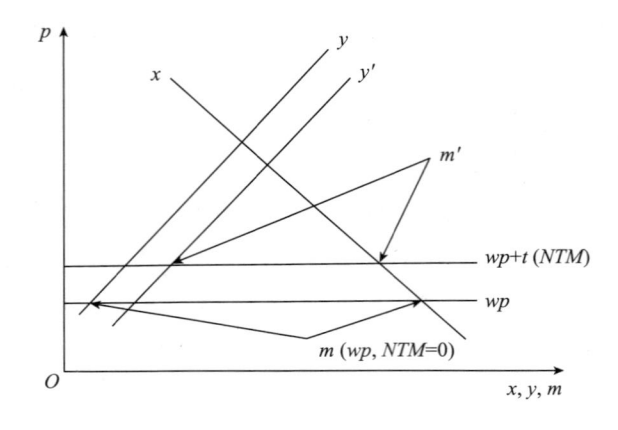

图 3-2 负外部性降低导致的供给曲线移动

二 对进口国需求的影响

从需求层面看,标准的提高可以克服市场不完全性带来的信息不对称,进而影响进口国的消费量,当消费者能够获取更多的产品质量信息时,往往会增加对高质量和高安全性产品的消费,从而引起需求曲线由 x 右移至 x'（见图3-3）；当标准的采用揭示出某些产品的潜在消费风险时,消费者也会理性地减少消费,表现为需求曲线由 x 左移至 x'（见图3-4）。这两种相反方向的需求变化导致进口国的进口量增加（见图3-3）或者减少（见图3-4）。值得注意的是图3-4所示的情况下,消费者剩余的减少大于生产者剩余的增加,进口国福利水平下降。

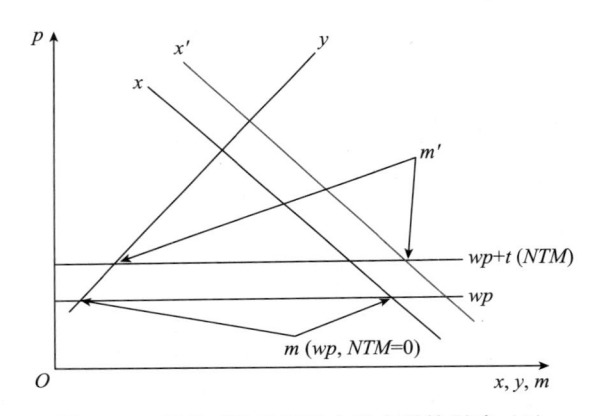

图3-3 标准对进口国国内需求量的影响（1）

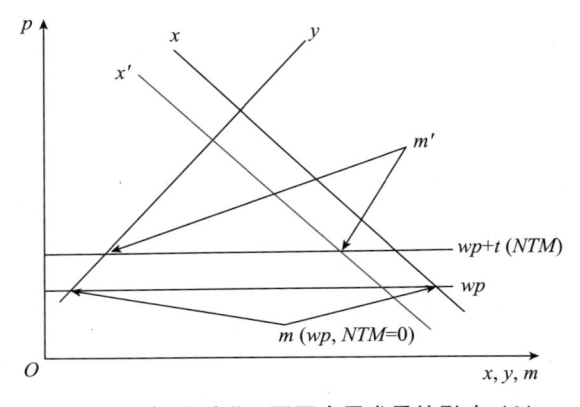

图3-4 标准对进口国国内需求量的影响（2）

三 对进口国供给和需求的影响

在同时考虑标准实施对进口国的供给、需求、进口量和福利的影响时，情况更加复杂，存在诸多不确定性。在标准实施提高了供货商的遵从成本、减少了消费者的信息不对称性的情况下，供求曲线的变化如图3-5所示：供给曲线 y 右移至 y′，需求曲线 x 右移至 x′，此时进口量的变化取决于进口国国内供需的变化。当进口品价格提高幅度小于供需曲线的变动幅度时，进口量增加；反之进口量下降。进口国的福利效应则取决于生产者剩余的增加和消费者剩余的变化孰大孰小。此外，如果将标准实施产生的外部性考虑进去，这种外部性也会影响到进口国需求，在国际贸易中，这是非关税措施相对于关税措施作用机制更复杂的地方。

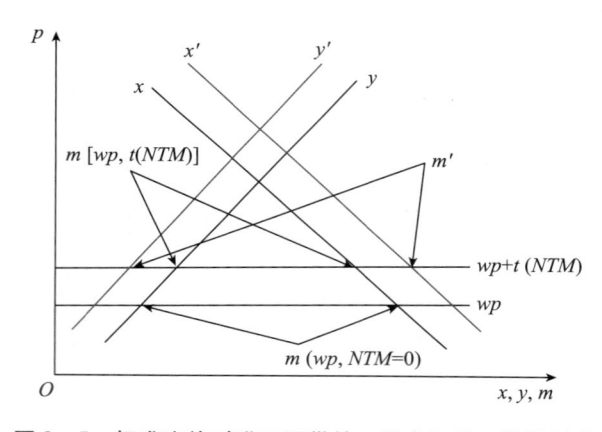

图3-5 标准实施对进口国供给、需求和进口量的影响

四 对进口国福利的影响

在以上分析中，本书探讨了标准实施在解决市场不完全性方面的积极作用，在某些极端的情况下，进口国提高标准是出于寻租或保护本国国内生产的目的，这种以贸易保护为最终目的的标准措施不会对消费者的健康和消费量产生影响，也不会产生外部性。因此需求曲线不会发生移动；在供给层面，为了达到贸易保护的目的，标准提高对国内外供货商产生的遵从成本不同，国内供货商边际成本仅小幅提高或不变，国外供货商的成本 $t(NTM)$ 大幅提高（见图 3-6），进口国的进口量下降。

从进口国福利角度分析，进口国国内商品价格由 wp 提高至 $wp+t(NTM)$，消费者剩余减少，国内生产者则受益于价格提高，生产者剩余增加。在不存在外部性的情况下，进口国总福利水平由消费者剩余和生产者剩余进行衡量。如图 3-6 所示，基于贸易保护目的的标准措施实施，扭曲了自由贸易，对进口国产生了净福利损失，由图中供需曲线和两条价格线围成的梯形面积表示。

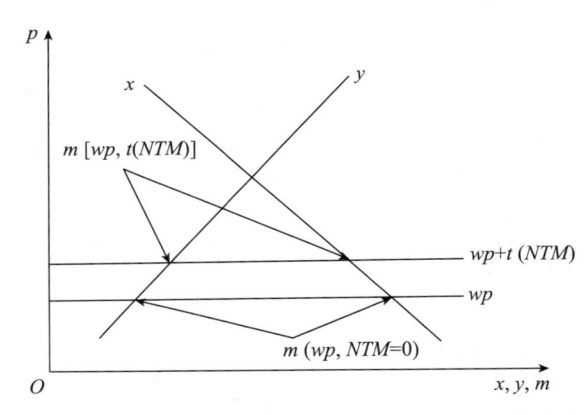

图 3-6 作为贸易保护手段的标准措施对进口的影响

第二节 标准贸易效应的理论模型

农产品是典型的信任商品①。信任品的特点是"在生产者与消费者之间存在严重的信息不对称，生产者由于对生产过程更加了解因而拥有更多的产品质量信息，而消费者即使消费了产品之后，也不能判断产品质量的好坏"②。标准对于农产品消费者的重要意义在于解决了信息不对称问题，进而对消费者效用水平产生积极影响。消费者甚至愿意以提

---

① 产业组织理论按产品质量与信息的关系，将商品分为搜寻品、经验品和信任品。信任品是指即使在使用后也难以确定其质量的产品。

② 百度百科：信任品的特点。

高意愿支付水平为代价增加消费。理论模型框架从消费者效用函数开始,逐渐深入。

为了研究的方便,本书首先做出如下假设:进口国和出口国是某产品的生产和贸易小国,因此都是国际市场价格的被动接受者,q 表示消费量,p 表示产品价格,x 表示国内生产者的产量,x^F 表示国外生产者的产量,在市场出清条件下有 $q = x + x^F$ 成立。s 代表产品的标准水平,s 越高,标准越严格。

一 消费者效用函数

进口国国内代表性消费者的消费效用是消费量 q 和产品标准水平 s 的函数,用 $u(q, s)$ 表示。对该函数做两个假设:一是 $u(q, s)$ 为凹函数,因此有:$u_q > 0$,$u_{qq} < 0$,$u_s > 0$,$u_{ss} < 0$ 成立。二是标准的提高会产生更高的边际消费效用,即 $u_{qs} > 0$。基于以上假设的消费者剩余为:

$$\pi^c = u(q, s) - pq \tag{3-1}$$

式(3-1)中消费者效用最大化的一阶条件为:

$$\partial \pi^c / \partial_q = u_q(q, s) - p = 0 \tag{3-2}$$

由式(3-2)得到逆需求函数:

$$p = u_q(q, s) \tag{3-3}$$

根据前面对消费者效用函数的假设 $[u_{qq}(q, s) < 0, u_{qs}(q, s) > 0]$ 可知该逆需求函数斜率为负,且随着标准提高,函数位置上移。

二 生产者成本函数

对于国内生产者,假设标准通过施加某些生产约束从而提高生产成本。进口国代表性生产者的成本函数为 $c(x, s)$,假设成本函数为凸函数,因此有 $c_x > 0$,$c_{xx} > 0$,$c_s > 0$,$c_{ss} > 0$ 成立。同时假定 $c_{xs} > 0$,也就是说标准的提高会引起边际生产成本增加。

国内生产者的利润最大化条件为:

$$\pi^p = px - c(x, s) \tag{3-4}$$

生产者利润最大化的一阶条件:

$$\partial \pi^p / \partial_x = p - c_x(x, s) = 0 \tag{3-5}$$

由式(3-5)得到逆供给函数:

$$p = c_x(x, s) \tag{3-6}$$

在式（3-6）中，有 $c_{xx}(x, s) > 0$，$c_{xs}(x, s) > 0$ 成立。

生产者的成本 c 由两部分构成：生产成本 $k(x, s)$ 和交易成本 $\tau(s)x$。结合式（3-6），可得：

$$p = c_x(x, s) = k(x, s) + \tau(s)x \tag{3-7}$$

随着标准的提高，生产者不得不采用更昂贵的生产技术（$k_s > 0$），同时也会带来执行和监督成本等交易成本的提高（$\tau_s > 0$）。

同样地，国外生产者与国内生产者的成本函数形式类似：

$$c^F(x^F, s) = k^F(x^F, s) + \tau^F(s)x^F \tag{3-8}$$

与标准对国内生产者的成本影响方向相同，标准的提高同样也会导致国外生产者成本的提高（$k_s^F > 0$，$\tau_s^F > 0$）。在一个完全竞争的国际市场条件下，对应于每个标准水平 s，市场均衡状态下，国外生产者最有效率的生产点位于平均成本曲线和边际成本曲线的交叉点，此时的国际市场价格为：

$$p(s) = c^F(x^F, s)/x^F = c_x^F(x^F, s) \tag{3-9}$$

举例说明：一个牛肉进口小国可以设定牛肉中生长激素的水平，为了研究方便，这里仅分为低激素水平和高激素水平两种。这两种激素水平的牛肉在国际市场中都有生产和供给，但是低激素水平牛肉生产成本高，因此价格更高，如果在进口国市场上两种激素水平的牛肉都允许销售，但是由于信息不对称消费者无从分辨，在市场上产生劣货驱逐良货效应，进口国牛肉的国内市场价格等于较低的国际市场价格，就是由高激素水平牛肉决定的价格，根据式（3-9）可知，这一价格由外国生产者所生产的高激素水平的低成本牛肉价格决定。反之，如果进口国对牛肉规定了低激素水平，则进口国牛肉的国内市场价格等于低激素水平的高成本牛肉的国际市场价格，价格水平相应会更高。

三　对产品价格的影响

以下继续分析标准的变化对国际市场价格的影响。延续第一部分的假设，外国生产者是国际市场价格的接受者，因此在既定的标准水平 s 下其价格等于边际成本：

$$p(s) = c_x^F(x^F, s) \tag{3-10}$$

标准的价格效应 dp/ds 可以被分解为：
$$dp/ds = c_{xs}^F + c_{xx}^F \cdot (dx^F/ds) \tag{3-11}$$
结合第二部分式（3-9），可得：
$$dx^F/ds = c_s^F/(c_{ss}^F x^F) - c_{xs}^F/c_{xx}^F \tag{3-12}$$
将式（3-12）带入式（3-11）得到：
$$dp/ds = c_s^F/x^F \tag{3-13}$$

也就是说，世界市场价格的变化是由国外生产者的生产成本与产量决定的，当产量保持不变时，则由平均成本决定。

四 对消费者剩余和生产者剩余的影响

在开放市场经济条件下，标准对进口国消费者剩余的影响为：
$$\partial \pi^c/\partial_s = u_s - dp/ds \cdot q \tag{3-14}$$

也就是说标准的提高即会带来消费者效用（u_s）的增加，也会引起消费者支出（$dp/ds \cdot q$）的增长，这是因为标准提高为消费者提供了更明确的产品质量信号，解决了信息不完全问题，消费者的意愿支付水平也将提高。最终的消费者剩余取决于二者之差。

同样地，标准变化对进口国生产者剩余的影响为：
$$\partial \pi_p/\partial_s = dp/ds \cdot x - c_s \tag{3-15}$$

从式（3-15）可见，标准对进口国生产者的影响取决于收入（$dp/ds \cdot x$）和执行成本（c_s）。具体说，当标准提高时，由于消费者支付意愿提高，会增加生产者的产品收入，同时，对产品生产技术水平的要求提高，从而也引起生产者执行成本的增加。因此，标准提高对生产者剩余的影响取决于收入和成本孰大孰小。

五 标准对农产品贸易的影响——贸易催化剂还是壁垒

第一节的分析表明，对于进口国来说，出于产业保护的目的，采取提高标准的手段对进口品进行约束，往往会牺牲消费者利益，可能与实现本国福利最大化的初衷相悖。然而，并非所有标准实施都有保护主义的目的，例如对有害物和外来野生动植物的进口限制政策。从本质上来说，在国际贸易中，除了基于对人类和动植物的健康和安全保护目的外，标准这类措施与其他传统的进口限制政策的经济效应是类似的

(MacLaren, 1997)。那么，进口国基于本国福利最大化设置的标准，都是贸易保护手段，并会对进口造成障碍吗？延续前面的分析框架，继续分析标准对进口的影响。

在市场出清情况下，进口国的进口量 m 等于本国消费者的总消费量减去本国生产者的供给量，即 $m=q-x$。标准的变化对消费量的影响为：

$$dq/ds = -1/u_{qq} \cdot (u_{qs} - dp/ds) \qquad (3-16)$$

标准的变化对进口国产量的影响为：

$$dx/ds = 1/c_{xx} \cdot (dp/ds - c_{xs}) \qquad (3-17)$$

因此，标准变化对进口的影响为：

$$dm/ds = dq/ds - dx/ds = (c_{xs}/c_{xx} - u_{qs}/u_{qq}) - dp/ds \cdot (1/c_{xx} - 1/u_{qq}) \qquad (3-18)$$

式（3-18）表明，标准提高对进口的影响存在不确定性。当 $dm/ds<0$ 则阻碍进口，是贸易壁垒；反之当 $dm/ds>0$，标准提高促进进口，是贸易催化剂。具体来说，标准对进口的影响由两部分构成：一部分是 $(c_{xs}/c_{xx} - u_{qs}/u_{qq})$，在本书中称之为直接效应，表示标准提高对国内生产者边际成本和消费者边际消费效用的影响。不难分析出，在给定的世界市场价格下，当标准提高引起国内生产者边际成本（c_{xs}）增加或者消费者边际消费效用（u_{qs}）提高①时，具体来说，进口国生产者生产成本受标准提高的影响越大，消费者转而消费进口品的可能性越大，可以促进进口增长。另一部分是 $dp/ds \cdot (1/c_{xx} - 1/u_{qq})$，在本书中称为价格效应，反映标准提高对市场价格的影响。当逆供给曲线和逆需求曲线的斜率很小②的情况下，标准提高带来的市场价格提高，将导致进口国国内生产量的大幅扩张和消费量的大幅减少，由此引起进口下降。

最终标准提高对进口的影响取决于直接效应和价格效应的对比。对于出口国来说，当产品标准低于进口国设置的新标准的情况下，进口国的标准提高往往会提高产品的遵从成本（生产成本和交易成本），尽管无法左右进口国国内生产者和消费者的市场选择行为，但是从前面的理论分析中不难理解，当进口国的标准措施不存在歧视性，同时作用于国

---

① 在前面的分析中假设 $u_{qq}<0$。
② 根据前面的分析，有 $c_{xx}>0$，$u_{qq}<0$。

内生产者和国外供货商的情况下,出口商对进口国的标准遵从能力越强,标准提高对进口促进作用越明显。

第三节 小结

前两节中,本书试图从理论角度论证标准对贸易的影响,并尽可能将各种情况考虑进去。尽管理论无法百分之百地与现实吻合,但是结论仍然具有一定的参考价值。论证标准对贸易的影响程度和方向,一定少不了特定的背景。

离开进口国的动机谈贸易保护主义是有失偏颇的。在一个国家中,生产者和消费者的利益通常被认为存在某种程度的对立,基于个体利益最大化的理性考虑,生产者主张的标准如果仅是贸易保护目的,消费者往往会提出反对,因为这会降低消费者福利;反之,消费者主张的标准,即便水平很高,也未必与贸易保护有关。比如,提高进口产品的环境标准有可能会促进进口,损害进口国生产者的利益(Tian,2003)。

关税时代,任何引起产品成本增加的措施都会阻碍贸易,这是因为在自由竞争背景下,除非出口国拥有产品的定价权,能够将进口国市场准入的遵从成本全部转移给消费者,否则会引起产品价格的提高而降低竞争力。但现在这一结论却被颠覆了。当标准能够提升消费者的消费信心,带来更高的消费效用水平时,消费者甚至愿意以提高意愿支付水平为代价增加消费,从而抵消一部分遵从成本。

从这个角度看,标准到底是贸易的催化剂还是壁垒,并不完全取决于标准本身,还取决于标准背后的政策动机以及出口国的遵从能力。如果将关注范围从贸易本身扩大到整个社会福利,标准的角色更加复杂,将呈现出不同的效果。

Baldwin(1970)在另一个层面探讨标准的性质,得出的结论发人深思:在开放经济条件下,判断标准是否贸易保护手段,应充分考虑标准实施产生的外部性是否实现了世界福利最大化。任何偏离这一最优决策或水平的政策工具,即使能达到进口国的福利最大化,也因为排斥出口国生产者,被认为是贸易保护主义的(Marette,2014;Fisher and Serra,2000)。

第四章 标准的兴起与全球农产品贸易的发展

第一节 全球农产品贸易领域的标准

一 农产品贸易领域标准的兴起

（一）标准兴起的背景

全球农产品价值链的重组深化使农业经营的垂直一体化成为可能，发达国家的先进技术和标准扩散到发展中国家，全球农产品贸易格局发生了根本变化。在新的贸易环境中，贸易措施在向保护消费者转变，出现了各种基于安全、健康、环境可持续性等方面的预防性NTMs。在各种双边、区域性和多边贸易协议的主导下，关税和其他数量限制性贸易措施逐渐被非关税手段所取代（*World Trade Report*，2012）。自2008年国际金融危机以来，隐蔽的非关税措施对贸易的阻碍作用不断加强（Gawande et al.，2011），农药残留标准等非关税措施已经成为重要的贸易保护措施（Li and Beghin，2014），NTMs对发展中国家的农产品贸易产生了重大影响（Gelan and Omore，2014；Mariani et al.，2014）。

在众多的NTMs中，标准是一种极为重要和特殊的贸易措施。它在全球大规模采用的时间不长，但影响甚大。伴随全球农产品贸易的快速增长，越来越多严苛的农产品标准被国际组织和发达国家的官方、非官方机构制定，并在全球范围内被大量采用。

标准在全球农产品贸易领域的日益盛行，伴随着消费者需求和农产品供给的重大全球性变化。在需求侧，近几十年，发展中国家和新兴市场国家迅速崛起，人口增长、收入提高和大规模城镇化，消费者的消费结构不断升级，从量的增加转向质的提升。加之全球范围内恶性食品质量安全事件层出不穷，消费者对农食产品的质量安全极为敏感，趋于零容忍。与此同时，在发达国家，消费者除了对食品质量安全的关注，在动植物多样性、动物福利、环境保护和劳动条件等方面也逐渐重视起来。以上表明，农产品质量安全、全球资源和环境等问题已经成为消费者最关心、最直接和最现实的问题之一。消费者偏好的这种变化导致各国制定出台的严格农产品标准大量增加；在供给侧，生产商面临着市场竞争和食品安全责任的双重压力（师华、徐佳蓉，2015）。为了满足消费者偏好，保证市场竞争力，承担更严格的食品安全职责，大型跨国公司利用垄断优势，纷纷制定高于国家规定的标准对产品生产、加工和流通各环节实行严格监管。对于发展中农产品出口国来说，全球农产品价值链的兴起，为发展中国家农产品参与全球竞争提供了机会，为了满足发达国家的市场准入条件，迫使发展中国家生产商努力达到更高的产品质量、安全卫生和环境保护要求。

在国际贸易中，标准为不同国家和地区的农产品贸易搭起一座信息传递的桥梁，使产品信息更加透明，既解决了消费者与生产者之间的信息不对称问题，同时还能够有效约束生产者的生产行为，降低交易成本。为了防止标准被滥用为贸易保护主义手段，WTO 为各成员国设定了相关标准实施的原则，《实施卫生与植物卫生措施协定》（Agreement 《卫生与植物检疫措施》 On the Application of Sanitary and Phyto – Sanitary Measures，以下简称《SPS 协定》）强调"实施方式不得构成在情形相同的成员之间进行任意或不合理歧视的手段，或构成对国际贸易的变相限制"；在具体标准内容上，国际食品法典委员会（CAC）、世界动物卫生组织（IOE）、国际标准化组织（ISO）等相关国际标准化机构，在各自领域一直致力于农产品国际标准的协调工作。

（二）标准的内涵、性质与特征

1. 标准的内涵

关于标准的含义，目前有以下几种有代表性的定义。

（1）ISO 对标准的定义是："标准是被作为规则、指南或特性界定反复使用，包含有技术性细节规定和其他精确规范的成文协议，以确保材料、产品、过程与服务符合特定的目的。"

（2）WTO/TBT 协议中将标准定义为："经公认机构批准的、规定非强制执行的、供通用或重复使用的产品或相关工艺和生产方法的规则、指南或特性的文件。该文件还可包括或专门关于适用于产品、工艺或生产方法的专门术语、符号、包装、标志或标签要求。"

（3）我国国家标准 GB3935.1—83《标准化基本术语》中对标准的定义是："对重复性事物和概念所做的统一规定。它以科学、技术和实践经验的综合成果为基础，经有关方面协商一致，由主管部门批准，以特定形式发布，作为共同遵守的准则和依据。"

在经济学的研究中，学者们因研究视角各异，对标准的定义有所不同。Jakobs（2000）将技术标准定义为"为了使特定产品和服务达到一定水准，在自愿原则的基础上，通过一定程序建立的、由公认机构颁布的、可公开获得的规则和要求"。Tassay（2000）认为，标准是"一产业内产品生产过程中所有要素、规格或程序需满足的规范"。

虽然不同的组织和国家定义标准的角度和表述有所不同，分析这些定义不难看出，本质上标准是一种规则。这种规则是为在一定范围内获得最佳秩序，对活动或其结果规定共同的和重复使用的行为准则（王耀中、贺婵，2008）。标准在实践中的具体运用即生产过程中的各种操作规范及对产品的认证（张丽丽，2011）。

2. 标准的性质

从经济学角度看，标准经常被认为是一种公共物品（Antonelli，1994；Matutes and Regibeau，1996），这种公共物品的性质与其产生的外部性密切相关。如质量标准能够降低交易中的信息不对称，提高交易的效率。标准的公共产品性质还可能源于很多标准是社会发展所积累的公共知识的载体（朱彤，2006）。

当今的经济世界中，标准意味着话语权，谁控制了标准谁就可以获得极大的市场竞争优势，甚至垄断地位，因此越来越多的企业和组织试图通过标准的推广获得市场主导地位，这也使标准的私有化趋势越来越明显。从这个角度来说，Swann（2000）认为，公共和公开的标准更应该被提倡。

3. SPS 措施

在全球农产品贸易中，贸易国实施的与标准有关的措施绝大部分是卫生与植物检疫措施（Sanitary and Phytosanitary Measures，SPS）。WTO 在《SPS 协定》中，允许成员国基于以下目的采取必要的保护措施："①保护成员领土内的动物或植物的生命或健康免受虫害、病害、带病有机体或致病有机体的传入、定居或传播所产生的风险；②保护成员领土内的人类或动物的生命或健康免受食品、饮料或饲料中的添加剂、污染物、毒素或致病有机体所产生的风险；③保护成员领土内的人类的生命或健康免受动物、植物或动植物产品携带的病害，或虫害的传入、定居或传播所产生的风险；④防止或控制成员领土内因虫害的传入、定居或传播所产生的其他损害。"并对基于以上目的采取的 SPS 措施内容做了如下界定："包括所有相关法律、法令、法规、要求和程序，特别包括：最终产品标准；工序和生产方法；检验、检查、认证和批准程序；检疫处理，包括与动物或植物运输有关的或与在运输过程中为维持动植物生存所需物质有关的要求；有关统计方法、抽样程序和风险评估方法的规定；以及与粮食安全直接有关的包装和标签要求。"[1]

概括起来，SPS 措施是为了"保护食品安全、动物和植物生命健康对进口商品设立的强制性法规、标准、检验和检疫要求"（董银果，2011）。

4. 标准的特征

在农产品贸易中，标准被视为是一种技术性贸易措施，其对贸易活动带来的影响有很大的不确定性，这与它呈现出的特征密切相关。

（1）科学性、合法性和合理性

WTO 在《SPS 协定》中允许成员国在有科学依据的前提下合理采用 SPS 措施，以维护人类、动物和植物的生命或健康，赋予成员国在法律框架内实施 SPS 措施的权利。标准的制定和实施，受到法律的保护，既有科学依据又有正当理由，出发点是通过规范贸易活动和市场秩序，

---

[1] 商务部：《实施卫生与植物卫生措施协定》，http：//sms.mofcom.gov.cn/article/zt_jshfw/subjectee/201409/20140900724790.shtml。

减少市场失灵,在"保护人类和动植物生命健康"和"促进自由贸易"之间达到平衡状态。一旦天平倾斜于前者,在标准的制定上违背了科学依据,或超越了"适度保护"原则的准绳,就变成了高企的市场准入门槛,很有可能助长贸易保护主义,且隐蔽性远在其他非关税措施之上。

(2) 差异性

一方面,由于自然和社会条件的多样性,各国的经济、文化、法律、技术发展水平不同,因此对卫生检验检疫方面的要求自然存在极大差异。一般来说,经济越发达,技术水平越高,标准越严格;另一方面,各国对同类产品甚至同一产品制定的标准和法规也常常存在较大差异。以食用菌中农药残留限量标准为例,CAC 规定了 6 项农药残留限量标准,中国规定了 21 项,美国规定了 10 项,日本、欧盟和韩国结合食用菌种类、栽培方式、进口技术指标和消费情况等因素设置了专门的食用菌农药残留量标准体系,指标数量多,限值严格。并且各国制定的指标种类及标准值存在十分大的差异,一致性极差。以美国为例,我国与美国有交叉的指标 5 项,其中 3 项规定严于美国,2 项宽松,另有 5 项规定美国有限量要求而我国未做规定。

尽管 WTO 一直致力于协调成员国之间的标准差异性,要求成员国尽量使用推荐的国际标准,并基于等效原则接受其他成员国制定的具有相同保护水平的标准措施,但具体执行层面困难重重,协调起来存在较大难度。《中国技术性贸易措施年度报告(2017)》显示,2016 年,WTO 成员国对 SPS 措施的常规通报和紧急通报中,表示通报有相关国际标准的 518 件,无相关国际标准的 519 件,占 43%;同时,527 件未表述措施与国际标准的关系,101 件明确表示其措施与国际标准不符,表示标准与国际标准一致的 417 件,不足 50%。标准的差异性已经成为贸易不平等和歧视的根源之一。

(3) 易变性

技术标准法规并非一成不变,各国基于本国经济、技术发展的实际情况,对各类标准的增加和补充、修订、更新已经成为常态。WTO 成员国每年新通报的与农产品有关的 TBT 和 SPS 措施数量不断增加。

SPS 措施及 TBT 措施的易变性往往导致贸易国在标准遵从上的无所

适从和措手不及。比如，为了使出口国的产品和生产方法适应进口国的要求，《SPS 协定》对通报的适应期和评议处理期做出了相关规定。附录 B 第 2 款规定："除紧急情况外，各成员应在 SPS 法规公布和生效之间留出合理时间间隔，使出口成员，特别是发展中国家成员的生产者有时间使其产品和生产方法适应进口成员的要求。"多哈部长级会议决议第 3 条第 2 段对合理的时间间隔所做解释为"通常不少于 6 个月的一段时间"。此外，协定附录 B 亦规定，通报方"应对其他成员的评议意见予以考虑"。事实上，大部分 WTO 成员国并未按此项规定执行。以 2016 年为例，在所有 SPS 措施通报中，仅有 113 件给出了不少于 6 个月的适应期，在常规通报中占比仅为 12%，不足 6 个月适应期通报 46 件，占比 4.9%，无法确定适应期①和未提供适应期②的共 407 件，占比高达 43.4%。评议处理期的规定也基本被成员国忽略，在常规通报中，213 件通报的批准日期早于评议截止期，占常规通报总量的 22.7%，另有 35.2% 无法确定考虑评议的时间。③

（4）全面性

在农产品贸易领域，标准规范和覆盖的领域，既有农林牧渔等行业的初级产品，也包括制成品；规范的内容不仅限于终端产品的技术表现，已经细化到对产品生产加工过程、加工方法和工序、加工环境的全面评价。这种全过程、全覆盖的产品质量安全标准体系，由发达国家构建并逐渐推广到发展中国家，是人类维护食品安全的重大技术进步。同时，其对发展中国家农产品出口的影响，长期以来存在着巨大的争议。

5. 正常标准和标准壁垒的判定原则

禁止使用关税和其他数量限制手段阻碍正常国际贸易活动的开展是 WTO 的基本原则。在 WTO 的努力下，进口数量限制措施越来越规范，且趋于透明，在数量限制手段乏力的背景下，质量规范成为合情合理的选择。在农产品贸易领域，基于人类生命安全、动植物健康、环境保护等关于产品质量规范的 SPS 措施成为各国主流的贸易政策工具。在很长

---

① 包括填写的公布、批准或生效日期不具体，或表述为不适用、待定。
② 拟公布日期与拟生效日期为同一天或表述为"官方公报公布时""公布后立即生效"。
③ 包括批准日期不具体或表述为"官方公报公布时""待定""不适用"几种情况。

一段时间，这些贸易手段存在着一定程度的滥用，因此被称为非关税贸易壁垒（Non-Tariff Barriers，NTBs），不管是学术界还是贸易主体，都将这些手段视为阻碍贸易正常进行的壁垒。近年来，WTO致力于对SPS措施的规范使用，将国际食品法典委员会（CAC）、国际兽疫局（OIE）、《国际植物保护公约》（IPPC）在相关领域设定的标准作为依据，出台了《SPS协定》，在涉及农产品贸易争端的解决中，积极提倡和确立这些措施使用的基本原则，以区分正常的贸易措施和贸易壁垒，在全球范围内形成了良好的示范效应。

正常的SPS措施与贸易壁垒有着严格而清晰的界限。在《SPS协定》中，WTO强调措施实施的必要性、合理性和科学性。即主观上目的性明确，用意良好，客观上能够保护人类、动物或植物的生命或健康，且不会对国际贸易活动形成变相限制。当一国制定的措施和技术标准逾越了以上初衷，超出了必要性、合理性和科学性的限度，就构成了贸易壁垒。结合《SPS协定》，区分正常标准和标准壁垒有以下几项判定标准。

（1）基于科学证据支撑的适度保护

《SPS协定》2.2中强调成员国的SPS措施应该有充分的科学证据，且仅在"所必需的限度内实施"。①科学证据原则是《SPS协定》遵循的首要原则，也是判断一项SPS措施是否正当的关键。充分的科学证据一定是经过大量的科学分析和检测，最后被确定性地证明为保护人类、动植物所必需的。在WTO争端解决机构受理的与《SPS协定》有关的争端中，几乎都涉及对科学证据的解释和应用。但是必须承认，由于人类对科学的认识存在局限性，现时很难对所有潜在的风险得出确定的结论，一些国家则基于主观判断采取了谨慎的态度，即制定更严格的标准将存在不确定性的"高风险"产品拒之门外。这就是在许多争端案件中被告方用以抗辩的风险预防原则。在美国诉日本植物品种测试案（DS76）中，日本为了防止苹果蠹蛾随进口水果进入国内损害本国农业，禁止8种水果进口。日本将风险预防作为抗辩理由，但是并未获得上诉机构支持，理由是日本的进口禁令并不是根据充分的科学证据制定的。同样的，在其他一些争端案件的审理中，也不难看出，WTO对预防原则持保留态度，这一原则的使用极易招致其他国家的质疑。《SPS

协定》5.7 中规定了科学证据原则的例外情况，即"在有关科学证据不充分的情况下，成员可根据可获得的有关信息，包括来自有关国际组织以及其他成员实施的卫生与植物卫生措施的信息，临时采用卫生与植物卫生措施"。从某种意义上看，此项规定可以看作是预防原则使用的条件。在科学证据不充分的情况下，即使采用某些临时性 SPS 措施有正当理由，也不意味着这一措施可以一直维持下去，成员国要承担相应的附加义务，一是"寻求获得更加客观地进行风险评估所必需的额外信息"，二是"在合理期限内据此审议该措施"。②必须限度内实施。WTO 强调 SPS 措施应基于风险评估确定适当保护水平，且在保护成本与收益上达到均衡，反对以保护人和动植物健康与安全之名变相实施产业保护之实。1998 年，欧盟以保护消费者健康为由大幅降低部分农食产品中的黄曲霉素限量，招致主要贸易伙伴国的反对。世界银行对此进行的一项研究表明，这一措施使欧盟 15 国，每年每 10 亿人口死亡人数减少 1.4 个，同时非洲 9 国对欧盟出口额骤减 64%，涉及金额共计 6.7 亿美元。

（2）各成员国采用标准的一致性

WTO 提倡成员国以国际食品法典委员会（CAC）、国际兽疫局（OIE）、《国际植物保护公约》（IPPC）及其他国际组织所制定的，为 SPS 委员会认可的国际标准作为手段实施保护。标准一致，能够最大限度地保证公平性。但在具体实施中，仍然不可避免地出现一些问题。比如在紧急状况下，以常规标准作为市场准入条件无法实现对人、动物、植物的有效保护，再如，各国公众对食品安全存在偏好的差异性，在发达国家，农食产品标准普遍高于发展中国家。对此，《SPS 协定》在条款 3.3 中列明了例外条件，允许成员国在存在科学理由的前提下，确定和维持"比根据有关国际标准、指南或建议制定的措施所可能达到的保护水平更高的卫生与植物卫生措施"，很多发达国家，正是基于这一例外将更高规格的自愿采用的私营标准引入农食领域，并成为农产品贸易中的事实标准。

（3）科学风险评估为客观依据

WTO 并不提倡零风险保护，而是主张基于风险评估结果的成本收益均衡，并尽可能降低对贸易的消极影响。但是由于协定中对风险评估的原则和程序可操作性不强,并且允许在科学证据不充分的情形下采取临时措施,为一些国家较高水平的保护措施提供了合法理由。在美、加诉欧盟牛肉生长激素案（WTO - DS26）中,欧盟对"风险"和"风险评估"的看法是,不管多微小的风险概率都可以构成足够充分的理由。

二 与农产品有关的技术标准分类

在农产品领域中采用的标准,按照实施对象、适用范围、法律约束性、规范领域等角度有多种类型。

（一）按实施对象划分

按照标准实施对象划分,既有产品标准也有工艺标准,关注的内容从产品生产安全到质量安全,从生产加工环节控制到动物福利,从环境保护到劳动健康。

产品标准是指对产品的结构、规格、质量等进行的技术规定。一般来说,在农产品贸易中涉及的典型产品标准包括:①产品中所含某些物质的限量水平,如农兽药、添加剂、污染物残留的最大限量,或者蛋白质、脂肪的最低限量等。②产品包装条件。一般认为产品的包装直接或间接影响到产品的性质和附加值,因此包装尺寸、包装材料、包装材料的加工工艺等均被视为产品的一部分。③标签制度。标签能够为消费者提供与产品特性有关的重要信息,如成分、产地、生产加工工艺等,是产品在市场中流通的重要信息载体。

工艺标准规定了产品生产过程中应满足的条件。这些标准一类与产品自身密切相关,如产品生产的投入条件,区分含有转基因物质和激素的中间投入品和最终产品,操作和存储条件、卫生检疫条件、动植物病虫害控制措施等;另一类工艺标准对产品的生产过程有影响,但往往与产品自身特性无关,如 HACCP、ISO、GlobalGAP 等产品质量管理认证体系,动物福利、环境保护、产品的可追溯性等。表 4-1 是在农食领域中出现频率较高的产品标准和工艺标准。

（二）按标准发生作用的有效范围划分

从世界范围看,标准共分为六级,分别是:国际标准、区域性标准、国家标准、行业标准、地方标准和企业标准。

表 4-1　　　　　　　　农食领域中的产品标准和工艺标准

标准类型	实施目的	举例
产品标准	最高/最低限量水平	农兽药、添加剂、污染物残留限量；脂肪、蛋白质含量等
	包装条件	尺寸、材料、材料处理工艺
	产品分级	小麦、肉类、水果等级
	标签制度	含量标签等
工艺标准	与产品相关的工艺标准	生产投入条件（是否含有转基因物质、激素等）
		操作/存储条件
		卫生检疫条件
		病虫害控制措施
	与产品无关的工艺标准	劳工标准
		动物福利
		环境保护/有机生产
		可追溯性
		质量管理认证体系（HACCP、ISO、GlobalGAP）

　　国际标准是由相关领域的国际机构制定的农食产品标准。在农产品贸易中，通行的国际标准是协调和比较相关贸易伙伴国技术标准差异的重要手段，有助于减少贸易摩擦。WTO 的《SPS 协定》将国际食品法典委员会（CAC）制定的与食品添加剂、兽药和除虫剂残余物、污染物、分析和抽样方法有关的标准、指南和建议，及卫生惯例的守则和指南推荐为各成员国确定粮食安全的国际标准，将国际兽疫局（OIE）主持制定的标准、指南和建议推荐为成员国确定动物健康和寄生虫病的国际标准，植物健康则采用《国际植物保护公约》（IPPC）的标准、指南和建议。再如，联合国欧洲经济委员会（UNECE）的畜禽产品肉类标准在世界范围内得到广泛的应用，为世界上大多数畜禽产品贸易国所遵循。

　　区域性标准最典型的是欧盟标准。目前，欧盟涉及农食产品的标准及法规指令有 500 多个，包括欧洲标准（EN）及欧共体指令法规（EEC/EC）。这些标准及法规、指令的规定不针对具体产品，都是对大类产品的安全指标的规定及对检测标准的要求，这些标准和指令是欧洲市场的基本准入条件。欧盟标准制定完成后，对世界其他国家的农产品生产、管理，特别是贸易产生了很大影响。

国家标准、行业标准、地方标准是由一国相关标准团体制定并在国家层面、行业层面和地方层面公开发布的标准。企业标准是由企业自行制定并在企业内部实行的标准。以农产品质量安全标准为例，不同国家做法不甚相同。美国的农产品标准有 3 个层次："由联邦农业部、卫生部和环境保护署等政府机构以及经联邦政府授权制定的国家标准，由民间团体制定的行业标准和由农场主和贸易商制定的企业操作规范。"[1] 加拿大的农业标准化管理由"农业部及其所属食品检验局（CFIA）负责，卫生部的有害物管理控制局也参与农药等有毒有害物残留限量的制定"（王可山，2012）。加拿大食品检验局及卫生部负责制定强制性农产品质量安全标准，并以联邦法律或技术法规的形式批准发布并强制实施；中国将标准分为"国家标准、行业标准、地方标准和团体标准、企业标准"[2]。以食品中农药最大残留限量为例，最新的国家标准为 GB2763—2016，共规定了 433 种农药在 13 大类农产品中 4140 个残留限量。我国农业行业标准代号为 NY，如 NY/T 1096 表示食品中草甘膦残留量测定。地方标准是指在某个省、自治区、直辖市范围内统一的标准，一般在没有国家标准和行业标准而又需要在省、自治区、直辖市范围内统一的技术和管理要求，才会制定地方标准。团体标准和企业标准是市场自主制定的标准。在我国，"政府主导制定的标准侧重于保基本，市场自主制定的标准侧重于提高竞争力"[3]。

（三）按标准制定部门划分

按照标准的制定部门划分，可以分为官方标准和私营标准。

1. 官方标准

官方标准是以政府为主导制定的标准。政府部门通过"制定法规、标准、加工和生产方法、检测、检验、出证和批准程序、检疫处理、统计、取样和风险评估方法以及与食品安全直接相关的包装和标签要求，对国境内的上市产品（包括国内产品和进口产品）进行准入限制，以

---

[1] 王可山、王芳：《发达国家农产品质量安全保障体系及其借鉴》，《食品工业科技》2012 年第 1 期。

[2] 《中华人民共和国标准化法》。

[3] 国务院：《深化标准化工作改革方案》（国发〔2015〕13 号）。

达到保护消费者食品安全、动植物健康以及保护环境的目的"。① 此外，为一国政府所采纳的国际标准也属于官方标准范畴。官方标准由政府主导制定和实施，因此往往通过法律和行政法规保证实施。如日本的《食品中残留农业化学品肯定列表制度》、欧盟的《欧盟食品及饲料安全管理法规》等。

官方标准并不一定是强制性标准。在我国，国家标准和行业标准即有强制性标准和推荐性标准之分。其中国家标准分别以 GB 和 GB/T 进行区分，农业行业标准则以 NY 和 NY/T 进行区分。即便推荐性标准由企业所自愿采用，但因为由政府推荐使用，因此具有很强的官方色彩。

2. 私营标准

私营标准是由企业和团体组织制定和实施的标准。私营标准被关注的时间不长，第一次真正进入国际社会视野是在 2005 年的 WTO/SPS 例会上。② 圣文森特和格林纳丁斯就欧盟有关香蕉的私营标准 EUREPGAP③ 对其小生产者造成损失提起关注。此后逐渐被纳入 SPS 的常规议题。近年来，在全球农食产品供应链中，私营标准的使用日益普遍。2007 年 6 月，联合国贸发会议（UNCTAD）和 WTO 联合就商业和私营标准问题举行了非正式信息交流会。2008 年 6 月，STDF 就商业和私营标准举行了信息交流会。国际兽疫局（OIE）对于私营标准对贸易的潜在限制和扭曲作用也很关注，认为国际贸易中私营标准的运用及影响是一个全球性问题。2009 年 2 月，WTO 委员会讨论了食品安全和动植物健康的私营标准，认为私营标准的范围远比《SPS 协定》广泛。

根据 UNCTAD 的统计，目前世界上有 400 多个私营食品标准体系，关注内容从食品安全到质量，从生产加工控制到动物福利，从环境保护到劳工健康。标准的制定和参与者形形色色，从生产者、供应商到零售企业和消费者团体。从标准制定主体的角度看，私营标准可以是企业制定的标准，如荷兰的 TastyTom 西红柿标准、乐购（Tesco）的 Nature's

---

① 董银果、严京：《食品国际贸易的官方标准与私营标准——兼论与 SPS 协议的关系》，《国际经贸探索》2011 年第 5 期。

② Private sector standards discussed as SPS Committee adopts two reports, WTO: 2005 News Items, 29 - 30 June 2005, Sanitary and Phytosanitary Measures: Formal Meeting.

③ EUREPGAP 是欧洲零售商产品工作组良好农业规范的简称。

Choice；可以由行业组织或协会制定，如英国零售商协会的 BRC 标准、SQF 1000 标准、全球良好农业规范 GlobalGAP①、澳大利亚谷物委员会的谷物质量标准等。还可以是国际标准组织制定的，如 ISO 22000。

从某种意义上看，私营标准已经成为全球农产品贸易中的事实标准。一方面全球农产品价值链的兴起促使私营标准得以跨区域大量采用，另一方面私营标准将消费者对农产品的需求转化到农业种养殖的全过程，从各生产环节对农产品生产商和种养殖者的产品质量、安全性和可追溯性等方面提出了更高要求，市场的认可度和接受度高于官方标准。如在全球范围内经过 GlobalGAP 认证的生产者数量从 20 世纪 90 年代中期的 20000 个已经增长至 2017 年的 130000 个（Johan Swinnen，2017）。

3. 官方标准和私营标准的比较

各国政府、国际组织和私营部门都是农产品领域标准的制定者，这些标准各有侧重且法律效力和严格程度不同。

（1）法律约束性

官方标准被视为产品质量和安全的基准线，为了产品在市场上顺利交易，生产者必须达到基本条件，并常由法律、行政法规等手段保证强制实施。② 相比较而言，私营标准的实施在法律上不具备强制性，是自愿使用标准，一般通过经济手段或者市场调节的方式为交易方所自愿采用。随着全球农产品价值链的深化，发展中国家的供应商为了获得发达国家市场准入的条件，不得不遵循一些大型连锁超市和零售商的苛刻标准，在这些位于农产品价值链顶端、有市场决定权的大企业主导下，私营标准俨然已经变成具有极强影响力的商业规范，并成为其垄断市场的手段，以半强制性的姿态左右着全球农产品贸易。

（2）动机和角度差异

官方标准和私营标准的制定者身份不同，从根本上决定了这两类标准制定的动机和角度迥异。官方标准通常更关注宏观范畴的社会福利，官方标准的制定需要综合考虑和平衡各利益体，在成本—收益分析的基

---

① 其前身是食品安全和农场保证体系 EurepGAP。
② 官方标准并非一定强制性执行，如我国国家标准和行业标准就分为强制性和推荐性两类。

础上做出抉择。除了直接的生产者和消费者外，上下游产业、标准制定的外部性、环境和动植物多样性等都是官方标准考量的因素；私营标准映射出来的是微观经济个体的利益分配。在全球农产品价值链体系中占据绝对主导地位的大型跨国公司制定私营标准多是出于垄断市场的目的，为了追求更大的市场份额而进行的一种策略安排。

（3）私营标准相对于官方标准更复杂、严格

私营标准除了关注消费者安全之外，还肩负着企业创造竞争优势、垄断市场等目的，因此往往比官方标准更复杂，在产品质量、生产过程上要求更加严格。一份经济合作与发展组织（Organization for Economic Cooperation and Development, OECD）对零售商的调查问卷（OECD, 2006）中显示，85%的私营标准高于政府制定的官方标准。此外，私营标准管理体系采取全过程评价方式，"覆盖产品生产、加工、销售等各环节，而不仅是终端产品的技术表现"。如全球食品安全行动（Global Food Safety Initiative）和GlobalGAP对供应链的生产环境、过程和加工方法提出诸多要求。私营标准具有"先入为主的特性，谁首先制定标准，谁就可以控制市场供应链，引领国际贸易的发展，排挤圈外企业"（董银果、严京，2011）。

（四）按标准规范领域划分

农业标准化是一项系统工程，包括农产品标准体系、农产品质量检测体系和农产品评价认证体系。农业标准化是现代农业和食品安全的基础。欧美、日本等发达国家的农业都是基于高度的标准化进行生产的，涵盖了从田间到餐桌的农业全产业链。其核心工作是标准的实施与推广。标准规范的领域既包括产品本身，也包括生产和流通等环节。目前，在全球范围内被广泛认可的农产品标准体系包括：

1. GlobalGAP（Global Good Agricultural Practices，全球良好农业规范）。GlobalGAP通过经济、环境和社会的可持续发展措施来保障食品安全和食品质量。主要针对未加工和最简单加工的生鲜果蔬产品从农场到餐桌的整个食品链的全程质量控制，包括种植、采收、清洗、摆放、包装和运输过程。

2. GMP（Good Manufacturing Practice，良好生产规范）。规定了从原料到成品全过程的生产和操作规范，以确保产品的质量、安全和针对

消费的适用性。

3. HACCP（Hazard Analysis and Critical Control Point，危害分析的临界控制点）。确保食品在生产、加工、制造、准备和食用等过程中的安全，通过对加工过程的每一步进行监视和控制，降低危害发生的概率。国际标准化组织以 HACCP 原理为基础制定的 ISO 22000 食品安全管理体系标准进一步丰富和完善了 HACCP 的原理。

4. On‐Farm 体系（On‐Farm Food Safety System，田间食品安全体系）。该体系源于加拿大，用于降低农产品、食品生产和加工过程中的风险，保证农产品、食品加工和消费的安全性。

5. SQF 体系（Safe Quality Food，食品质量安全体系）。该体系源于澳大利亚，专门用于食品加工行业的全程质量安全管理，2003 年体系监管权移交给了位于美国华盛顿的美国食品营销组织（FMI）。

此外，各国政府参照通行的国际标准，根据本国的实际颁布了大量农产品质量标准的法规和政策，以保证农产品生产加工达到安全与符合质量标准。

三 规范农产品标准的国际组织

在全球农产品贸易领域，国际组织与一些权威的区域性机构、国家所制定的标准为国际所公认，这些标准成为相关农产品的国际市场通行证。这些组织主要有：

（一）国际标准化组织（ISO）

国际标准化组织（ISO）是非政府性的国际组织，是国际标准化领域中最重要的组织之一。ISO 的主要活动是制定 ISO 标准，协调世界范围内的标准化工作，以及同其他国际性组织进行相关领域标准制定的合作等。前期的 ISO 标准主要侧重于工业领域，随后成立了 218 个技术委员会（TC），其中 ISO/TC34 食品技术委员会是制定农食产品标准的技术委员会。ISO/TC34 主要制定农食产品的分析方法标准。为了避免重复，凡是 ISO 制定的产品分析方法标准都被 CAC 直接采用。

（二）国际食品法典委员会（CAC）

国际食品法典委员会（CAC）是由联合国粮农组织（FAO）和世界卫生组织（WHO）共同建立的，协调各国食品法规、技术标准的唯一政府间国际机构。国际食品法典委员会是 WTO 指定的食品国际标准协调机构。其制定的食品领域国际标准，是消费者、食品生产者和加工者、各国食品管理机构和国际食品贸易的全球参照标准。国际食品法典委员会提倡 WTO 成员国最大限度采纳法典标准（Codex）。在食品领域，一个国家只要采用了 Codex 标准，就被认为是与《SPS 协定》和《TBT 协定》的要求相一致。近 10 年来，根据 WTO 秘书处的统计，WTO 成员国在农食产品领域的通报中与 Codex 标准相关的比例迅速提高。2007 年，TBT 和 SPS 通报中与 Codex 相关的比重仅为 1% 和 9%，到 2016 年分别提高至 5% 和 26%。[①]

（三）国际兽疫局（OIE）

国际兽疫局（OIE），即世界动物卫生组织，是一个政府间组织，其主要职能是通报各成员国的动物疫情，协调各成员国动物疫病防控活动，制定动物及动物产品国际贸易中的动物卫生标准和规则，其标准和规则被 WTO 所采用。国际兽疫局发布的国际标准有：《动物卫生法典——陆生动物卫生法典》《陆生动物诊断试验和疫苗手册》《水生动物卫生法典》《水生动物疫病诊断手册》。以上四部出版物是国际兽疫局最重要的国际标准。

（四）国际乳品联合会（IDF）

国际乳品联合会（IDF）是一个独立的乳品行业国际组织。IDF 制定自己的分析方法、产品和其他方面的标准，其制定的乳与乳制品标准是国际标准化组织制定乳品行业标准的重要依据。此外，国际乳品联合会也直接参与国际标准化组织和国际食品法典委员会相关国际标准的制定工作。

（五）世界卫生组织（WHO）和联合国粮农组织（FAO）

世界卫生组织（WHO）和联合国粮农组织（FAO）是联合国参与农食产品标准制定和协调的主要机构。世界卫生组织制定并发展食品卫生、生物制品、药品的国际标准。联合国粮农组织致力于解决全球农业问题。联合国粮农组织倡议的《国际植物保护公约》（IPPC）旨在防止植物和植物产品有害生物的扩散和传入，是被 WTO 的《SPS 协定》正式承认的

---

① 在特别贸易关注中，2016 年与 Codex 相关的 TBT 措施占比 23%，SPS 措施占比 8%。

植物健康国际标准制定组织。世界卫生组织和联合国粮农组织在关于公共卫生、食品安全等领域保持着密切合作。国际食品法典委员会是世界卫生组织和联合国粮农组织共同建立的国际食品标准制定和协调机构。

第二节 全球农产品贸易的发展特征

农产品贸易是国际贸易中最敏感和最复杂的问题之一。由于农业的基础性地位，各国基于保护自身农业和国家粮食安全的考量，开放本国农产品市场的动力不足，因此在双边和多边贸易谈判中关于农业问题的争议最多也最难达成共识。长期以来，农产品贸易自由化的进程缓慢，自由化程度远远落后于制成品贸易。农产品贸易市场价格扭曲是造成全球资源配置效率低的一个重要原因。

进入21世纪，经济全球化不断深化，2008年金融危机后，全球经济增速放缓，疲软不振，为了提振经济，各国政府及各国际经济组织致力于推动双边及多边投资和贸易协议，以促进投资和贸易的自由化和便利化。在区域性和全球性经济组织的推动下，区域和全球农产品贸易自由化进程开始加速。在多哈谈判进展停滞不前的背景下，越来越多的国家开始寻求区域内的经贸合作。区域经济一体化增长趋势显著。其中以区域贸易协定（RTA）发展最为活跃，已经成为国际经贸活动的重要制度安排。WTO RTA统计数据显示，截至2018年2月，已经生效并实施的区域贸易协定共有303个，绝大多数采取自由贸易协定（FTA）形式。在投资促进措施方面，《世界投资报告（2017）》统计，截至2016年年底，全球已经达成3324个国际投资协议（IIAs），包括2957个双边投资条约（BITs）和367个有投资条款的条约（TIPs）。全球贸易投资规则有利于消除成员国间不必要的障碍，实现贸易和投资的自由化。尤其值得一提的是，新的全球贸易投资规则有两个重要议题。一是供应链相关规则。主要涉及"生产网络上不同环节之间的连接，如关税、交通服务、商务往来便利（人员商务、工作签证等）以及交流服务等"[①]。二是海外市场规则。主要是"对企业海外开拓业务的保护，如

---

① 金中夏：《全球贸易与投资规则的重建》，《新金融评论》2014年第6期。

国际投资保护、国内技术海外的使用规则、国外商业服务的可得性、不同国家竞争政策统一等"。[①] 不难看出，面向21世纪的全球贸易投资规则的演进和重构对全球价值链的规范和保护，这些贸易投资规则正在促进全球农产品价值链的深化升级。

事实证明，全球农产品贸易格局已经发生了深刻改变，显现出如下特征。

一 农产品贸易额稳步增长

农产品贸易是国际贸易中最敏感的领域。虽然全球农产品贸易自由化谈判一直困难重重，贸易壁垒、贸易补贴等手段广泛被用于限制农产品进口，农产品市场的开放程度和速度远低于制成品。但在经济全球化和贸易自由化的推动下，全球农产品贸易规模稳步扩大。根据WTO统计，全球农产品贸易额由2001年的5524.6亿美元增至2016年的15893.5亿美元，16年间增幅达188%，年均增速7.8%[②]，高于同期全球商品贸易的年均增速（7.0%）。

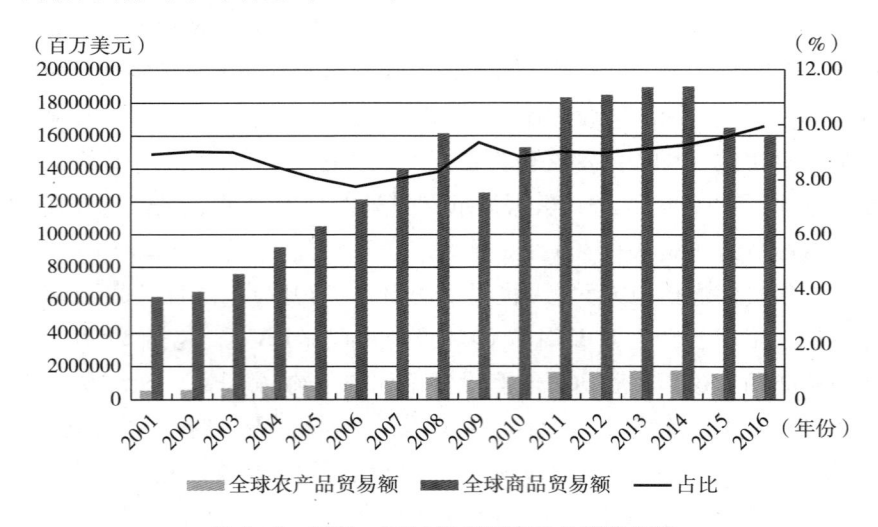

图4-1 2001—2016年世界农产品贸易规模

资料来源：WTO数据库。

---

① 金中夏：《全球贸易与投资规则的重建》，《新金融评论》2014年第6期。
② 以当年价出口额进行计算。

二 高标准、高附加值农产品贸易比重上升

随着各国经济发展和人均收入的增加,全球农产品贸易在两个层面增长迅速。一是广大发展中国家基于温饱和营养型消费增加,具体体现在对谷物及肉蛋奶类产品消费需求的持续增长,从 1990 年到 2016 年,全球谷物贸易额增长了 9 倍,肉类增长了 9 倍,乳蛋类增长了 8 倍。二是发达国家基于健康和享受型消费增加,对高蛋白产品和水果、蔬菜等高标准农产品需求增长迅速,1990 年到 2016 年,全球蔬菜贸易额增长了 11 倍,水果贸易额增长了 14 倍。

表 4-2　　全球农产品贸易结构变动情况　　单位:百万美元,%

海关 HS 编码产品分类	2016 年	份额	2000 年	份额	1990 年	份额
01 活动物	19662.06	1.43	8795.67	2.01	2550.03	2.26
02 肉及食用杂碎	112102.23	8.14	38870.42	8.90	11327.34	10.04
03 鱼及其他水生动物	105452.69	7.66	40664.34	9.31	12506.71	11.08
04 乳品、蛋类、天然蜂蜜	70912.47	5.15	27252.23	6.24	7908.95	7.01
05 其他动物产品	8419.10	0.61	3406.52	0.78	885.31	0.78
06 活树及其他植物	27441.22	1.99	8448.71	1.93	1011.49	0.90
07 食用蔬菜、根及茎块	68235.22	4.95	19630.32	4.49	5307.59	4.70
08 食用水果及坚果	105511.39	7.66	27874.15	6.38	6881.94	6.10
09 咖啡、茶及调味香料	45289.71	3.29	14957.43	3.42	5015.03	4.44
10 谷物	90316.00	6.56	32904.10	7.53	9256.04	8.20
11 制粉工业产品	17359.31	1.26	5335.34	1.22	1291.42	1.14
12 含油的籽、果仁和果实、药用植物	86708.25	6.30	19425.97	4.45	4223.19	3.74
13 虫胶、树胶、树脂	6737.56	0.49	1957.49	0.45	622.96	0.55
14 编结用植物材料	803.27	0.06	424.32	0.10	196.27	0.17
15 动植物油脂及其分解产品	82132.98	5.96	19385.66	4.44	7137.73	6.32
16 肉及其他水生无脊椎动物制品	44224.49	3.21	14917.85	3.41	4582.55	4.06
17 糖及糖食	43374.83	3.15	13805.69	3.16	4284.37	3.80
18 可可及可可制品	41607.44	3.02	10691.36	2.45	2480.70	2.20

续表

海关 HS 编码产品分类	2016 年	份额	2000 年	份额	1990 年	份额
19 谷物、粮食粉、糕饼点心	65441.17	4.75	16154.93	3.70	2668.56	2.36
20 蔬菜、水果、坚果	58384.52	4.24	19566.94	4.48	5778.25	5.12
21 杂项食品	64776.09	4.70	16448.34	3.76	2442.55	2.16
22 饮料、酒及醋	106166.10	7.71	35314.67	8.08	4869.40	4.31
23 食品工业的残渣；动物饲料	67373.04	4.89	19202.43	4.40	5212.17	4.62
24 烟草及烟草代用品的制品	38891.75	2.82	21464.61	4.91	4430.22	3.93

资料来源：UNComtrade 数据库。

三 集团化趋势明显，发达国家占主导地位，发展中国家地位上升

随着区域经济一体化的推进，区域集团内部贸易占据越来越重要的位置。以 2015 年为例，欧盟内部进行的农产品贸易占比高达 73%，北美自由贸易区内部进行的农产品贸易占比为 41%，东南亚国家联盟内部进行的农产品贸易占比为 21%。[1]

在全球农产品贸易中，发达国家始终占主导地位：欧盟和美国一直是农产品出口规模最大的国家和地区。以 2016 年为例，欧盟和美国的农产品出口额远高于第三位的巴西和第四位的中国，占当年全球农产品出口额的 48%；进口方面，全球最大的农产品进口国除中国外均为发达国家和地区，包括欧盟、美国、日本、加拿大等。全球主要农产品贸易国中，欧盟、美国、中国、加拿大等国农业产出大，在大量出口的同时，国内进口需求旺盛。巴西等国则是全球主要的农产品供应国，日本、俄罗斯等国由于本国资源匮乏，是农产品的净进口国。

随着新兴经济体的快速发展，发展中国家和发达国家在全球农产品市场中的力量对比发生了显著变化。全球农产品贸易格局日益呈现多元化发展趋势，发展中国家的作用越来越突出。WTO 数据显示，2016 年，全球前十大农产品出口国家和地区分别是欧盟、美国、巴西、中国、加拿大、印度尼西亚、泰国、澳大利亚、印度和阿根廷，近五年位

---

[1] 考虑到数据中可能出现重复统计，以出口数据计算。

次变化不大。同期，前十大农产品进口国家和地区分别是欧盟、中国、美国、日本、俄罗斯、加拿大、韩国、墨西哥、中国香港、印度。新兴经济体和发展中国家中，以金砖五国发展最为亮眼。巴西、中国、印度、俄罗斯等农产品贸易增长迅速，中国更是跃居世界第一大单一农产品进口国。发展中国家在全球农产品贸易中地位的提升将进一步改变和优化全球农产品价值链。

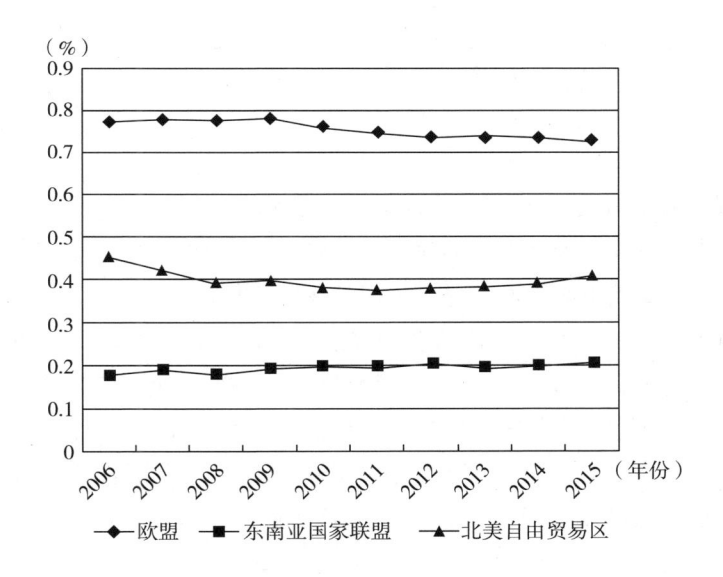

图 4-2　主要区域经济一体化组织集团内部农产品贸易比重

资料来源：根据 WTO 数据库数据整理。

表 4-3　　　　　2012—2016 年世界主要农产品贸易国　　　单位：百万美元

国别		2012 年	2013 年	2014 年	2015 年	2016 年
出口	欧盟 28 国	613657	662524	669236	583109	597109
	美国	172112	175728	182089	163104	161397
	巴西	86656	90842	87925	80000	76962
	中国	66204	70188	74497	72697	75495
	加拿大	62868	65678	68170	63512	63082
	印度尼西亚	45023	42628	44087	39779	39152

续表

国别		2012年	2013年	2014年	2015年	2016年
进口	欧盟28国	625148	665304	674597	593285	604504
	中国	156835	165476	170708	159645	154885
	美国	141900	146160	156930	156738	159548
	日本	93011	85325	81317	73440	73888
	加拿大	37907	38772	40146	38216	37727
	墨西哥	27076	29202	30027	27655	27685

资料来源：根据WTO数据库整理。

四 农业成为全球FDI流向的热点领域

FDI（外商直接投资）的流向是全球热点行业的风向标。随着全球农业价值链的深化和延伸，农业生产从粗放向精细化转变，全球农业产业链内的投资、扩张和合作活动十分活跃，既包括研发、生产和销售渠道等方面的横向一体化，也包括产业链上下游的纵向一体化。OECD-FAO《农业展望（2017—2026）》分析，尽管粮价下跌对全球农业投资增长造成压力，但是高度依赖粮食进口的国家基于保证长期国家粮食安全战略必将继续增加对国外农业的投资，加之更高的投资回报等预期都成为增加农业投资吸引力的重要因素。2016年，联合国贸发会议（UNCTAD）的IPA[①]调查显示（《世界投资报告》，2016），不同地区对FDI最有吸引力的行业与地区的经济发展水平、资源禀赋状况和专业化密切相关。除发达国家外[②]，非洲、发展中亚洲、拉美和加勒比地区、转型期经济体，农业及食品、饮料行业都是对FDI最有吸引力的行业。根据联合国贸发会议的统计，非洲吸收的FDI中6%流向食品和饮料业，拉美和加勒比地区，食品工业吸收的FDI占流入总量的11%（UNCTAD，2012）。来自于发达国家的大规模高质量投资进入，对这些国家和地区农业和食品业的劳动生产率和产品质量提升产生了重要的溢

[①] Investment Promotion Agency，投资促进机构。

[②] 在发达国家，信息和通信行业、专业服务业以及计算机和电子行业为排名前三的最有吸引力的行业。

出效应。这些国家农业在全球农产品价值链中的重新定位起到了重要的推动作用。

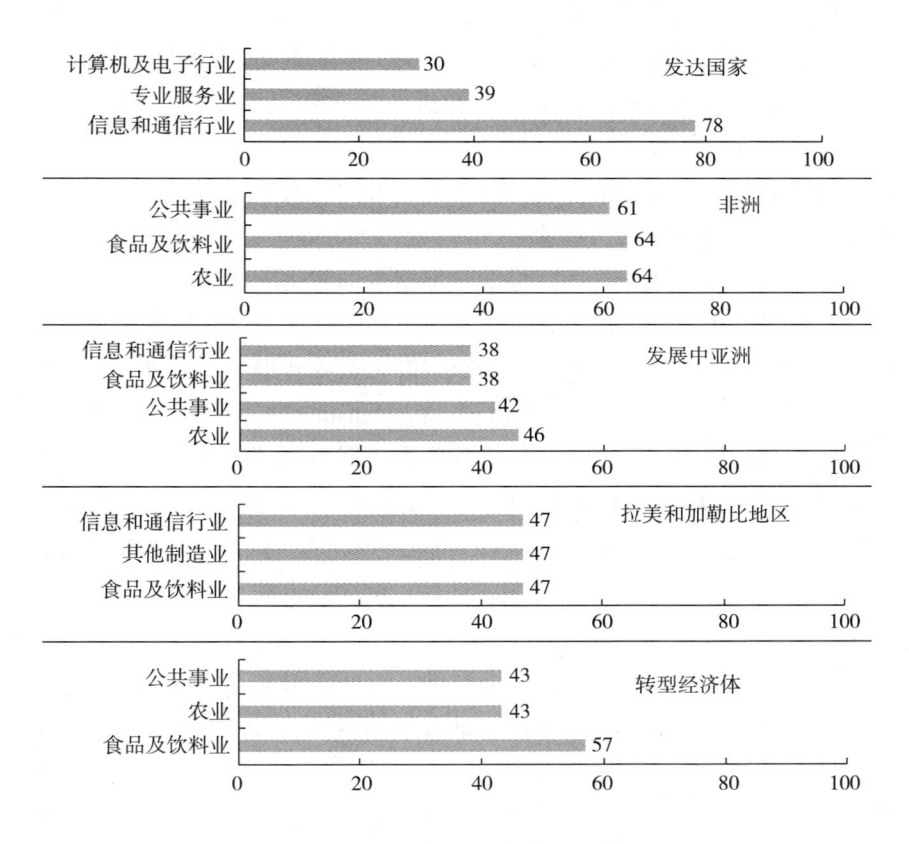

发达国家
- 计算机及电子行业 30
- 专业服务业 39
- 信息和通信行业 78

非洲
- 公共事业 61
- 食品及饮料业 64
- 农业 64

发展中亚洲
- 信息和通信行业 38
- 食品及饮料业 38
- 公共事业 42
- 农业 46

拉美和加勒比地区
- 信息和通信行业 47
- 其他制造业 47
- 食品及饮料业 47

转型经济体
- 公共事业 43
- 农业 43
- 食品及饮料业 57

图 4-3 各区域最有投资吸引力的行业

资料来源：UNCTAD，《世界投资报告（2016）》。

五 严格的农产品标准被广泛采用

现有的经验研究显示，全球农产品价值链对农产品质量安全和环境保护都起着重要的作用。全球农产品价值链的结构变化要求发展中国家农产品质量必须达到严格的产品标准门槛，才能够进入全球价值链。许多发展中国家开始意识到农产品质量安全标准的积极意义：严格的农产品标准既可以促进本国生产体系的升级和供应链的现代化，又能使自己在全球农产品市场中被重新定位（Henson, S. & Jaffee, S., 2008）。同时，标准还可以成为贸易催化剂，产品质量标准是高收入国家消费者偏好和发展中国家生产者之间解决信息不对称的有效手段，既降低了交易成本，又提高了消费者信心。此外，高标准农产品具有高附加值特征，这对发展中国家的经济增长和农民增收脱贫至关重要。因此许多发展中国家把发展高标准农产品出口作为促进"亲贫困化增长"（Pro‐poor Growth）的重要战略。

现代农业是高度标准化的产业，过去20年全球农产品领域官方和私营标准制定和采用增长迅速。

各国政府参照通行的国际标准，根据本国的实际颁布了大量农产品质量标准，并出台配套的监管法规和政策，以保证农产品生产加工符合质量安全标准。尤其是各国出于保护本国消费者和市场，对进口农产品和食品采取了大量TBT和SPS措施。并且经济发展水平越高的国家，技术标准越高，发起和实施的数量越庞大。据WTO统计，截至2017年12月31日，WTO成员国通报的SPS措施中，美国3533件、加拿大1946件、欧盟977件、韩国572件、日本499件、澳大利亚448件，与农产品相关的TBT措施中，美国350件、欧盟234件、韩国152件、日本122件、加拿大64件、澳大利亚29件。

除了在国家和国际层面的官方标准，一些大型食品公司和超市出于对产品质量安全监控、强化对价值链的主导地位、实施产品多元化战略的需要，开始制定和采用私营标准。官方标准主要关注产品的质量安全，私营标准除了对产品设置更高的质量安全标准外，还将关注领域延伸到动物福利、植物多样性、环境保护、劳工条件和公平贸易等。这些在企业内部实施的自愿性标准，在特定市场中具有极大的影响力。如GlobalGAP、英国零售商协会标准（BRC）、道德贸易行动（Ethical Trading Initiative，ETI）等。2017年全球范围内经GlobalGAP认证的生产者数量高达130000个，比1994年翻了6倍多（Johan Swinnen，2017）。

六 多层次的全球农产品贸易参与者合作共赢

许多国家的实践表明，随着全球农产品标准的提高和农产品价值链的延伸，除了传统大型跨国公司和零售商外，中小农场和农户也被纳入全球农产品价值链体系中，并在其中发挥重要作用。来自于欧洲、美国等发达国家和地区的跨国公司或零售商将亚洲、非洲的中小农场及农户纳入全球价值链内，把中小农场、农户和严格的农产品标准、先进的农业技术、资金、市场、农产品营销、品牌和物流结合起来，极大提高了这些小规模生产者的收入水平和资源使用效率，对提高所处国家和地区的福利水平、小农收入、产业标准和食品安全起到了积极促进作用。

表4-4　　　　2005—2017年WTO成员国发起及实施的
TBT和SPS措施　　　　　　　单位：项

年份	与农产品相关的TBT措施	SPS数量	食品安全	动物健康	植物保护	人类免受动/植物有害生物的危害	保护国家免受有害生物的其他危害
2005	167	850	504	203	298	—	66
2006	223	1101	682	331	567	—	160
2007	274	1119	764	299	478	—	123
2008	366	1260	553	240	302	1	114
2009	525	1012	778	185	140	—	69
2010	451	1401	1046	131	258	—	64
2011	499	1385	1052	161	222	—	69
2012	545	1215	884	153	218	—	—
2013	557	1287	975	186	163	—	—
2014	588	1634	1018	184	230	14	114
2015	309	1682	971	176	197	25	89
2016	355	1341	677	164	185	18	48
2017	356	1366	654	245	188	43	73

资料来源：WTO数据库。

第三节　全球农产品价值链重组深化与高标准农产品贸易发展

一　全球农产品价值链重组深化

全球农产品价值链重组深化是改变全球农业生产布局和农产品贸易

格局的重要因素。各国根据资源禀赋和比较优势加入全球农产品分工，并成为全球农产品价值链各环节的一部分。

从生产流程看，全球农产品价值链是从作物种植开始，经过食品加工、农产品贸易直到最终食品供消费者消费的所有生产环节和过程的总和，一个典型的蔬菜和水果价值链组成如图4-4所示。

由于农产品的特性和对自然资源、自然环境的依赖，农产品价值链相对于其他产业的价值链具有许多不同的特征。由于农产品对保鲜的要求较高和具有较低的价值重量比率，全球农产品价值链生产分工细化程度比制造业和服务业要低，农产品价值链上游活动主要由国内供应商完成。随着全球居民收入提高，特别是发展中国家和新兴国家居民收入的快速增长，消费者对高标准、高附加值农产品的需求日益增长。这一消费者行为的变化有力地拉动了过去20年全球农产品贸易的持续增长和高标准农产品贸易的超常规增长。伴随农产品贸易增长的是农产品营销的纵向一体化和农产品标准的普及和大量使用。农业贸易增长最快的部门是高附加值农产品贸易，这也是农产品标准最严格和增加最快的部门。全球农产品价值链的重组和深化对农业发展、农产品贸易、农民收入提高、减少贫困、农村和整体经济可持续发展起着越来越重要的作用。由于高附加值农产品具有劳动密集的特性，对高附加值农产品的需求增长和全球农产品价格上涨为发展中国家通过融入全球农产品价值链，拓展农产品出口，实施农产品出口多元化战略提供了重要的发展机遇（Aksoy and Beghin，2005；Anderson and Martin，2005）。

二 全球农产品贸易与农产品价值链

（一）分析框架

目前，研究全球价值链生产分工主要有两类分析方法。一是对全球价值链参与者和生产过程进行案例分析。通过对价值链每一阶段或节点参与者及其数量、进入门槛、参与程度、收入和成本进行分析，全面了解价值链形成和价值增加过程，为参与主体创造良好环境和创造更多价值提供政策建议。二是从宏观上对全球价值链生产分工进行核算分析，从地理位置、产业分类和时间序列上对每一参与国的角色进行分析，并对国内增加值出口和国外增加值出口进行区分，说明全球价值链生产分

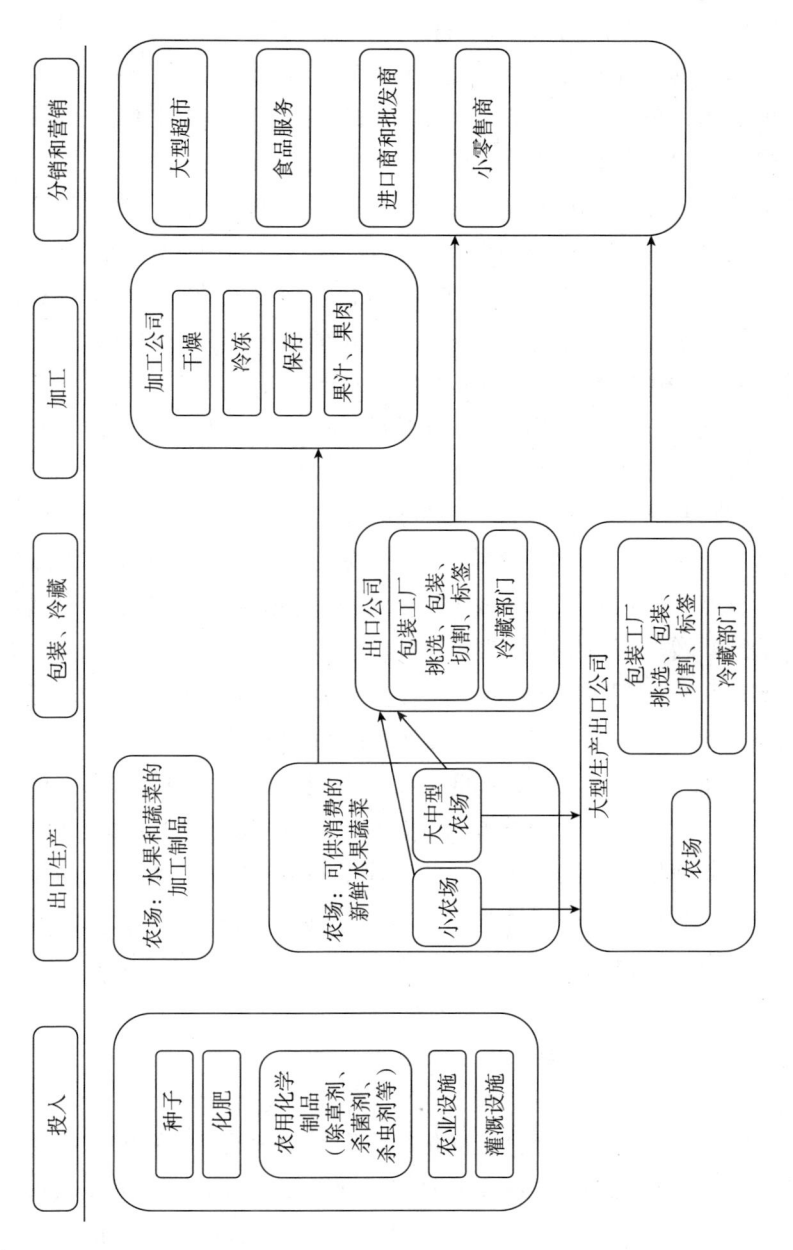

图 4-4 蔬菜和水果价值链示意

资料来源：Fernandez-Stark et al.（2011）。

工对贸易量和贸易结构变化的影响。

就全球价值链增加值进行总量核算分析，主要是分析各参与者在价值链各环节和节点上对最终产品增加值的贡献。无论全球价值链生产分工采取何种形式，每一阶段或节点的增加值都等于出口国的要素所得，所有阶段或节点的增加值总和等于最终产品价值。

针对全球价值链生产分工表现为进口要素生产出口产品导致中间产品贸易的大量增加，Feenstra 和 Hanson（FH）（1999）用一个产业的中间产品进口额占总中间产品进口额的比重分析全球价值链生产分工对贸易的影响，第一次在宏观背景下引入了全球价值链生产分工的指标。以后的学者对 FH 指标进行了细化和扩展。Hummels 等（2001）开创性地应用垂直专业化（VS）指标分析全球价值链深化。VS 表示出口的中间产品增加值占比或出口的国外增加值占比，VS 值越大，垂直专业化程度越高。在此基础上，Johnson 和 Noguera（2012a）以及 Koopman（2012，2014）对垂直专业化和增加值贸易的关系进行了更加深入细致的分析，但重点是如何将一个国家的出口分解为增加值的各个组成部分，特别是国外增加值占出口增加值的比重。

虽然 FH 系列指标能够根据国家投入产出表数据进行直接计算，但由于 FH 指标只提供了国内中间品和国外中间品对最终产品价值的贡献信息，缺乏中间产品的来源国或地区信息，不能对区域内和区域外全球价值链生产分工加以区分；这类指标没有对国内中间品或投入对国外中间品的替代加以衡量，无法反映二者的替代呈现出的国家产业升级变化情况；这类指标假定进口中间品对国内增加值的贡献为 0，不能全面反映一个国家对中间产品的生产需要国内外在上一个生产环节或节点上产生的连锁递增增加值的情况。

（二）数据库和计算方法

1. 数据库

为了分析全球价值链生产分工变化趋势和对全球贸易的影响，需要一个世界投入产出表提供连续可靠的时间序列数据作为支撑。世界投入产出表通过将双边贸易流量连接起来的国家投入产出表的集合，把中间产品贸易、进出口贸易、中间产品来源地和目的地、产业分类和国别增加值与 GDP 信息进行整体描述，已经成为分析全球生产网络和价值链的重要工具。但现有的数据库，如 IDE – JETRO、OECD – WTO database on TiVA，the Eora 和 GTAP 数据库，提供的数据有限，且不能免费使用。

本书的研究基于 WIOD 数据库。该数据库共涵盖 43 个国家 56 个产业部门（国际产业分类第四版 ISTC），其中包括 28 个欧盟成员国和 15 个全球重要的经济体数据①，这些经济体占全球 GDP 总量的 85%。与其他数据库比较，该数据库提供了全面系统、一致性良好的关于产出、增加值和贸易流量时间序列数据，这些数据来源于各个国家的官方统计，保证了数据的质量和可靠性；其数据基础是各国的产品供给和使用表，该表是构建世界投入产出表的核心数据；该数据库公开了其构建的方法论和基础数据，特别是社会经济账户的数据大大扩展了数据库的应用范围；WIOD 数据库将每一种最终产品的价值分解为参与全球价值链的各个国家对增加值的贡献份额及其分布信息，用以分析全球价值链生产过程分工细化的程度，并可以对各个国家和重点产业的全球价值链进行经验研究和比较分析。本书利用 WIOD 数据库，并结合 Los 等（2015）的概念和方法，解决了 FH 系列指标分析中存在的缺陷。

2. 计算方法

本书的测算方法借鉴了 Los 等（2015）和 Timme 等（2015）对全球制造业和汽车行业的价值链分工趋势的分析框架。他们构建了国外增加值指标（FVA）用于分析全球价值链生产分工变化情况及其对增加值贸易的影响。假设 N 个国家有 S 个产业，一个国家生产一个单位的最终产品用 (i, j) 表示。全球价值链中的每个国家为生产一个单位的最终产品 (i, j) 的增加值为：

$$g = \hat{v}(I - A)^{-1}(Fe) \tag{4-1}$$

式中，g 为价值链中某个国家某个产业的增加值矩阵，$\hat{v}$ 是增加值占总产出份额矩阵，$(I - A)^{-1}$ 为里昂惕夫逆阵，Fe 是最终产品矩阵。各国在价值链中的增加值之和即为一个单位的最终产品价值。用最终产品价值减去国内产业增加值，即为各产业的国外增加值。国外产业增加

---

① 澳大利亚、巴西、加拿大、中国、印度、印度尼西亚、日本、墨西哥、挪威、俄国、韩国、瑞士、中国台湾、土耳其和美国。

值去除最终产品价值即为国外增加值指标 FVA（i，j）。在第三部分的研究中，应用 Los 等（2015）的概念和方法通过计算 FVA（i，j）指标分析了全球农产品价值链生产分工变动趋势及其对全球农产品贸易的影响以及中国在全球农产品价值链的地位。

（三）全球农产品价值链分析的特有议题

根据农产品价值链的特性，对全球农产品价值链分析除了进行宏观的增加值核算分析外，还应关注以下几个方面：

1. 小农在全球价值链中的参与程度和地位

在大多数发展中国家，中小农场和农户是农业生产的主要参与者，他们具有土地规模狭小，资金不足、缺乏技术知识和管理经验，抗风险能力弱，开拓市场能力差的特点。发展中国家的小农从农产品出口中获得好处的重要方式就是加入由大型零售商或出口商主导的全球农产品价值链，进行订单式生产。由大型零售商或出口商主导的全球农产品价值链，营销一体化程度很高，产品质量高端，产品标准要求极其严格，小农靠自己的力量很难达到这样严苛的产品标准。严格高水平的生产标准使小农望而却步，被排除在全球农产品价值链之外。另外，严格的农产品标准可以实现农产品供给的标准化，降低信息不对称性、交易成本和外部性，在有利的合约安排和支持政策下，小农可以取得竞争优势，分享农产品价值链带来的好处。农产品出口，特别是高附加值农产品出口和产品标准的提高在一定条件下可以提高小农的收入和福利。许多经验研究表明，小农参加高标准的全球农产品价值链非常普遍，收入和福利得到了显著改善。

2. 订单农业的脱贫效应和效率改进

小农加入全球农产品价值链能否减少贫困和增加农户收入，取决于全球农产品价值链重组带来的效率提高。人们通常认为，在价值链中小农处于弱势地位，价值链垂直一体化的加强有利于国外投资者、大型零售商和出口贸易公司。但许多案例分析表明，一旦小农加入全球农产品价值链，在大公司的帮助下对高标准农产品进行订单式生产，他们的收入增长很快，大大减少了贫困。

3. 价值链的技术转让推广和要素所得

订单式农业生产的效率提高取决于小农通过融入全球农产品价值链

获得必要的生产技术和管理经验，按照规范的技术要求生产出高标准的农产品。经验研究表明，发达国家的技术转让和产品标准采用可以显著地提高农户的生产效率，而且具有明显的溢出效应。

4. 贫困农户的就业效应

高标准农产品生产可以在劳动密集的农产品加工和处理阶段创造很多就业机会，增加小农收入，改善小农的劳动条件和就业环境。食品质量和安全标准的提高可以大大提高小农的就业能力。农产品出口部门对女性就业需求的增加则大大提高了农村妇女的劳动地位。

5. 农产品价值链重组与贸易自由化政策

在实施贸易自由化政策的过程中，全球农产品价值链重组对不同类别农产品贸易影响不同。高标准农产品的产量和生产率得到了很大提高，贸易额持续增长。但对传统的大宗农产品贸易影响不显著。显然，高标准农产品贸易得益于贸易自由化政策的实施，如果在高标准农产品出口部门实施贸易保护措施将导致小农的福利损失。

（四）全球农产品价值链生产分工变化的特征及趋势

根据 WIOD（国际间投入产出数据库）的全球投入产出表和国别投入产出表，着眼于高标准农产品贸易，本书选择国际产业分类的 A01、A03 和 C10－C12①三个产业作为分析全球农产品价值链分工细化程度的农业部门。考虑中国加入 WTO 因素和全球 2008 年国际金融危机对全球农产品价值链分工细化的影响，本书计算 2002 年、2007 年、2010 年和 2014 年四个年度的国内增加值和国外增加值［FVA（i，j）］对各个产业最终产品的贡献，揭示全球农产品价值链分工的特征和变动趋势。为了考察区域内价值链分工和全球价值链分工的差别，本书选定全球三大农产品贸易区②和全球主要农产品贸易参与者，通过计算区域内增加值和区域外增加值对各个产业最终产品的贡献进行计算并对比分析，揭示区域内价值链分工和贸易政策的关系。其中欧盟农产品贸易区包括欧盟 28 个国家，北美农产品贸易区包括美国、加拿大和墨西哥 3 个国家，

---

① A01 农作物及动物生产、畜牧业及相关服务活动；A03 渔业和水产养殖；C10－C12 食品加工、饮料和烟草。

② 本书中三大农产品贸易区分别是欧盟农产品贸易区、北美农产品贸易区及亚洲农产品贸易区。

亚洲农产品贸易区包括中国、日本、韩国三个国家和中国的台湾地区。根据 WIOD 数据库，对 129 个农业产业部门的国外增加值占比进行计算并综合对比分析，全球农产品价值链分工特征趋势和中国在全球农产品价值链的地位表现在以下几个方面：

1. 全球农产品价值生产分工变化表现为农产品标准的普遍采用和提高

全球农产品价值链分工变化首先表现为农产品贸易中农产品标准的大量增加和普遍采用。农产品标准界定了生产过程、最终产品和对产品包装的具体要求，包括安全标准、环境标准、健康标准、营养标准、劳工标准和公平贸易规则等内容。贸易中大量使用政府制定的官方标准和大型跨国公司、零售商制定的私营标准，二者的数量都在持续增加。农产品标准的增加可以通过各国政府向 WTO 提交 SPS 措施和 TBT 措施的数量变动加以表示。这些措施主要由美国和欧盟发起，近几年发展中国家提交的数量增长迅速，占比高达 60% 以上。私营标准普遍比官方标准更加严格，数量增加更为迅速。例如，拥有全球 100 多个国家的最顶级的农产品零售商成员的 GlobalGAP 在过去的 20 年中翻了 6 倍。无论在发达国家还是在发展中国家，无论是官方标准还是私营标准数量都在迅速增加的事实说明全球农产品价值生产分工变化伴随着产品标准的增加和提高，这是农产品价值链深化区别于其他产业价值链深化的一个重要特征。

2. 近 20 年全球农产品价值链生产分工细化整体低速扩展，增加趋势明显

根据 WIOD 数据库，本书计算了 43 个国家 129 个农业产业链 2002 年度和 2014 年度国外增加值占比 [FVA (i, j)]，绘出了两个年度的散点如图 4-5 所示。如果产业链生产分工细化程度均等，所有的数值将位于 45°线附近聚集。129 个数点中 104 个数点高于 45°线说明在过去的十几年期间，全球农产品价值链分工细化在加深，而且趋势明显。大多数国家国外增加值占比低于 20%，说明与标准化程度比较高的制造业相比，全球农产品价值链生产分工细化速度缓慢，这反映了全球农产品价值链的特点和农业贸易政策对农业的保护。

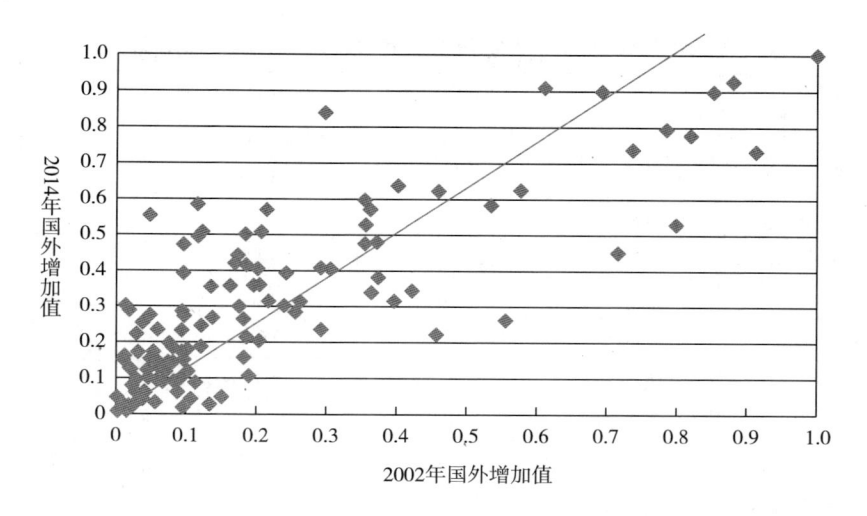

图 4-5　2002 年和 2014 年全球农产品价值链分工细化指标分布

资料来源：根据 WIOD 数据库（2016 年）计算绘制。

3. 东欧国家全球农产品价值链生产分工细化高速扩展，食品加工业价值链深化势头强劲

新加入欧盟的东欧国家，国外增加值占比在过去的十几年间显著增加，说明这些国家在欧盟优惠政策的支持下，很快融入了全球农产品价值链，35 个农业产业链生产分工细化都呈现出快速扩展和深化趋势，农业产业链分工细化的结构性变化促进了欧盟经济一体化和贸易的增长。从三个农业产业国外增加值的变化情况来看，食品加工饮料行业价值链扩展深化程度都高于种植业、畜牧业和水产养殖业，说明食品加工饮料行业标准化程度较高，像电子产品的全球价值链分工细化一样，易进行现生产过程或任务的拆分，实现规模经济。食品加工饮料行业快速整合融入全球农产品价值链，大大提高了东欧国家的生产率和产量，使东欧迅速扭转了 20 世纪 90 年代初期经济增长下滑的趋势，增加了就业，提高了国民福利。东欧国家全球农产品价值链生产分工细化的成功案例说明欧盟经济一体化政策有力地促进了农业产业链的重组和深化，把西欧国家先进的技术、资金和管理经验与东欧国家的人口红利迅速整合起来，提高了欧盟农业的整体竞争力，使欧盟一跃成为全球第一大农产品出口国，其中饮料行业成为其最重要的出口行业。

表4-5　欧盟成员国2002年和2014年农产品国外增加值占比比较　单位:%

产业	国别	2002年 国外增加值占比	2014年 国外增加值占比	占比变化
A01	保加利亚	1.96	12.74	10.78
A03	保加利亚	1.23	16.11	14.88
C10-C12	保加利亚	2.94	22.22	19.28
A01	捷克	4.93	15.39	10.46
A03	捷克	61.14	90.96	29.82
C10-C12	捷克	12.28	50.78	38.50
A01	爱沙尼亚	3.18	17.17	13.99
A03	爱沙尼亚	35.59	52.81	17.22
C10-C12	爱沙尼亚	20.69	50.80	30.11
A01	克罗地亚	2.32	7.94	5.62
A03	克罗地亚	30.58	40.53	46.89
C10-C12	克罗地亚	17.55	29.99	12.44
A01	匈牙利	9.38	23.26	13.88
A03	匈牙利	11.61	58.50	46.88
C10-C12	匈牙利	21.46	56.97	35.51
A01	立陶宛	4.80	55.37	50.57
A03	立陶宛	9.62	47.19	37.57
C10-C12	立陶宛	17.35	44.23	26.88
A01	拉脱维亚	1.91	28.81	26.90
A03	拉脱维亚	3.80	25.38	21.58
C10-C12	拉脱维亚	11.69	49.48	37.79
A01	马耳他	3.85	4.18	0.33
A03	马耳他	85.27	89.83	4.56
C10-C12	马耳他	35.49	47.52	12.03
A01	波兰	5.36	17.30	11.94
A03	波兰	37.17	47.98	10.81
C10-C12	波兰	13.53	35.50	21.97
A01	罗马尼亚	2.85	3.06	0.21
A03	罗马尼亚	9.62	39.27	29.65
C10-C12	罗马尼亚	2.84	6.14	3.30

续表

产业	国别	2002年 国外增加值占比	2014年 国外增加值占比	占比变化
A01	斯洛伐克	4.50	12.26	7.76
A03	斯洛伐克	13.76	26.77	13.01
C10–C12	斯洛伐克	6.11	13.01	6.90
A03	斯洛文尼亚	1.35	30.22	28.87
C10–C12	斯洛文尼亚	9.41	17.35	7.94

资料来源：根据 WIOD 数据库（2016年）计算。

4. 区域间农产品价值链生产分工扩展与深化趋势明显

在对双边与多边贸易协定进行对比分析研究中，Baldwin（2006b）将国际经济一体化划分为区域内一体化和区域间一体化。供应链贸易不是全球地域分布均等的贸易活动，是区域性很强的贸易活动。全球农产品生产网络集中于亚洲、北美和欧洲三大集聚区域（Baldwin and Lopez–Gonzalez，2013）。如果农产品价值链生产分工主要体现在区域内贸易增长，区域内贸易政策对促进全球农产品价值链一体化就变得更为重要。如果农产品价值链生产分工主要集中于区域间贸易活动，多边贸易政策就具有更重要的意义。

根据 WIOD 数据库，本书将全球农产品贸易分为三大贸易区：欧盟农产品贸易区、北美农产品贸易区和亚洲农产品贸易区。欧盟农产品贸易区包括欧盟 28 个国家，北美农产品贸易区包括美国、加拿大和墨西哥 3 个国家，亚洲农产品贸易区包括中国、日本、韩国三个国家和中国的台湾地区。对三个区域市场分别测算 2002 年和 2014 年两个年度区域内和区域间农产品价值链生产分工细化指标，即区域内增加值占比和区域间增加值占比，并分别绘制了散点图，如图 4–6 和图 4–7 所示。

从图 4–6 和图 4–7 可以看出，相对于 2002 年，2014 年区域内增加值占比不同国家有增有减，大多数国家该指标为正值，说明区域内农产品价值链生产分工在扩展深化，但扩展深化程度不一，有慢有快。三大贸易区区域间增加值占比普遍增加，说明区域间农产品价值链生产分工在过去的十多年期间占主导地位，多边贸易政策和多边自贸区政策对全球农产品价值链生产分工发挥着重要的作用。

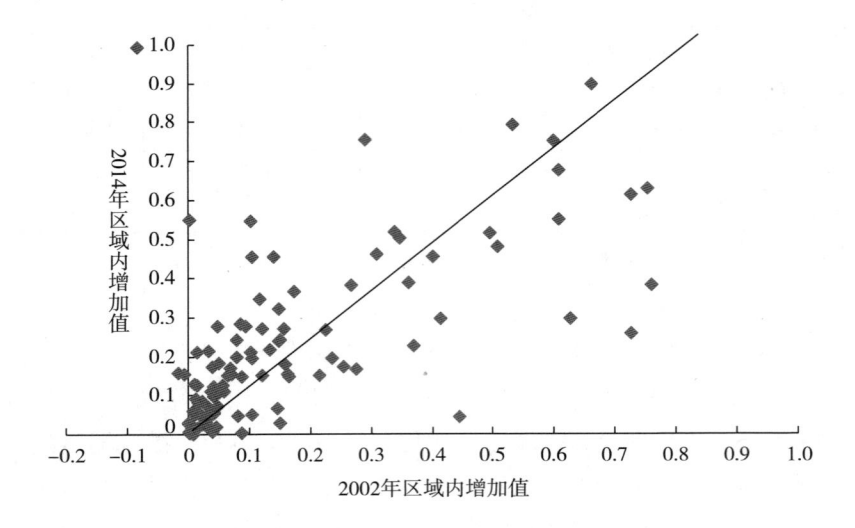

图 4-6　2002 年和 2014 年三大贸易区区域内增加值占比

资料来源：根据 WIOD 数据库（2016 年）计算绘制。

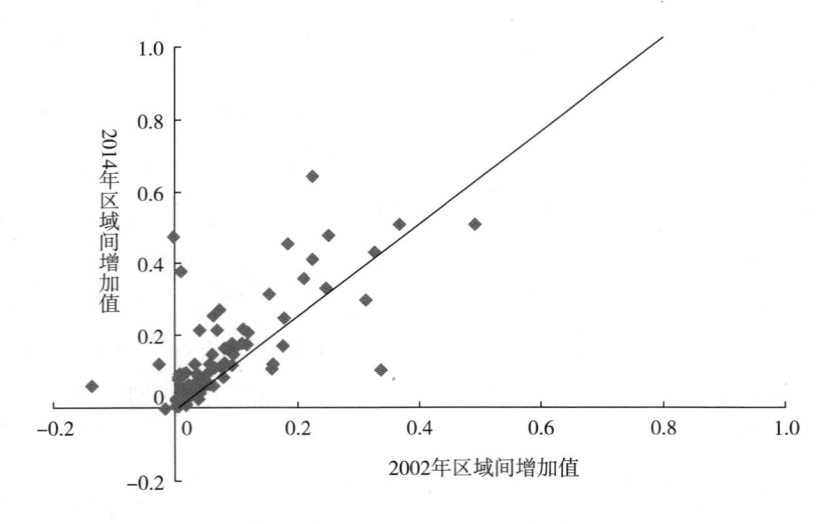

图 4-7　2002 年和 2014 年三大贸易区区域间增加值占比

资料来源：根据 WIOD 数据库（2016 年）计算绘制。

5. 国际金融危机前全球农产品价值链分工细化快速推进，危机期间停滞，危机后缓慢拓展深化

国际金融危机导致全球农产品贸易坠崖式下滑，特别是发达国家居民收入下降，导致农产品需求低迷不振，全球农产品价值链生产分工进程受阻和逆转。经过近4年的调整，2012年全球农产品价值链生产分工进程重新启动。随着全球经济的缓慢复苏，特别是全球对高标准农产品需求的强劲增长，高标准农产品贸易的增长将引领全球农产品价值链分工进程继续向前推进。

表4-6　　国际金融危机前后三大农产品贸易区区域内农产品增加值占比

区域	A01			
	2002年	2007年	2012年	2014年
欧盟市场	0.031238	0.154385	0.056798	0.053145
北美市场	0.056074	0.064544	0.115259	0.09558
亚洲市场	0.008222	0.017531	0.015366	0.015415
区域	A03			
	2002年	2007年	2012年	2014年
欧盟市场	0.060803	0.176675	0.187902	0.160724
北美市场	0.129	0.189115	0.218392	0.229029
亚洲市场	0.018897	0.016711	0.015366	0.020313
区域	C10-C12			
	2002年	2007年	2012年	2014年
欧盟市场	0.078311	0.181678	0.134119	0.132093
北美市场	0.033501	0.037321	0.047805	0.050817
亚洲市场	0.018876	0.039464	0.03362	0.03755

资料来源：根据WIOD数据库（2016年）计算。

6. 我国农业整体处于全球农产品价值链的低端，参与全球农产品价值链程度低

与其他国家比较，加入WTO以后，我国农业并没有像制造业一样快速融入全球农产品价值链重组过程，我国农产品价值链国内附加值占

比偏高，国外增加值占比偏低。这说明我国农业长期以来实施的粮食基本自给的政策和农产品保护政策抑制了农业融入全球农产品价值链的进程。

表 4 – 7　　我国 2002 年和 2014 年国内和国外增加值占比　　单位：%

产业	2002 年		2014 年	
	国内增加值占比	国外增加值占比	国内增加值占比	国外增加值占比
A01	98.46	1.54	98.00	2.00
A03	98.60	1.40	98.89	1.11
C10 – C12	91.20	8.80	93.87	6.13

资料来源：根据 WIOD 数据库（2016 年）计算。

三　全球高标准农产品贸易的发展

收入水平提高带来的消费者偏好的改变、新兴国家经济的快速增长和城镇化进程不断加快以及农业技术的发展，提高了消费者对农产品的质量预期，以发达国家为主导的农产品质量标准带动了高标准和高附加值农产品贸易的迅速发展，2016 年高标准农产品在全球农产品贸易中的比重已经高达 42%。

欧美等发达国家依靠强大的研发资金，一直保持着农业技术的垄断优势地位，在农产品生产、流通、标准的制定和质量体系等方面主导着全球农产品价值链，在高标准农产品出口中占据主导地位。不论出口额还是份额，位于肉类、乳蛋类、蔬菜、水果及水产品等农产品出口前列的绝大多数是发达国家（见表 4 - 8）。

与此同时，许多发展中国家的高标准农产品出口表现出强劲势头。一方面经济全球化为这些国家带来跨国资本和先进农业技术，另一方面发展中国家出于亲贫困化经济发展的客观需要，生产和出口高值经济作物、高附加值加工农产品成为一个现实选择。印度、中国、越南、阿根廷、墨西哥等亚洲、拉丁美洲国家成为全球高标准农产品的重要输出地区。此外，撒哈拉以南非洲的许多落后国家和地区，通过积极提高技术标准，规范生产，已经成为欧洲市场新鲜水果蔬菜的重要供应商

（Pierluigi Montalbano et al.，2015），如塞内加尔、马达加斯、肯尼亚、赞比亚等国家和地区通过这条途径成功实现了小农户的脱贫增收。

表4-8　　　　　2015年全球高标准农产品出口情况　　　单位：百万美元

产品类别	肉类		乳蛋类		蔬菜		水果		水产品	
排名	出口国别和地区	出口额	出口国别	出口额	出口国别	出口额	出口国别	出口额	出口国别	出口额
1	美国	14260.71	德国	9218.52	中国	9026.40	中国	7390.33	中国	13325.00
2	巴西	13077.59	新西兰	8296.25	荷兰	7012.01	美国	5422.63	挪威	8897.72
3	澳大利亚	9815.38	荷兰	7936.6	西班牙	5993.28	荷兰	4641.19	美国	5086.15
4	荷兰	8454.69	法国	6917.84	墨西哥	5800.36	意大利	3482.6	越南	4838.12
5	德国	8071.27	美国	4449.12	加拿大	4879.29	比利时	3443.79	印度	4579.97
6	西班牙	5101.76	比利时	3248.76	美国	4367.95	西班牙	2991.68	加拿大	4183.38
7	新西兰	4788.43	意大利	2948.72	比利时	2357.70	德国	2782.57	智利	4004.97
8	加拿大	4590.93	丹麦	2284.50	法国	2078.92	泰国	2191.76	瑞典	3527.48
9	印度	4342.03	波兰	2027.26	泰国	1813.39	土耳其	2187.06	西班牙	2821.85
10	波兰	4239.06	爱尔兰	1967.97	意大利	1573.72	巴西	2150.31	俄罗斯	2786.40
11	丹麦	3566.67	英国	1842.00	澳大利亚	1454.42	法国	1759.10	荷兰	2628.56
12	法国	3454.84	澳大利亚	1819.19	印度	1157.52	加拿大	1569.20	厄瓜多尔	2553.87
13	比利时	3407.33	白俄罗斯	1784.59	埃及	1134.05	墨西哥	1301.65	丹麦	2294.05
14	爱尔兰	3044.39	西班牙	1374.33	德国	1101.20	波兰	1153.42	英国	1862.23
15	意大利	2251.79	奥地利	1317.63	土耳其	1040.65	阿根廷	1111.41	泰国	1737.68
16	中国香港	2037.60	阿联酋	1196.04	波兰	987.64	希腊	1036.69	德国	1628.39
17	英国	1930.13	阿根廷	1049.00	埃塞俄比亚	897.45	越南	769.19	冰岛	1602.55
18	乌拉圭	1584.38	捷克	773.00	摩洛哥	807.28	奥地利	669.75	其他亚洲国家	1514.50
19	墨西哥	1550.93	瑞士	708.06	秘鲁	637.21	菲律宾	663.27	阿根廷	1434.50
20	阿根廷	1368.88	乌拉圭	648.95	越南	578.46	英国	649.56	日本	1344.98

资料来源：UNComtrade数据库。

进口方面，发达国家因为国民具备较高的消费能力和超前的消费理念，成为代表高质量的高标准农产品的主要消费国。以 2016 年为例，除中国、印度、墨西哥等几个发展中国家在某单项产品进口中位列前十，其他都是发达国家。

据联合国粮食及农业组织（FAO）预测，到 2050 年，世界人口将增长 34%，达到 91 亿，世界城镇化率将由如今的 49% 上升至 70%，这一变化主要来自发展中国家和新兴国家。据预测，到 2024 年，95% 的农产品消费增长都来自于发展中国家。人口增长尤其是新兴经济体的迅速崛起，势必会带来全球农产品贸易的扩张。未来几十年，全球农产品的贸易模式将随着城镇化带来的消费者生活习惯和饮食习惯的改变而发生巨大变化，传统温饱型食品消费向高蛋白、高营养为主要特征的高标准农产品转变。

表 4-9　　　　　2015 年全球高标准农产品进口情况　　　　单位：百万美元

产品类别	肉类		乳蛋类		蔬菜		水果		水产品	
排名	进口国别和地区	进口额	进口国别和地区	进口额	进口国别和地区	进口额	进口国别和地区	进口额	进口国别和地区	进口额
1	美国	9356.09	德国	7572.15	美国	9260.44	美国	15423.00	美国	15502.59
2	日本	8596.79	意大利	3964.32	德国	6164.88	德国	10046.66	日本	10243.44
3	中国	6798.21	荷兰	3843.71	英国	4277.26	英国	6156.98	中国	6335.96
4	德国	6709.40	英国	3829.94	印度	3676.07	中国	6009.61	西班牙	5516.53
5	英国	5855.26	法国	3560.99	法国	3102.20	荷兰	5456.16	法国	4544.85
6	中国香港	5297.16	中国	3303.85	加拿大	2913.71	法国	5103.40	意大利	4271.97
7	意大利	4938.62	比利时	3243.94	中国	2621.43	加拿大	4504.51	德国	4179.82
8	法国	4780.99	美国	2813.98	荷兰	2355.35	俄罗斯	3944.18	瑞典	4064.16
9	荷兰	4163.25	中国香港	2253.65	日本	2351.48	中国香港	3760.42	韩国	3719.58
10	墨西哥	3820.48	阿联酋	2070.48	俄罗斯	1891.69	意大利	3501.86	中国香港	3139.74
11	韩国	3673.07	俄罗斯	2011.23	比利时	1728.76	比利时	3370.02	英国	2568.94
12	俄罗斯	3106.05	西班牙	1888.82	意大利	1690.51	印度	3042.95	泰国	2306.06
13	阿联酋	2799.73	墨西哥	1639.55	西班牙	1117.13	日本	3002.59	加拿大	1980.57
14	加拿大	2243.29	日本	1576.62	马来西亚	897.16	西班牙	2780.92	荷兰	1976.00

续表

产品类别	肉类		乳蛋类		蔬菜		水果		水产品	
排名	进口国别和地区	进口额	进口国别和地区	进口额	进口国别和地区	进口额	进口国别和地区	进口额	进口国别和地区	进口额
15	埃及	2013.83	阿尔及利亚	1172.87	瑞典	698.94	韩国	1718.05	葡萄牙	1769.51
16	波兰	1521.85	新加坡	1023.42	韩国	693.60	越南	1494.49	波兰	1643.00
17	比利时	1475.90	瑞典	957.92	巴基斯坦	674.48	波兰	1480.98	丹麦	1628.70
18	西班牙	1338.48	波兰	881.30	波兰	672.99	阿联酋	1438.67	比利时	1523.27
19	其他亚洲国家	1196.52	奥地利	876.08	阿联酋	668.58	白俄罗斯	1375.08	俄罗斯	1355.04
20	希腊	1105.91	马来西亚	8.63E+08	中国香港	650.32	瑞士	1286.40	巴西	1109.58

资料来源：UNComtrade 数据库。

第四节　主要国家的农食产品质量安全监管体系比较

20世纪90年代以来，疯牛病、禽流感等动物疫病和食品安全危机频发，同时，农产品贸易被纳入WTO多边贸易体系的管辖范畴，关税和传统的非关税措施使用受到约束，为了保护本国的生产者和消费者，各国不断强化SPS措施的防火墙作用，同时构建完善的农食产品质量安全监管体系，提高农食产品的市场准入门槛，预防外来风险对食品安全及动植物群体的冲击。

国际市场通行的农食产品质量安全标准，绝大部分发源于美、日、欧盟这几大经济体，虽然这些国家（联盟）质量安全监管的构成和运作方式各有不同，但是都有着规范、严格和完备的制度和技术标准体系架构，这些区域正是我国农产品出口集中度最高的区域。地理方向决定了我国必须积极面对和化解发达国家日益严苛的质量安全标准对农产品出口的威胁，尽量减少由此带来的损失。本节主要梳理这些国际通行规则的历史和现状，分析和研究我国主要贸易伙伴在农食产品质量安全监管方面的最新进展和对我国的借鉴意义。

一 欧盟的农食产品质量安全监管体系

受特殊政治构架影响，欧盟食品安全管理分为欧盟和成员国两个层面。以下主要从欧盟统一层面分析其农产品质量安全监管体系。

欧盟的农产品和食品质量安全监管体系经历了逐渐协调和统一的过程。1996年，欧洲暴发了严重的疯牛病疫情，此后又发生过二噁英等一系列恶性食品安全危机，导致消费者对食品安全状况空前失望。这些事件成为欧盟强化食品安全立法和监管的推动力，由此开始对食品安全监管、法律法规和技术标准体系进行全面改革和完善，以重塑消费者信心，成为世界上最严格和完善的农产品质量安全监管体系。一方面，欧盟制定了规范、严密的食品法律法规，覆盖"从农场到餐桌"全产业链的食品安全监控。另一方面，建立了完善的技术标准体系，为法律法规提供技术支撑，成为市场准入、契约维护、贸易仲裁、合格评定、产品检验和质量体系认证的基本依据。

欧盟的食品安全监管体系最重要的特点是"以科学为基础进行风险分析，将风险评估作为核心，风险评估和风险管理相互独立、各司其职，最大限度地保障消费者健康"。[1]

（一）立法和监管机构

欧盟拥有立法权的机构包括欧盟理事会和欧盟委员会，欧盟理事会是欧盟的决策机构，负责欧盟日常决策并拥有欧盟的立法权，欧盟委员会是欧盟的常设执行机构，也是欧盟唯一有权起草法令的机构，其有权制定与食品质量安全相应的法律法规和指令，如食品安全卫生标准、农药化学残留标准等。欧盟与食品质量安全和卫生相关的职能部门主要有：

1. 卫生与食品安全总司（DG SANTE[2]）

该机构的主要职责包括："从农场到餐桌"食品链的全过程管理；

---

[1] 李鑫、王崇民：《欧洲食品安全放心，其原因竟然是这样——德、法等欧洲国家食品安全体系浅谈》，《食品安全导刊》2015年第34期。

[2] 全称是 Directorate - General for Health and Food Safety。

生物和化学风险的管理；残留、食品饲料添加剂、接触材料；植物健康和植物保护产品；动物健康和福利、动物饲料安全；食品标签；成员国和第三国食品法规的检查和监控；快速预警系统和风险管理以及代表欧盟履行国际卫生和食品安全事务等。

食品与兽医办公室（FVO[①]）是卫生与食品安全总司负责食品安全监管的机构。食品与兽医办公室职能广泛，控制和监管成员国整个食品链中的食品安全和食品卫生相关情况的遵守情况。具体包括：动物源性食品；蔬菜及制品，尤其是对水果和蔬菜中农药残留；植物卫生，包括植物中有害组织、转基因组织、农药以及有机农业；进口食品等。

2. 欧洲食品安全局（EFSA[②]）

风险评估和风险管理分离是欧盟食品安全管理体系高效运行的重要原因。负责向欧盟提供独立风险评估的机构是欧洲食品安全局（EFSA），其提供的科学和技术建议是欧盟委员会、欧洲议会和欧盟各成员国进行决策的技术依据。

欧洲食品安全局的主要职责包括："①按照欧盟委员会、欧盟议会和成员国的要求，对食品安全问题和其他相关事宜，如动物健康/福利、植物健康、转基因食品和营养等方面提供独立的科学建议，并将此建议作为风险管理决策的基础。②对食品问题提出技术建议，以促进与食品链相关的政策和法规的制定。③为监测欧盟内整个食品链的安全性，对有关食品的数据及其与任何潜在危害相关的必要信息进行收集和分析。④对紧急危害进行识别和早期报警。⑤在关键时刻支持欧盟委员会的工作。⑥对其权限范围内的所有事宜向公众征求意见。"[③]

3. 食品链及动物健康常设委员会（SCFCAH[④]）

食品链及动物健康常设委员会整合了食品原料委员会、植物卫生委员会、动物营养委员会和兽药委员会的工作，其工作内容基本覆盖了从农场到餐桌的整条食品链：欧盟通用食品法、食品链生物安全、食品链毒理安全、食品进口要求和控制、动物营养、转基因食品饲料和环境风

[①] 全称是 Food and Veterinary Office。
[②] 全称是 European Food Safety Authority。
[③] 百度百科：欧洲食品安全局。
[④] 全称是 Standing Committee on the Food Chain and Animal Health。

险、动物健康和动物福利、植物卫生。作为一个规制性机构，SCFCAH主要负责向欧盟委员会就食品安全问题制定措施和提供建议，在得到大部分成员国同意的情况下，欧盟委员会则将根据其建议实施相应措施。

（二）食品质量安全监管的法律法规体系

欧盟有着世界最严格和完善的食品质量安全法律法规体系，涵盖种养殖良好操作规范、动植物疫病控制、动物福利保护、加工卫生控制、残留物和污染物控制、微生物监控、动植物疫病监测以及食品证书控制等各环节。

1996 年欧洲暴发疯牛病疫情以来，食品安全问题不断，各国散乱的关于食品安全保障的规则监管不力逐渐显现。为此，欧盟开始对食品安全立法进行全面彻底的改革。目前的欧盟食品法规体系形成了以《食品安全白皮书》为基础，七部法规为主要支撑的框架。

1.《食品安全白皮书》

2000 年欧盟委员会出台了《食品安全白皮书》，白皮书为欧盟的食品安全规划了 84 项完整独立的规则，构建了一个全面的食品安全框架。白皮书确立了从农田到餐桌全过程控制为原则的食品安全监控理念，明确提出了进行食品安全法规调整、完善食品安全法规体系的目标。其后，欧盟逐步建立起以（EC）178/2002 号法规为核心的新的一揽子食品安全法律法规体系，同时一系列分散的农产品和食品安全指令失效。

2.《通用食品法》：（EC）178/2002 号法规

按照《食品安全白皮书》的系统化规划，2002 年 1 月 28 日，欧盟委员会颁布 178/2002 号法规，作为目前欧盟食品安全法律法规的核心，《通用食品法》制定了食品法的基本原则和要求以及有关食品安全方面的各种程序。它确定了食品安全的风险分析原则、明确可追溯性要求、成立欧洲食品安全局等。

3.《食品卫生法规》：（EC）852/2004 号条例

该法规规定了食品企业经营者确保食品卫生的通用规则。确立了以食品企业经营者为主的食品安全责任承担原则，从初级食品生产开始，确保生产、加工和流通等各个环节的食品安全，全面推行 HACCP 质量体系（危害分析和关键控制点），建立微生物准则和温度控制要求，进口食品必须符合欧洲标准或等效标准。

4. 《动物源性食品特殊卫生规则》：(EC) 853/2004 号法规

2004 年 7 月 15 日生效的 (EC) 853/2004 号法规对动物源性食品卫生准则进行了规范。主要内容包括食品企业经营者应履行的责任和义务和进口规定。包括只能用饮用水清除动物源性产品的表面污染、食品生产加工企业必须在欧盟获得批准和注册、动物源性食品在欧盟市场流通必须加贴健康标识或识别标识，动物源性食品进口来源国必须是欧盟许可清单中所列国家等。

5. 《人类消费用动物源性食品官方控制组织的特殊规则》：(EC) 854/2004 号法规

该法规规定了对动物源性食品实施官方控制的规则，主要内容包括：欧盟成员国官方机构实施食品控制的一般原则；对食品企业注册的批准；对违法行为的惩罚，如限制或禁止投放市场、限制或禁止进口等；在附录中分别规定对肉、双壳软体动物、水产品、原乳和乳制品的专用控制措施；进口程序，如允许进口的第三国或企业清单。

6. 确保对食品饲料法以及动物卫生与动物福利法规遵循情况进行验证的官方控制：(EC) 882/2004 号法规

该法规对欧盟区域内食品与饲料、动物健康与安全等方面法规实施情况进行监管。监管目标是：①预防、消除直接或由于环境影响而带来的对人或动物的风险，或将风险降低到可以接受的水平；②维护饲料和食品贸易的公平性和消费者利益。监管对象既包括欧盟成员国也包括第三国，监管核心工作是对成员国或第三国是否履行了欧盟食品与饲料法、动物健康与安全法规的规定，确保对食品饲料法以及动物卫生与动物福利法规遵循情况进行核实。

7. 关于供人类消费的动物源性产品的生产、加工、销售及引进的动物卫生法规：2002/99/EC 号指令

该指令主要规定了动物源性食品在生产、加工、销售等环节中的动物健康条件的官方要求，以及相关兽医证书要求、兽药使用的官方控制要求和自第三国进口动物源性食品的卫生要求等。

8. 《饲料卫生要求》：(EC) 183/2005 号法规

为了从源头保证食品安全，第 183/2005 法规规定了饲料卫生条件的官方要求。在饲料生产、运输、存储和处理等环节做了规定。作为生

产者，饲料生产商要承担和食品生产商同样的责任，保证产品安全可靠性，并承担违反欧盟法规导致的损失和成本。

通过不断调整，欧盟的食品安全法律法规体系正在逐步完善，全程监控、风险评估和长效追溯成为欧盟食品安全制度的重要原则，并被贯彻到各项法律法规之中。

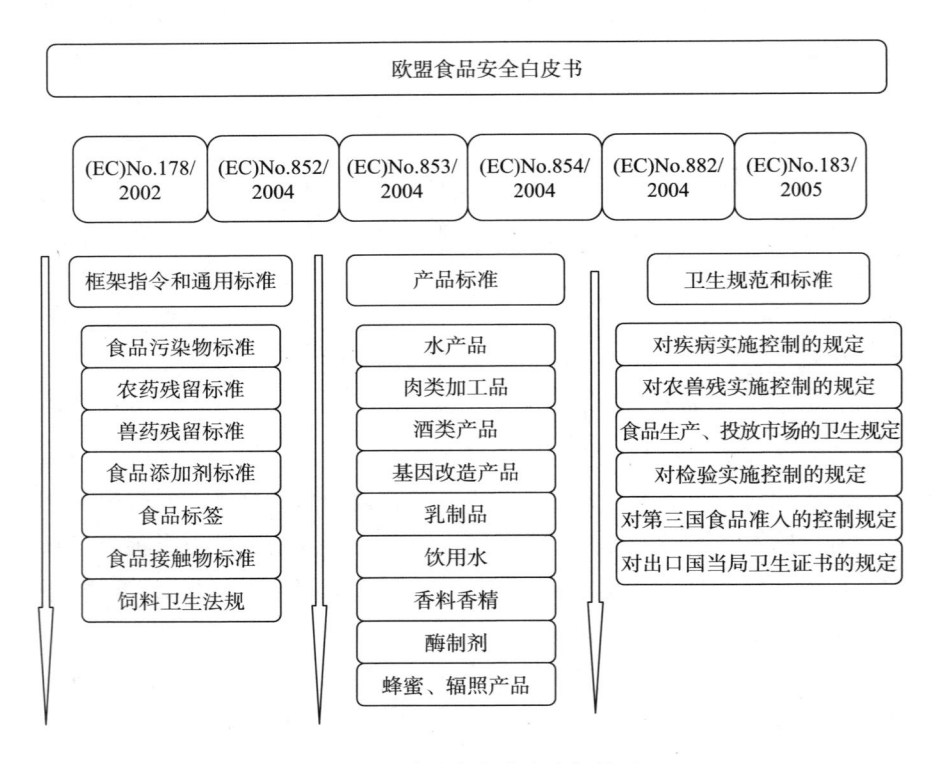

图4-8 欧盟食品安全法规体系

（三）食品安全响应程序

1. 食品和饲料快速预警系统（RASFF[①]）

食品和饲料快速预警系统是欧盟在食品安全管理方面的重要尝试。为使消费者能够及时获取风险信息并规避风险，RASFF 系统会在第一时间对欧盟各成员国由于食品不符合安全要求或标示不准确等原因引起

---

① 全称是 Rapid Alert System for Food and Feed。

的风险进行响应,并通报其他成员国。预警范围涵盖了所有食品和动物饲料。

通过快速预警系统,一方面保护消费者免受食品消费中可能存在的风险或潜在风险的危害,另一方面使欧盟各成员国及欧盟委员会之间及时交流风险信息,以达到协调立场、采取措施、防范风险、抵御危害等目的。

2. 应急程序(Emergencies)

在紧急情况下,如果欧盟成员国对构成人类、动物、环境的重大风险所采取的措施无法有效控制的情况下,不管这种风险源产品来自欧盟成员国或者第三方国家,欧盟委员会根据形势的严峻程度,批准成员国采取应急措施以渡过危机:对来自欧盟的问题产品,实行暂停投放市场或暂停使用措施,并强加其他特殊要求或采取过渡措施,对来自第三国的进口产品将暂停进口,并强加其他特殊要求或采取过渡措施。

3. 一般危机管理方案(General crisis – management plan)

一般危机管理方案是欧盟危机管理一般计划。适用于现有法律法规体系下未涉及的可能对人类健康带来直接或间接危险的状况。在此情况下,欧盟委员会将立即成立危机小组,在食品安全局的科学技术支持下,危机小组对风险信息进行收集和评估,并确定预防或消除风险的措施。

(四)技术标准体系及合格评定程序

作为一个超国家集团,各成员国食品企业存在商业文化差异,加之其他内部壁垒,使得欧盟在各国推行统一的食品技术标准阻力很大,因此最初的食品标准体系是建立在既有国家的法律规则之上的。随着欧盟一体化程度的深化,统一市场逐步建立,在欧盟层面统一的食品安全法律法规不断完善,食品标准领域的共同规则才开始被欧盟成员国及商业部门所遵循。

关于食品领域的技术标准,主要是由欧洲标准化委员会(CEN[①])制定的。通过与国际标准化组织的密切合作,欧盟采用既有的国际标准为欧盟标准,为了实现检测目的,还成立了联合协调小组(A Joint

---

① 全称是 European Committee for Standardization。

Co – ordination Group)。

二 美国的农食产品质量安全监管体系

作为联邦制国家，美国的食品安全监管模式相对松散，实行联邦和州政府分级管理模式。在食品安全立法方面，由联邦政府进行统筹，出台联邦法律，各州自成体系，制定详细的法规条令，执行具体的安全监管工作。

（一）监管机构

美国的食品安全监管体系，采取的是"以品种监管为主，分环节监管为辅"的多部门协调监管模式。在监管机构的职责划分上，不同种类的产品由不同的部门进行管理，一个部门负责一个或数个产品的全程监管，各部门由总统食品安全管理委员会统一协调，对食品安全进行一体化监管。

在联邦政府层级，涉及食品安全监管的机构有 10 多个。其中最主要的有 4 个。

1. 食品药品管理局（FDA[①]）

食品药品管理局隶属于联邦卫生和公共服务部（HHS[②]）。是美国历史最悠久的消费者保护政府机构之一。FDA 的监管职责范围很广，包括食品、药品（包括兽药）、医疗器械、食品添加剂、化妆品、动物食品及药品、酒精含量低于 7% 的葡萄酒饮料以及电子产品的监督检验；产品在使用或消费过程中产生的离子、非离子辐射影响人类健康和安全项目的测试、检验和出证。FDA 下设食品安全和营养中心、药品评估和研究中心、设备安全和放射线保护健康中心、生物制品评估和研究中心、兽药中心等几个部门。分别对不同产品实施监管。其中负责食品安全监管的机构是食品安全和营养中心（CFSAN），这也是 FDA 最大的一个部门。它负责除农业部管辖的肉类、家禽及蛋类以外的全美国的食品安全、标签管理、瓶装水、食品添加剂和婴儿食品。关于动物饲料和宠物食品，则由兽药中心（CVM）负责。

---

① 全称是 Food and Drug Administration。
② 全称是 Department of Health and Human Services。

2. 食品安全检验局（FSIS[①]）

食品安全检验局隶属于美国农业部（USDA[②]）。主要职责是规范肉、禽、蛋类产品的安全卫生、正确标识和包装。下设 15 个地区办公室、3 个实验室和自己的培训中心，在全美各地肉禽蛋及制品的生产厂家都派驻有专业人员，监督其食品安全和卫生状况。

3. 动植物卫生检验局（APHIS[③]）

APHIS 隶属于美国农业部，是专门负责动植物卫生检验检疫的机构，主要职责是防止外来动植物疫病传入、野生动物及家畜疾病监控等，保护公共健康和美国农业及自然资源的安全。

APHIS 涉及食品安全监管的部门主要有三个：植物保护和检疫处、兽医服务处和生物技术管理服务处。

4. 环境保护署（EPA[④]）

环境保护署是美国联邦政府的一个独立行政机构，主要职责是维护自然环境和保护人类健康不受环境危害的影响，主要负责农药管理、使用和标准制定等食品安全监管内容。

（二）法律法规体系

美国农食产品质量安全监管法律法规与标准全面繁多，这些法律法规为食品安全确立了指导原则和具体操作标准与程序，使食品质量各环节的监督、疾病预防和事故应急反应都有法可依。从 1906 年的《纯净食品药品法案》开始，至今美国联邦政府共制定和修订了 35 部与食品安全相关的法律法规。为制定监管制度、检验检测标准和质量认证等工作提供了法律依据。其中与食品安全直接相关的重要联邦法律有 7 部，分别是《联邦食品、药物和化妆品法》《联邦肉类检验法》《禽类产品检验法》《蛋产品检法》《食品质量保护法》《联邦杀虫剂、杀真菌剂和灭鼠法》《公共卫生服务法》，辅以各州独立的农食产品质量安全监管法规条令，形成了综合性条款与详尽性规定兼备的系统性的法律法规体系。

[①] 全称是 Food Safety and Inspection Service。
[②] 全称是 United States Department of Agriculture。
[③] 全称是 Animal and Plant Health Inspection Service。
[④] 全称是 Environmental Protection Agency。

(三) 质量安全标准及合格评定程序

作为农产品的生产和消费大国，美国质量监管机构各司其职，以质量安全法律法规为准绳，在不同产品领域构建起严格、规范、高效的产品质量认证和检测体系，构成了完善的质量安全标准体系。

预防为主是美国食品安全监管的重要理念。为此，美国成为最早将 HACCP[①] 和 GMP[②] 引入食品安全领域的国家，HACCP 用于在食品原料和加工过程中采取严密的监控措施，预防在食品生产中可能存在对人体健康产生潜在危害的物理、化学或生物因素。GMP 是 FDA 检查的基本指导性文件，它规范了对食品生产、加工、包装、存储、加工设备、企业基础设施、人员卫生、环境与设备的卫生、加工过程的控制管理等监管要求，被视为美国食品生产中最低的生产和卫生要求。2015 年 9 月 11 日，美国《食品安全现代化法》(FSMA) 配套法规《食品现行良好操作规范和危害分析及基于风险的预防性控制》正式实施生效。该法规要求所有在美销售食品的企业进行双认证。强制性要求生产、加工、包装或储存食品企业同时满足良好操作规范（GMP）和危害分析和关键控制点（HACCP）要求。

除了强制认证外，在农产品生产领域，FDA 和 USDA 于 1988 年联合发布《关于降低新鲜水果与蔬菜微生物危害的企业指南》，首次提出良好农业规范（GMP[③]）主要针对新鲜果蔬产品的种植、采摘、清洗、包装、运输过程中常见的微生物危害控制。GMP 标准虽然由政府制定，但并非强制认证，由 FSIS 作为独立第三方机构开展认证工作，目前已经成为美国保障果蔬质量和安全的重要手段。此外，有机食品认证和公平贸易认证等，对保障食品质量安全也起到了积极作用。

近年来，美国加大了对进口食品的检查力度并委托第三方审核国外食品生产商是否符合美国的要求。根据《食品安全现代化法》的规定，第三方审核机构对企业的审核并不预先通知。风险越高的食品企业，受检越靠前，而且还被规定了记录保持要求。在 FDA 官员提出检查要求

---

① *Hazard Analysis Critical Control Point*（危害分析和关键控制点）。
② *Good Manufacturing Practice*（良好操作规范）。
③ 全称是 Good Agriculture Practice。

时，包括输美食品链上的相关企业，须在 24 小时内或约定的时间内作出答复。不及时答复或不允许检查，被视为拒绝检查，该企业生产、加工、储存、运输的食品，将被拒绝进入美国市场。

三 日本的农食产品质量安全监管体系

日本运行着一套完善的食品安全监管体系，是世界上食品安全监管最严厉的国家，对进口食品的检验检疫监管尤其严格。

日本的食品安全监管理念是全程监管、风险分析先行。2003 年，日本政府颁布《食品安全基本法》，以此为基础，重构了食品安全的职能分工格局，与之配套的法律法规体系逐渐得以完善。

（一）监管机构

日本政府主管食品安全的部分主要有四个，分别是消费者厅、食品安全委员会、厚生劳动省和农林水产省。根据《食品安全基本法》，按照食品安全风险的职责对食品安全监管机构进行划分，分为风险分析部门和风险监管部门。日本基本的食品安全监管采取食品安全委员会负责风险分析评估、厚生劳动省和农林水产省负责风险监管、消费者厅负责食品行政和标签标识的协调合作机制。

1. 食品安全委员会

该机构成立于 2003 年，主要职能是进行食品安全风险分析，科学评估食品对人体健康的影响。具体包括对食品中可能含有的添加剂、农药、微生物等影响人体健康的危害因素进行科学性评估。食品安全委员会根据风险评估结果通知相关风险监管部门，并提出对策建议作为监管部门制定食品安全政策的依据。

2. 风险监管机构

农林水产省和厚生劳动省是日本主要的风险监管机构。根据食品安全委员会的风险评估结果，分别在不同领域制定相关标准和措施，共同承担风险管理任务。

农林水产省主要职责是负责食品安全风险监管，具体负责农业生产和质量监控。厚生劳动省主要职责是制定食品安全标准和监控进口食品安全，制订进口食品监控指导计划。

农林水产省和厚生劳动省通过职能上的分工和相互合作开展风险监

管工作。农林水产省主要工作侧重于农产品的生产和加工环节，负责生鲜农产品及粗加工产品的安全性，对农兽药、化肥、饲料等投入品的生产销售和使用，及对农产品品质、认证和标识等进行监管，还包括进口动植物检疫；厚生劳动省主要工作侧重于食品进口和流通环节，负责除农林水产省职责范围之外的食品及进口食品的安全性，包括核准食品加工企业的经营许可和对进口农产品和食品的安全检查。农药、兽药残留量标准由两个部门共同制定。

3. 消费者厅

2009年设立的消费者厅是日本政府食品安全主管机构中级别最高的单位，主要负责食品安全行政政策的制定、食品标签、紧急事件应对措施、特定保健食品标示许可等。旨在强化对消费者利益的保护。

此外，环境省承担了与环境污染相关的风险管理职能。

（二）法律法规体系

日本的食品法律法规框架以《食品安全基本法》和《食品卫生法》为核心，辅以相关配套法律，并由相关的食品安全政令和几百部地方食品安全管理条例作为补充。

2003年7月开始实施的《食品安全基本法》，确立了全程监管和风险分析先行的食品安全监管理念。明确了在食品安全监管方面，国家、地方公共团体、食品相关经营者以及消费者的责任和义务。

《食品卫生法》是日本控制食品质量安全最重要的法律之一，适用于所有日本境内流通的食品。该法规定了食品和食品添加剂的标准和成分规格、容器包装、农药残留标准、食品的标识和广告、进口食品的监控指导计划，以及进口食品监督检查等，同时还规定了国内食品生产、加工、流通、销售商的设施监督检查及相关的处罚条例。根据《食品卫生法》修正案，日本于2003年出台了《食品中残留农业化学品肯定列表制度》，并于2006年5月29日起正式实施，以加强对食品中农兽药和饲料添加剂等化学品残留管理。

除上述两大基本法外，日本政府相继制定了一系列食品安全配套法律，基本涵盖了整个食物链和食品相关领域，如关于特定用途化学物质、食品的流通和销售等。《农药取缔法》《肥料取缔法》《饲料安全法》《转基因食品标识法》《包装容器法》《农林物资规格化法（JAS

第四章 标准的兴起与全球农产品贸易的发展 | 101

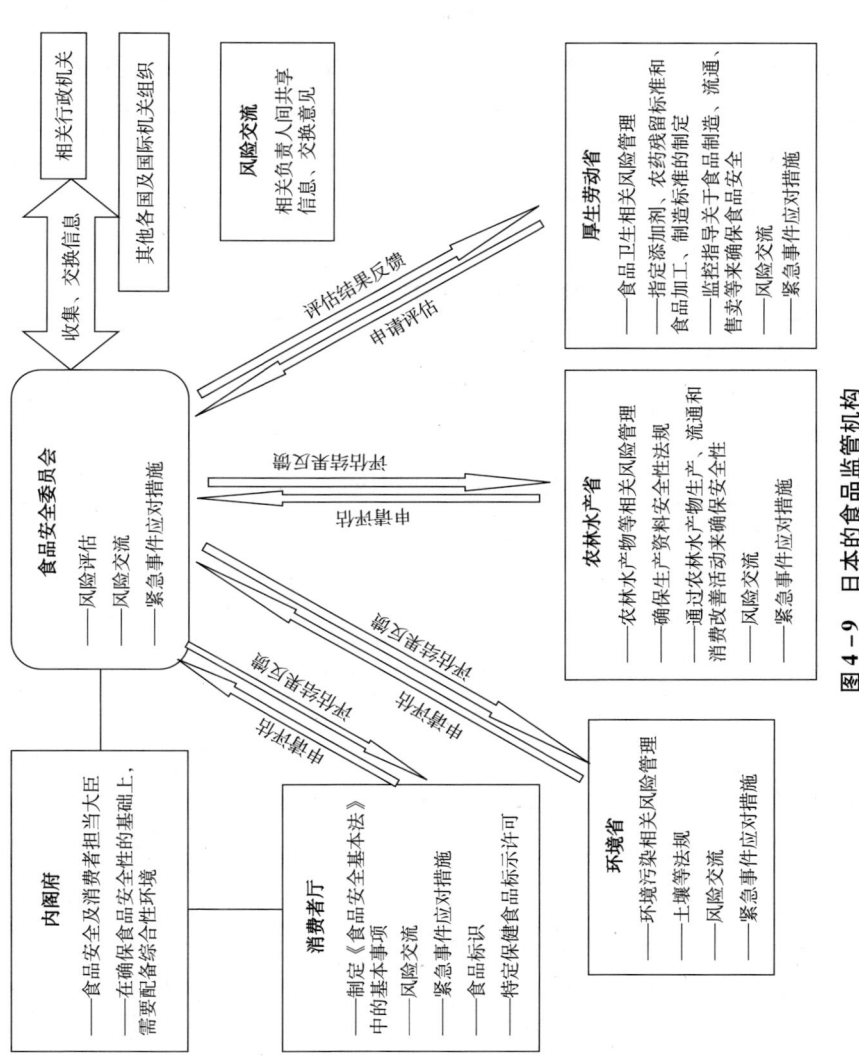

图 4-9 日本的食品监管机构

法)》等。对于法律法规覆盖不到的盲区，则以政令和省令予以完善。为了补充食品安全法律，日本各级政府已经制定了几百项政令、省令和管理条例。形成了层级清晰、配套完善的法律法规体系。

(三) 技术标准体系和合格评定程序

日本没有专门的标准管理机构，食品标准的制定分别由各风险管理机构负责。食品标准的制定由厚生劳动省负责，农林水产省和消费者厅参与，农产品和食品中投入品使用标准由农林水产省负责制定，标签标识标准由消费者厅负责制定。

表4-10　日本食品安全标准的制定机构及分工

名称	制定机构	适用范围
方法标准	厚生劳动省	食品或添加剂的制造、加工、使用、烹饪或保存
成分规格标准	厚生劳动省	食品或添加剂
使用标准	农林水产省	农产品和农业化学品（农药、化肥、饲料和兽药等）
有机食品标准	农林水产省	有机食品
标签、标识标准	消费者厅	食品、农产品或添加剂等
特定保健食品标准	消费者厅	特定保健食品

资料来源：边红彪：《中日食品安全保障体系对比》，中国质检出版社2017年版。

2006年5月29日日本出台《食品中残留农业化学品肯定列表制度》，是一项针对农产品和食品中农业化学品（农药、兽药、添加剂等）残留的管理制度。是日本乃至世界历史上最严格的技术性贸易措施。

《食品中残留农业化学品肯定列表制度》涉及的农业化学品残留限量包括五类，分别是：沿用原限量标准而未重新制定暂定限量标准、暂定标准、禁用物质、豁免物质和一律标准。其中，"沿用原限量标准而未重新制定暂定限量标准涉及农业化学品63种，农产品食品175种，残留限量标准2470条，暂定标准涉及农业化学品734种、农产品食品264种，暂定限量标准51392条，禁用物质为15种，豁免物质68种，其他的均为'一律标准'，食品中农业化学品最大残留限量不得超过

0.01 毫克/公斤"。①

尽管《食品中残留农业化学品肯定列表制度》在国际间引起极大争议,招致主要农产品贸易国的反对和不满,但是该制度弥补了日本农业化学品监管的缺失,对于日本农业化学品监管和食品安全意义重大。

在合格评定程序方面,日本的食品认证是自愿性的,厚生劳动省推广HACCP认证,农林水产省实施JAS认证。除了政府指定机构外,经过政府注册的民间机构也可以实施检查和认证,据不完全统计,经日本厚生劳动省注册的检查机构有90多个,经农林水产省指定的相关认证机构240多家(边红彪,2017)。日本食品认证起到的主要作用是向消费者释放产品的科学监管信息,并非上市流通的必要条件。

四 新加坡的农食产品质量安全监管体系

《经济学人》智库发布的2017年全球食品安全指数排名中,新加坡在113个国家中位居第四②,是亚洲食品最安全的国家。新加坡对食品安全高度重视,与其严重依赖食品进口的国情有直接关系。据统计,新加坡90%以上食品和食用农产品需求靠进口满足,因此对进口产品进行监管成为新加坡政府食品安全监管工作的重心。

(一)监管机构

与其他国家不同,新加坡对食品安全的进行监管采取一站式模式,农粮与兽医局(AVA③),是新加坡设立和执行食品安全标准的唯一机构。其主要职责覆盖了所有食品种类,担负着确保食品安全,维护动物和植物的健康,以及促进新加坡的农业贸易的职责。

(二)法律法规体系

新加坡现行法规中涉及食品安全的法案共9部。包括《农粮与兽医局法案》《动物与鸟类法案》《植物控制法案》《濒危物种(进出口)法案》《饲料法案》《渔业法案》《食品销售法案》《健康肉类与鱼类法

---

① 驻日使馆经商处,《日本"肯定列表制度"》,2012年9月20日,http://www.mofcom.gov.cn/aarticle/i/dxfw/cj/201209/20120908352005.html。
② 排名前十位的国家分别是爱尔兰、美国、英国、新加坡、澳大利亚、荷兰、德国、法国、加拿大和瑞典。
③ 全称是 Agri - Food & Veterinary Authority of Singapore。

案》《野生动物与鸟类法案》。其中的《食品销售法案》是主导性法规文件。在经过 2002 年的修订后，又发展出 5 部附属法规，分别是《食品销售条例》《食品销售（费用）条例》《食品销售（餐饮店）条例》《食品销售（禁止口香糖）条例》《食品销售（刑罚）条例》。

（三）食品安全监管制度

以进口为主的食品来源结构特征，决定了新加坡对食品安全的监管主要集中于流通和餐饮环节。这也是新加坡食品安全监管的最大特点。

新加坡的食品安全标准几乎完全与国际食品法典委员会接轨，从源头提高保障水平。为减少不合格食品流入，农粮与兽医局专门制定了一套完善的检验检疫程序。第一步是检查生产食品的农场或加工厂。第二步是严格的资料审查，以证明其安全性。第三步是在关卡检查进口食品，或者在实验室抽样化验。在执法环节，新加坡向来以法治严明闻名于世，食品安全法规的执行情况亦是如此。由于食品不符合安全标准等原因，新加坡每年要召回和销毁数千吨进口食品。

独特的贸易许可证制度和国外农场与企业认证制度是新加坡农粮与兽医局控制进口商和进口食品企业的有力手段。在具体食品进口方面，对肉、蛋类食品划定许可进口国家清单，对鱼类产品进口则将存在高风险产品划分进口限制等级。

五　发达国家农食产品质量安全监管体系对我国的借鉴意义

对农食产品质量安全监管最完善的国家和地区的监管体系进行剖析，可以总结出全球农食产品安全监管的一些特征和趋势。

（一）权威、高效、职责明晰的监管体系是严控食品安全的关键

从发达国家农食产品安全监管的发展趋势和成功经验看，不管是欧盟一体化的质量安全监管模式，美国联邦政府与州政府的分级监管模式，日本提倡的政府、从业者与消费者共同参与，责任共担的监管模式，抑或新加坡所凸显的对流通环节的监管，虽然监管模式大相径庭，但都在整合监管机构职能，将分散管理模式逐渐转为相对集中的管理，在部门间进行有效协调。此外，立法和执法分开，相互监督和制衡，才能从根本上提高食品安全监管的效率。

（二）贯穿全食品供应链的监管理念

从农田到餐桌的全过程监管已经成为被全球认可的农产品安全监管理念。这一理念的核心是建立起追本溯源机制，从产品生产的源头实施可追溯制，将所有农产品和食品从业者、全部产品生产环节全部纳入监管范围，扫除监管盲区，并通过完善的制度设计对当事主体形成震慑，使之自律。发达国家的成功经验表明，可追溯制度只有在国家层面统一运行才能发挥最大效力，区域性或单一品种的可追溯由于成本高或信息共享不充分等原因，很难取得预期效果。

（三）以消费者为中心的监管导向

食品安全事关消费者身体健康和生命安全，面对食品安全问题，消费者往往属于弱势群体，尽管处于不同经济发展阶段的国家，食品安全监管的重心有所不同。但发达国家的经验表明，只有将食品链终端的消费者作为中心的监管体系才是成熟和成功的。

一是消费者安全压倒一切。欧盟、美国、日本等国家风险评估先行的防控措施，为本国消费者安全构筑起第一道防火墙，对于任何超出限度的预估风险都将采取相应措施，应急处理方案也将消费者利益放于首位，采取严厉惩戒手段，即使导致企业破产也绝不姑息。二是让消费者参与法律条文的制定与修改，美国积极鼓励和倡导民众参与食品安全法律制定过程。进行立法和法律修改时，也会以公众提供的信息和意见作为重要参考依据，法律最终颁布前，还为民众提供发表意见的机会。日本的消费者厅则将消费者意见转化为行政政策，间接使消费者成为食品政策的决策主体。三是高度重视消费者的知情权。消费者了解食品的主要途径是商品标识，发达国家对食品标签标识近乎苛刻的规定，经常招致贸易伙伴国的抗议，这恰恰体现了对本国消费者的保护。在食品安全问题爆发后，以各种方式迅速及时地进行风险交流及通报，使消费者提前防控。

（四）风险管理，预防为主

经验表明，在任何时期，任何技术条件下，食品安全事件都有可能发生。高效的食品安全监管机制，防胜于控。为此必须健全法制，严格标准，完善监管评估、检验检测体系和预警机制，辅以危机处理机制。欧盟的食品安全局、日本的食品安全委员会，都是独立的风险评估机构,能够从中立、客观的角度进行风险评估工作,并向风险管理机构提供有关风险控制的信息及对策建议。

(五) 缺陷食品的主动召回

缺陷产品召回是一种补救措施,是防止问题食品流向消费者餐桌的最后一道屏障,能减少食品安全问题带来的严重后果。美国是最早建立缺陷产品召回制度的国家,已经形成了一套科学完整的食品召回体系。其首创的主动召回制度为很多国家所效仿。食品安全事件发生后,若企业不及时主动召回,会被处以巨额惩罚性赔偿。一旦某产品被 FDA 列入"召回名单",联邦政府以及各州监管机构会深入超市等销售终端,对架上商品进行检查,一旦发现召回产品仍然在架销售,厂商会被追加罚款。2010 年美国政府开始推动食品安全体系改革。2011 年 1 月 4 日,时任美国总统奥巴马签署了《食品和药物管理局食品安全现代化法案》,赋予 FDA 强制召回权,可以不经生产厂家同意直接下令召回问题产品。在日本,厂家也在严厉的惩罚手段威慑下,将主动召回作为首选。

(六) 社会参与度越高的监管体系,效率越高

鼓励社会团体和公众参与食品安全监管,共同承担食品安全监管的责任,是发达国家高效监管的重要原因。不少发达国家都进行了公众参与食品安全监管的制度探索。美国以立法形式对公众参与食品安全监管的信息公布和听证程序进行明确,并鼓励民众对政府法规的实施和食品生产企业进行监管,此外,还采取聘请专业人士参与执法监管、赋予公民公益诉讼权和完善集团诉讼制度等方式鼓励社会参与。日本政府以立法方式确立公众在食品安全监管中的权利和地位,2007 年全面实施"消费者团体诉讼制度",在食品安全委员会的成员选举中,为社会参与留出空间,强调"从优秀的食品安全的有识之士中"选出食品安全委员会成员,并选聘非公务员担任独立的安全监督员。

不同国家,基于各自的国情,确立监管理念和监管目标、构建法律框架和在此之下的制度机制设计,确保食品安全监管措施执行到位,最终都是为了最大限度地提高国民福祉。因此,制度设计不管多先进,都需要有计划、有执行、有监管,并能够对计划执行的结果进行正向的评估和反馈。

第五节　小结

本章分析了在标准兴起和全球农产品价值链重组深化背景下全球农产品贸易发展的新格局，在此基础上，对比和分析全球农食产品质量安全监管最完善的国家和地区的质量安全监管体系、监管理念和监管模式，总结全球农食产品质量安全监管的特征和趋势，为我国高标准农产品出口和农业高质量发展提供借鉴。

过去20年，在农产品贸易领域，标准的影响明显增强，并深刻影响着全球农产品贸易格局。伴随着越来越多严格农产品标准的制定和实施，以蔬果、乳制品、水产品、肉制品为代表的高标准农产品贸易实现了超常规增长；发展中国家和发达国家在全球农产品贸易中的力量对比正在发生变化，表现为发展中国家和新兴经济体地位的不断提升，除了贸易规模增长外，很多国家通过引入严格的农产品质量标准体系，实现本国农业生产体系的升级和供应链的现代化，得以在全球农产品价值链分工细化的过程中被重新定位。这一事实对广大发展中国家更大的意义在于，提高农产品标准为中小农场和农户打开了参与全球价值链的大门，并显著提高了生产效率和收入水平。这对于像中国农业一样人多地少、以小农户为主体的分散生产方式下如何提质增效提供了重要借鉴思路。

世界上农食产品质量安全监管最严格的地区美国、欧盟、日本等，也正是我国最重要的农产品出口目的地，虽然这些国家的质量安全监管模式大相径庭，但是总结起来，一套高效的农产品质量安全监管体系有如下几个共同特征：第一，监管主体必须有明确责权划定，既相互监督和制衡，又有社会共同参与，共同实现对国家农产品质量安全的高效监管；第二，消费者安全是监管中心；第三，将农田到餐桌的整个产品供应链纳入监管范围，事前预防胜于事后控制。正确理解和把握这些特征，转变长期存在于我国学术界和农产品出口企业中的一些落后和消极观念，对促进我国高标准农产品出口，带动农业高质量发展，深入推进农业供给侧结构性改革大有裨益。

第五章 我国农产品出口现状及竞争力分析

第一节 我国高标准农产品出口现状

一 我国农产品出口状况

(一) 农产品贸易额增长迅速,逆差扩大

我国经济的强劲增长带动了农产品贸易规模持续扩大。数据显示,2007—2016年10年间,我国农产品贸易额增长了1.4倍,其中出口增长1倍,进口增长1.7倍。WTO数据显示,目前我国已成为世界第四大农产品出口国,仅次于欧盟、美国和巴西。我国是世界蔬菜、水果和水产品出口的第一大国,大蒜、花生、烤鳗、苹果汁、香菇、蜂蜜等农产品的出口量均位居世界前列。在进口方面,由于国内持续的旺盛需求,我国已经成为仅次于欧盟的世界第二大农产品进口国。

表 5–1　　　　2007—2016 年我国农产品贸易状况　　　　单位:亿美元

年份	贸易额	出口额	进口额	逆差额
2007	775.9	366.2	409.7	43.5
2008	985.5	402.2	583.3	181.1
2009	913.8	392.1	521.7	129.6
2010	1208.0	488.8	719.2	230.4
2011	1154.3	601.3	939.1	337.8

续表

年份	贸易额	出口额	进口额	逆差额
2012	1739.5	625.0	1114.4	489.4
2013	1850.0	671.0	1179.1	508.1
2014	1928.2	713.4	1214.8	501.4
2015	1861.0	701.8	1159.2	457.4
2016	1832.3	726.1	1106.1	380.0

资料来源：商务部《中国农产品进出口月度统计报告》，由于四舍五入，可能存在偏差。

相比于制成品，长期以来我国农产品贸易在货物贸易中占比偏低。2016年，农产品贸易额占货物贸易额的比重仅为5.0%，其中出口占比3.5%，进口占比7.0%。入世以来，我国成为农产品贸易的净进口国，农产品贸易存在较大逆差，且呈扩大趋势。

（二）出口产品以劳动密集型和低加工程度产品为主，进口产品以土地密集型和消费导向型产品为主

分大类产品看，水产品、蔬菜、水果、禽畜产品和饮料是我国主要的出口产品。2016年，按出口额份额计算，水产品、水产品制品、蔬菜、蔬果制品、水果、禽畜产品出口额占比分别为18.9%、8.7%、14.5%、10.1%、7.6%和7.0%。出口产品的结构表明，我国出口农产品以劳动密集型为主，在出口农产品中加工制品比重不高，产品附加值较低。

表5-2　　　　2010—2016年我国农产品出口类别　　　　单位：万美元

类别＼年份	2010	2012	2014	2015	2016
活动物	45396.30	58286.60	58554.80	59773.10	64673.80
畜肉及杂碎	56695.40	47824.00	60503.60	44986.50	36707.30
禽肉及杂碎	42759.50	50226.00	57696.60	60774.00	53537.80
水产品	881379.40	1132248.20	1407632.80	1332436.60	1370532.20
乳品、蛋品、蜂蜜及其他食用动物产品	40447.80	60682.80	68097.20	69741.80	69639.50

续表

年份 类别	2010	2012	2014	2015	2016
其他动物产品	135757.50	205732.60	229288.20	177193.80	177236.50
活植物及花卉	20579.20	25611.00	40993.50	29963.70	33088.40
食用蔬菜	747767.00	690601.50	822894.90	902399.60	1054606.70
食用水果及坚果	267954.30	377161.10	431787.50	516198.60	548488.90
咖啡、茶、马黛茶及调味料	165672.50	194297.10	245114.90	253540.80	298092.10
谷物	53943.60	44307.60	44542.10	32180.80	40132.90
制粉工业产品	55075.30	60227.30	61229.50	59354.30	56577.20
油料、工业用或药用植物、稻草、秸秆及饲料	204858.20	262661.00	311602.00	289949.80	267315.10
植物液、汁	64686.50	98998.50	130590.40	127311.90	125759.40
编结用植物材料	6368.00	9118.30	10361.50	12473.10	12067.80
动植物油脂及其分解产品	36993.50	56736.20	64455.40	66656.90	58382.50
肉类制品	144646.80	213296.30	206941.20	174112.10	162981.90
水产品制品	442057.80	681773.70	681279.80	626505.00	631204.90
糖及糖食	105991.80	126536.90	154028.20	156249.00	170673.80
可可及其制品	21263.50	33292.30	47579.80	44238.50	42590.90
谷物、粮食粉、淀粉制品、糕点	115900.20	142699.80	147862.00	143574.10	147187.40
蔬菜、水果、坚果等制品	554694.20	756689.70	763558.60	738880.00	734114.30
杂项食品	156351.80	222141.80	270981.70	297678.10	320431.60
饮料、酒及醋	99499.30	138660.00	165133.20	199387.10	220249.80
食品工业的残渣、废料、配制的动物饲料	195482.60	293450.80	325924.40	266485.50	276749.20
烟草及其制品	102030.30	126190.20	128380.60	135146.60	137747.30
其他农产品	124066.30	149202.50	197136.90	201256.60	150518.40

资料来源：商务部《中国农产品进出口月度统计报告》。

第五章　我国农产品出口现状及竞争力分析 | 111

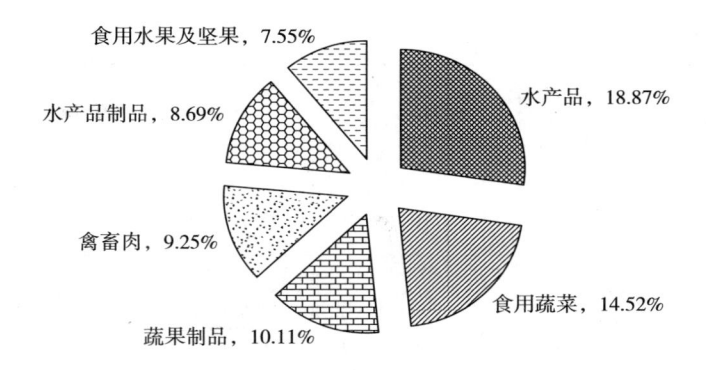

图 5-1　2016 年我国出口农产品类别构成

资料来源：商务部《中国农产品进出口月度统计报告》。

（饼图数据：水产品 18.87%；食用蔬菜 14.52%；蔬果制品 10.11%；禽畜肉 9.25%；水产品制品 8.69%；食用水果及坚果 7.55%）

我国进口占比较高的农产品一是油籽（以大豆为主）和谷物等土地密集型农产品，二是消费导向型产品，主要是禽畜产品、乳蛋类产品和水产品等国内需求旺盛的优质农产品，这些产品的主要进口来源地是美国、欧盟等发达国家和地区。

表 5-3　2010—2016 年我国农产品进口类别　　　　单位：万美元

类别\年份	2010	2012	2014	2015	2016
活动物	27415.10	49952.30	83525.50	54452.70	39180.40
畜肉及杂碎	126110.70	315077.40	496345.00	586859.50	897673.30
禽肉及杂碎	96258.30	95528.80	87789.30	92925.90	128511.60
水产品	437061.30	548871.10	658647.50	632017.70	691425.50
乳品、蛋品、蜂蜜及其他食用动物产品	199993.90	475847.80	859921.90	620019.10	697629.80
其他动物产品	41718.80	44650.40	47888.00	46603.00	52185.70
活植物及花卉	10315.30	13673.50	18922.90	21783.30	22625.60
食用蔬菜	151307.90	240686.50	257982.40	262052.00	186214.90
食用水果及坚果	213725.20	380727.30	514004.40	601273.90	584994.40
咖啡、茶、马黛茶及调味料	15000.40	30632.00	34240.80	39757.00	66691.50
谷物	150139.20	474317.30	610420.50	927780.90	564027.20

续表

年份 类别	2010	2012	2014	2015	2016
制粉工业产品	45176.90	57955.40	96385.20	95224.60	89224.60
油料、工业用或药用植物、稻草、秸秆及饲料	2704148.90	3859407.00	4589603.20	3975029.10	3829721.50
植物液、汁	12084.40	20336.80	23435.60	22761.30	21407.60
编结用植物材料	20104.70	19292.00	19929.20	19649.80	20405.20
动植物油脂及其分解产品	888415.10	1304092.50	911821.70	789204.80	703875.80
肉类制品	618.00	882.90	482.50	957.80	1191.90
水产品制品	9410.30	17440.80	24423.70	22975.10	17101.90
糖及糖食	103253.30	254329.20	178227.80	207802.20	145966.10
可可及其制品	43726.00	62400.70	87086.60	87236.50	68535.00
谷物、粮食粉、淀粉制品、糕点	122094.10	43890.80	70461.80	94670.40	109927.60
蔬菜、水果、坚果等制品	46627.60	63110.00	78260.10	89773.70	99615.80
杂项食品	67888.50	95845.80	138926.10	176330.20	215166.60
饮料、酒及醋	164971.00	310270.70	315441.00	428206.40	478506.20
食品工业的残渣、废料、配制的动物饲料	323094.00	304943.00	398138.00	442706.20	306147.30
烟草及其制品	79071.20	131597.40	209256.30	186374.20	172767.00
其他农产品	1090640.60	1933089.40	1336192.90	1067408.50	850773.80

资料来源：商务部《中国农产品进出口月度统计报告》。

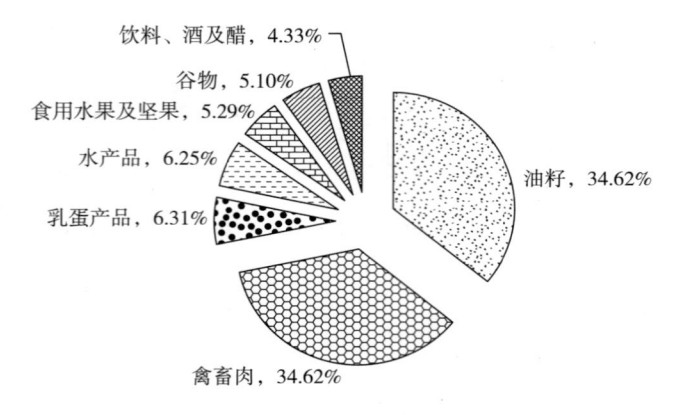

饮料、酒及醋，4.33%
谷物，5.10%
食用水果及坚果，5.29%
水产品，6.25%
乳蛋产品，6.31%
油籽，34.62%
禽畜肉，34.62%

图 5 – 2 2016 年我国进口农产品类别构成

资料来源：商务部《中国农产品进出口月度统计报告》。

（三）出口市场高度集中

我国农产品的出口市场集中度一直很高。主要出口市场集中于日本、欧盟、中国香港、美国、韩国等发达国家和地区。根据商务部的统计，2016年我国在上述地区的农产品出口额占出口总额的比重达55%。发达国家市场对农产品质量标准要求严苛，一旦某个主要出口市场提高农产品药物残留量检测、卫生检疫等标准，往往会给出口国带来较大损失，这已经成为我国农产品出口中遇到的最大障碍；进口方面，来自美国、巴西、欧盟、澳大利亚、加拿大、阿根廷等地区的比例达66%。我国与欧盟、东盟等区域性经济集团的经贸联系越发密切，也加剧了农产品贸易的高市场集中度。随着国家"一带一路"倡议的实施，2013年开始，我国与"一带一路"沿线国家的贸易额增长迅速，在利好政策的驱动下，该区域是未来我国农产品出口的重要增长点。

表5-4　　2010—2016年我国农产品贸易主要贸易伙伴　　单位：万美元

贸易方向	国别（地区）／年份	中国香港	日本	澳大利亚	韩国	美国
出口	2010	427564.00	914756.00	68299.30	352860.40	578076.40
	2011	564486.10	1099436.20	89849.80	417496.70	669877.50
	2012	642443.80	1198199.40	89959.30	415566.10	717621.10
	2013	767841.50	1123558.00	100021.20	438917.20	728824.20
	2014	863292.00	1112609.50	101689.80	486213.90	742063.60
	2015	884623.50	1019765.20	96703.80	434431.10	734983.80
	2016	991476.90	1003914.20	98070.90	466395.30	736073.10

贸易方向	国别（地区）／年份	美国	巴西	澳大利亚	加拿大	阿根廷
进口	2010	1861170.20	1072459.00	393044.50	300291.50	570180.60
	2011	2325803.90	1559553.80	644101.60	314337.80	544188.40
	2012	2873445.60	1868494.10	740435.00	535561.80	509645.40
	2013	2657826.40	2250113.60	859363.90	575909.30	499054.00
	2014	2867355.00	2155454.80	815132.60	557162.30	452109.20
	2015	2465414.40	1984971.10	805258.10	522057.30	509365.00
	2016	2384182.80	1904880.80	668912.90	536100.60	420540.60

资料来源：商务部《中国农产品进出口月度统计报告》。

表 5-5　　　　2010—2016 年我国农产品贸易的区域性流向　　　单位：万美元

贸易方向	国别（地区）／年份	东盟	欧盟	"一带一路"沿线国家
出口	2010	745800.90	685716.10	—
	2011	986348.30	810414.20	—
	2012	1010039.40	758382.30	—
	2013	1188737.20	808722.90	1889603.10
	2014	1353920.30	845810.50	2103179.70
	2015	1475371.80	814618.70	2181259.00
	2016	1537770.50	818148.40	2266497.70

贸易方向	国别（地区）／年份	欧盟	东盟	"一带一路"沿线国家
进口	2010	488154.20	1070840.30	—
	2011	701290.10	1459474.10	—
	2012	836539.60	1614027.70	—
	2013	1021033.10	1484033.90	2252629.50
	2014	1095449.10	1603288.30	2283927.80
	2015	1323214.40	1580655.50	2254772.70
	2016	1404841.70	1450031.00	2056408.10

资料来源：商务部《中国农产品进出口月度统计报告》，2010—2011 年为欧盟 27 国贸易额，2012—2016 年为欧盟 28 国贸易额。

二　我国高标准农产品出口状况

（一）蔬菜

我国的蔬菜产量和播种面积均居世界第一位。蔬菜是我国主要的贸易顺差农产品，贸易顺差额逐年增加，2016 年贸易顺差高达 86.84 亿美元[①]，在一定程度上平衡了我国农产品贸易的逆差。

1. 产品结构

我国蔬菜的出口品类比较稳定，鲜冷冻蔬菜是最主要的出口类别，

---

① 包括蔬菜及蔬菜制品。

2016年占蔬菜出口总量的64.15%和出口额的40.70%,其次是加工保藏蔬菜,占蔬菜出口总量的31.24%和出口额的34.11%,干蔬菜出口占比最小。从具体品种看,大蒜、蘑菇、番茄、木耳、辣椒、洋葱、胡萝卜等产品出口规模最大。2016年,排名前5位的大蒜、蘑菇、番茄、木耳和辣椒出口额分别为35.5亿美元、23.7亿美元、9.3亿美元、7.0亿美元和5.1亿美元。

表5-6　　　　　　　　　我国蔬菜出口类别　　　　　单位:万吨,亿美元

产品	2014年		2015年		2016年	
	数量	金额	数量	金额	数量	金额
鲜冷冻蔬菜	640.56	48.20	653.52	54.00	628.90	64.20
加工保藏蔬菜	292.27	47.37	318.22	45.25	326.70	44.40
干蔬菜	42.76	27.42	46.32	31.61	53.20	37.20
共计(含其他)	976.10	124.99	1018.72	132.67	1009.80	147.20

资料来源:《中国农产品贸易发展报告(2017)》。

2. 主要出口市场

我国蔬菜出口的地区结构相对稳定。亚洲是产品输出的主要区域。2016年,在我国出口规模最大的10个国家和地区中,亚洲占7个。其次是欧洲和北美洲,仅有非常少量的蔬菜流向南美洲、大洋洲国家和地区。

从具体出口国家和地区看,发达国家和地区占比很高,日本、韩国、中国香港是我国最重要的蔬菜出口地。2016年,在前10大出口国家和地区中,56.1%的出口量和58.7%的出口额集中于发达国家,这些国家正是对产品标准要求最为严格的区域。

作为目前我国农产品中的重要创汇产品,蔬菜出口在我国对外贸易中占有十分重要的位置。分析我国蔬菜出口结构不难发现,出口主要以鲜或冷冻蔬菜为主,这说明我国蔬菜的加工配套手段落后于发达国家,高附加值蔬菜产品国际竞争力较弱。长期以来,我国蔬菜出口备受农药残留超标问题困扰。由于不符合进口国的质量安全标准要求屡遭扣留、销毁、退货、降级降等处理,造成极大损失。如何提升出口蔬菜的质量

安全水平，适应主要贸易国的技术标准要求，使我国蔬菜能进入全球农产品价值链的中高端，是提升我国蔬菜产品国际竞争力的关键。

表 5-7　　　　　　　　我国蔬菜出口的主要市场　　　　　单位：万吨，亿美元

国家（地区）	2014 年 数量	2014 年 金额	2015 年 数量	2015 年 金额	2016 年 数量	2016 年 金额
日本	144.0	22.8	138.4	21.7	139.2	21.7
越南	61.4	13.2	71.2	15.5	83.8	16.5
中国香港	94.5	9.6	88.1	11.3	90.4	15.6
韩国	81.5	8.8	103.3	10.4	101.1	12.3
美国	42.6	8.2	45.5	8.8	45.4	10.7
马来西亚	71.7	8.4	78.4	8.7	76.7	8.8
印度尼西亚	57.4	4.2	40.0	6.5	51.8	7.6
泰国	40.4	5.9	65.6	5.4	37.6	5.7
俄罗斯	72.3	5.8	56.0	5.1	55.1	5.6
荷兰	11.0	2.4	12.7	2.2	13.6	2.6
合计	676.8	89.3	699.0	95.6	694.9	107.2

资料来源：《中国农产品贸易发展报告（2017）》。

（二）水产品

我国是世界最大的水产品出口国。水产品是我国农产品贸易的主要顺差品类，且贸易顺差呈逐年增长趋势，2016 年我国水产品贸易顺差达 114 亿美元。

1. 产品结构

在国内自产资源出口，即一般贸易出口中，主要品类包括墨鱼鱿鱼及章鱼、贝类、对虾、罗非鱼、鳗鱼等，2016 年这几类产品占一般贸易的出口额比重达 69.4%。与其他农产品出口方式略有不同，在我国的水产品贸易中，加工贸易（来料加工和进料加工）占有较大比重，2016 年来进料加工贸易出口额占水产品出口总额的 24.7%，这是造成我国水产品出口附加值偏低的原因之一。

表5-8　　　　　我国主要水产品出口品种　　单位:%，万吨，亿美元

出口品种	占一般贸易出口额比重	2015年 数量	2015年 金额	2016年 数量	2016年 金额
墨鱼鱿鱼及章鱼	18.9	44.6	28.2	47.2	31.1
贝类	11.6	28.1	17.3	30.6	17.3
对虾	10.9	15	16.3	16.8	18.9
罗非鱼	8.7	39.3	13	39.4	12.2
蟹类	6.7	6.9	9.9	6.2	8.7
鳗鱼	6.6	4.4	9.9	4.3	9.1
淡水小龙虾	1.8	2	2.7	2.3	2.7
大黄鱼	1.6	3.7	2.5	3.9	2.5

资料来源:《中国农产品贸易发展报告（2017）》。

2. 主要出口市场

日本、美国、东盟、欧盟、韩国和中国香港是我国水产品出口的传统市场。2016年这几大市场占我国水产品出口的比重高达83%。在单一市场中，以日本、美国和中国香港出口规模最大。2016年，这3个国家和地区进口了我国42%的水产品，占比分别为17.9%、14.7%和9.7%。此外，东盟和欧盟是我国水产品主要出口的区域性国家集团。与蔬菜出口的市场结构相似，我国水产品主要出口到发达国家和地区，是遭遇国外技术性贸易措施的重灾区，以2016年为例，水产品是遭遇国外扣留和召回次数最多的出口产品。

表5-9　　　　　我国水产品主要出口市场　　　　　单位：亿美元

国家（地区）	2014年	2015年	2016年
日本	38.0	36.4	37.0
美国	34.0	32.0	30.4
东盟	27.2	27.8	28.1
欧盟	23.6	22.1	23.2
中国香港	25.3	21.2	20.1
中国台湾	15.7	15.9	16.7
韩国	16.9	15.6	16.5
合计	180.7	171	172

资料来源:《中国农产品贸易发展报告（2017）》。

(三) 水果

我国水果种植面积广，消费量大，许多水果的种植面积和产量在世界排名第一。苹果、梨、李、桃等品种占世界产量的 40% 以上，柿子、板栗、荔枝占世界产量的 60% 以上[1]，是全球主要的水果供应国之一。相比于水产品和蔬菜，我国水果贸易长期维持少量顺差，且进出口产品有较大的差异性。

1. 产品结构

我国主要的出口水果品类以柑橘、苹果、梨等鲜冷冻水果为主。2016 年，鲜冷冻水果出口额 71.4 亿美元，出口量 352.4 万吨，占水果出口总额和出口总量的比重分别为 67.6% 和 68.8%，其次是水果制品（水果汁和水果罐头），出口额占比仅为 9.2%。加工程度低、附加值低是我国水果出口的显著特征，农药残留问题是影响我国鲜冷冻水果出口的主要制约因素。以印度尼西亚为例，我国是印度尼西亚最大的果蔬进口来源国，2012 年开始，印度尼西亚对果蔬进口实施一系列限制性措施，2016 年 2 月再次提高了对植物源性食品进口的检测标准，检测方式由抽检变为全部检，检测项目从 556 项增加至 2161 项，由此导致我国对印度尼西亚水果出口连续大幅下降。

表 5–10　　2016 年我国主要水果出口情况　　单位：万吨，亿美元

出口品种		2015 年		2016 年	
		出口量	出口额	出口量	出口额
鲜冷冻水果	柑橘	92.1	12.6	93.4	13.0
	鲜苹果	83.3	10.3	132.2	14.5
	鲜梨	37.3	4.4	45.2	4.9
	葡萄	20.8	7.6	25.4	6.6
	鲜桃	8.3	1.2	7.3	1.1
	草莓	7.6	1.0	9.2	1.1
水果汁	苹果汁	47.5	5.6	50.7	5.5
	梨汁	1.8	0.2	2.8	0.3

[1] 周艳：《我国水果生产状况分析》，《南方农业》2015 年第 10 期。

续表

出口品种		2015 年		2016 年	
		出口量	出口额	出口量	出口额
水果罐头	柑橘罐头	31.8	3.3	31.0	3.2
	桃罐头	15.5	1.9	13.4	1.6
	梨罐头	5.5	0.6	5.8	0.6
其他加工水果	葡萄干	2.6	0.6	2.9	0.6
	红枣	1.0	0.4	1.1	0.4
	蜜枣	0.8	0.2	0.9	0.2
	其他制作或保藏的草莓	1.2	0.4	1.2	0.4

资料来源：《中国农产品贸易发展报告（2017）》。

2. 主要出口市场

与水产品和蔬菜产品不同，我国水果主要供应东南亚和俄罗斯等中低端市场，欧美等高端市场历来占比很低。以出口额计算，2016 年，我国水果出口的前 10 大市场分别为泰国、越南、美国、日本、俄罗斯、中国香港、马来西亚、菲律宾、印度尼西亚和印度。低加工程度和中低端市场不利于我国水果进一步高质量出口。

表 5-11　　　　我国水果主要出口市场　　　单位：万吨，亿美元

国家（地区）	2015 年		2016 年	
	出口量	出口额	出口量	出口额
泰国	46.1	11.9	55.5	10.2
越南	53.0	8.3	56.8	8.9
美国	63.9	8.2	64.6	7.9
日本	29.4	5.6	27.9	5.2
俄罗斯	40.7	4.5	47.1	5.1
马来西亚	22.3	4.2	25.3	4.6
中国香港	21.8	4.1	22.4	5.0

资料来源：《中国农产品贸易发展报告（2017）》。

（四）乳品

我国是乳品生产和消费大国。《中国奶业质量报告（2017）》数据显示，2016年全国奶类产量3712万吨①，乳制品产量2993万吨，生产规模仅次于美国和印度，居世界第三位，约占全球总产量的4.7%。中国奶业协会数据显示，2011—2016年，我国乳制品消费量从2480.5万吨增至3204.7万吨，人均乳制品②消费量36.1千克，约为世界平均水平的1/3，随着城镇化和城乡居民生活水平的提高以及国家推进的学生饮用奶计划，未来乳制品消费将持续增长。由于需求旺盛，每年均从新西兰、美国、德国、澳大利亚、法国等国家进口大量乳制品。其中全脂奶粉、脱脂奶粉以及液体奶进口量居世界前列。

与生产规模和进口规模形成鲜明对比，我国乳制品出口规模很小。2016年，我国乳制品贸易额65.22亿美元，其中出口额仅为7975.34万美元，在贸易额中占比仅为1.24%。2008年国内三聚氰胺事件和2010年的皮革奶事件，成为我国乳制品出口的分水岭。国际市场开始禁止或限制从我国进口乳制品，加之国际金融危机爆发导致的需求疲软，导致我国乳制品出口进一步锐减，出口市场急剧萎缩。尽管近几年正在恢复性增长，仍然难以达到2008年之前水平，2016年我国乳制品出口量33057吨，出口额7975万美元，与2008年相比，规模收缩了将近3倍。乳制品的大量进口对我国乳制品行业造成巨大冲击，我国乳制品国际市场竞争力始终无法有效提升。

品种单一，附加值低是我国乳制品出口的第一个特征。出口品种主要包括奶粉、鲜奶、酸乳和酪乳、黄油和乳酱四种。以出口额计算，2016年，以上四类产品占总出口额比重分别为67.17%、25.33%、1.69%和4.49%。尽管奶粉和鲜奶占比最大，但是出口额并不十分稳定，尤其是奶粉出口年度间变化很大，受国际市场供求和价格影响很大。

对少数国家和地区市场高度依存是我国乳制品出口的第二个特征。我国乳制品出口地主要集中于亚洲地区。中国香港是最主要的出口目的

---

① 其中牛奶产量3602万吨，羊奶及其他奶类产量110万吨。
② 折合生鲜乳。

地。2016 年，对中国香港出口 6395.07 万美元，占比高达 80.19%，其次是缅甸、中国澳门和朝鲜等地。

表 5-12　　　　2007—2016 年我国乳制品出口情况　单位：万吨，亿美元

年份	出口量	出口额
2007	13.47	2.43
2008	12.07	3.02
2009	3.69	0.58
2010	3.39	0.45
2011	4.36	0.82
2012	4.53	0.86
2013	3.65	0.60
2014	4.05	0.82
2015	3.41	0.53
2016	3.31	0.80

资料来源：根据 UNComtrade 数据计算，包括 HS 编码 0401—0406 及 190110。

表 5-13　　　　　　　我国主要乳制品出口情况　　　　　单位：吨，万美元

产品种类	2014 年 数量	2014 年 金额	2015 年 数量	2015 年 金额	2016 年 数量	2016 年 金额
鲜奶	25730.91	2588.79	24582.39	2406.13	22825.34	2019.82
奶粉	11171.90	4537.24	7423.57	2352.27	8113.69	5357.41
酸乳、酪乳	588.11	60.85	516.41	56.91	843.66	134.74
黄油、乳酱	2842.03	900.29	1379.11	399.79	1051.53	358.35
总计	40332.94	8087.16	33901.48	5215.10	32834.22	7870.32

资料来源：根据 UNComtrade 数据计算。

（五）肉类产品

我国是肉类产品的生产和消费大国。国家统计局数据显示，2016 年，我国肉类[1]产量 8537.76 万吨，其中猪肉 5299.15 万吨，牛肉

---

[1]　包括各种牲畜及家禽、兔等动物肉产量，按胴体重量统计。

716.76万吨，羊肉459.36万吨。据国际食物政策研究所发布的《2016年全球粮食政策报告》分析，我国人均肉类消费量约59公斤，是世界平均水平的2倍。对肉类产品消费需求居高不下，加之国内肉类产业发展受人口、资源、环境等因素制约，无法完全满足日益增长的国内需求，使得我国肉类进口持续增加，进出口失衡严重，贸易逆差逐年扩大。2016年，我国肉类及制品贸易额126.64亿美元，进口额101.31亿美元，占比高达80%。

表5-14　　　　　2007—2016年我国肉类出口情况　单位：万吨，亿美元

年份	出口量	出口额
2007	81.09	20.58
2008	60.30	18.99
2009	60.64	19.08
2010	75.20	24.40
2011	77.08	29.38
2012	75.43	31.13
2013	76.74	30.43
2014	78.93	32.49
2015	73.34	27.98
2016	67.02	25.32

资料来源：根据UNComtrade数据计算，包括HS编码0201—0210及1601、1602。

与进口增长形成鲜明对比的是肉类产品出口的疲软态势。近10年来，我国肉类出口量由81万吨下降至67万吨，降幅21%。我国肉类出口长期疲软的状态，一是与国内总体成本偏高有关，如生猪养殖成本，长期高于国际平均水平。二是食品安全问题频发，国际市场认可度低。三是产业整体竞争力不足，主要体现在国内肉类加工产业集中度低，技术装备水平落后，小规模、作坊式、手工或半机械加工模式占比很高。

从出口产品类别看，肉类制品占比最高，其次是禽肉和猪肉，牛肉和羊肉出口规模比较小。2016年，上述几类产品占出口量比重分别为

56.19%、33.79%、7.24%、0.62%和0.61%，出口额占比分别为64.37%、21.14%、10.01%、1.59%和1.39%。

中国香港和日本是我国肉类产品最重要的出口市场。这两大市场占我国肉类产品出口80%左右的份额。大陆对香港形成了一套完整的农产品质量控制体系，是香港最重要的肉类产品供应地。其中肉制品、禽肉和猪肉占比最大。对日本出口主要以各种肉制品为主。2016年，对中国香港和日本出口量占比分别为43.11%和32.52%，出口额占比分别为43.76%和36.61%。

表5-15　　　　我国主要肉类及制品出口情况　　　单位：万吨，亿美元

产品种类	2014年 数量	2014年 金额	2015年 数量	2015年 金额	2016年 数量	2016年 金额
肉类制品	46.01	20.69	39.34	17.41	37.66	16.30
禽肉	22.52	5.77	24.71	6.08	22.65	5.35
猪肉	9.15	4.23	7.15	3.22	4.85	2.54
牛肉	0.65	0.59	0.47	0.45	0.41	0.40
羊肉	0.44	0.43	0.38	0.34	0.41	0.35
合计	78.77	31.71	72.05	27.50	65.98	24.94

资料来源：根据UNComtrade数据库数据计算，对猪、牛、羊及禽肉统计包括冷鲜冻肉。

第二节　我国农产品出口遭遇的与标准有关的技术性贸易措施的状况

一　我国农产品出口遭遇的SPS、TBT等措施数量持续增长

据中国WTO/TBT-SPS通报资讯网统计，2005—2017年13年间，WTO成员共发起了与农产品相关的TBT通报5215项，SPS通报16653项，这其中专门针对我国的通报并不多，仅有100多项，但是除少数通报针对特定国家外，绝大部分通报都是面向所有成员国的，对我国的农

产品出口都会产生潜在影响。更加致命的是,我国主要农产品贸易伙伴进行的相关通报数量巨大(见表5-16)。自1995年WTO成立至2017年年底,WTO成员国通报的SPS措施中,美国3533件、加拿大1946件、欧盟977件、韩国572件、日本499件、澳大利亚448件,与农产品相关的TBT措施中,美国350件、欧盟234件、韩国152件、日本122件、加拿大64件、澳大利亚29件。除了发达国家外,发展中国家也在增加SPS措施和TBT措施的使用。在东盟内部,菲律宾和泰国是发起SPS措施最多的国家,至2017年12月31日,菲律宾共发起499件,泰国260件(见表5-17)。

表5-16　　2005—2017年WTO成员国通报的SPS和
与农产品相关的TBT措施　　　　单位:件

年份	与农产品相关的TBT措施	SPS数量	食品安全	动物健康	植物保护	人类免受动/植物有害生物的危害	保护国家免受有害生物的其他危害
2005	167	850	504	203	298	—	66
2006	223	1101	682	331	567	—	160
2007	274	1119	764	299	478	—	123
2008	366	1260	553	240	302	1	114
2009	525	1012	778	185	140	—	69
2010	451	1401	1046	131	258	—	64
2011	499	1385	1052	161	222	—	69
2012	545	1215	884	153	218	—	—
2013	557	1287	975	186	163	—	—
2014	588	1634	1018	184	230	14	114
2015	309	1682	971	176	197	25	89
2016	355	1341	677	164	185	18	48
2017	356	1366	654	245	188	43	73

资料来源:中国WTO/TBT-SPS通报资讯网。

表 5-17　1995—2017 年我国主要农产品出口国通报的 SPS 及
与农产品相关的 TBT 措施　　　单位：件

国别	SPS 措施	与农产品相关的 TBT 措施
美国	3533	350
加拿大	1946	64
欧盟	977	234
韩国	572	152
日本	499	122
澳大利亚	448	29

资料来源：中国 WTO/TBT-SPS 通报资讯网。

二　主要贸易伙伴国对我国农食产品的拒收、扣留状况

（一）总体状况

美国、欧盟、日本、澳大利亚、韩国、东盟等是我国主要的农产品出口国。这些国家对我国农产品拒绝、扣留和通报数量巨大，对我国农产品出口的影响最大。

近 10 年来，随着我国农产品出口规模的增加，遭遇主要贸易伙伴国的扣留和召回、拒绝入境批次也在增加，对我国农产品出口造成了巨大损失。据统计，2008—2017 年 10 年间，我国农产品出口受阻将近 18000 批次。其中美国 7786 批次、欧盟 2826 批次、韩国 3263 批次、日本 2261 批次、加拿大 1060 批次。

表 5-18　2008—2017 年我国农食产品遭遇国外扣留和召回情况　单位：批次

年份	美国	欧盟	日本	韩国	加拿大	澳大利亚	总计
2008	707	395	284	262	420	—	2068
2009	1058	226	304	609	101	—	2298
2010	867	270	247	366	112	—	1862
2011	620	332	378	213	85	—	1628
2012	756	333	196	445	57	—	1787
2013	854	274	213	451	90	—	1882

续表

年份	美国	欧盟	日本	韩国	加拿大	澳大利亚	总计
2014	550	248	180	115	58	40	1497
2015	941	299	130	381	47	44	1842
2016	796	155	134	154	50	41	1619
2017	637	294	195	267	40	5	1800（估计）

资料来源：中国技术性贸易措施网，其中各国涉及的相关机构是：美国食品和药品管理局（FDA）、欧盟食品和饲料委员会和欧盟健康消费者保护总司、日本厚生劳动省、韩国农林部国立兽医科学检疫院和韩国食品药物管理局、加拿大食品检验署和澳大利亚农林渔业部。本节其他表格如未做说明，均为同一数据来源。

以2016年为例，我国农食产品遭遇美国、欧盟、日本、韩国、加拿大和澳大利亚相关机构扣留和召回1330批次，占当年的82%。其中，美国食品和药品管理局扣留的不合格农食产品最多，达796批次；其次是韩国，韩国食药厅扣留154批次；欧盟食品和饲料委员会召回155批次，日本厚生劳动省扣留134批次，加拿大食品检验署召回50批次，澳大利亚农林渔业部召回41批次。

（二）产品类别及原因分析

2016年，美国、日本、欧盟、韩国、加拿大和澳大利亚相关机构扣留/召回我国出口的不合格农食产品1619批次，其中前三位是：水产及其制品343批次，占比21.2%；蔬菜及制品289批次，占比17.9%；肉类229批次，占比14.1%。

从被扣留/召回的原因看，排名前三的分别是：农兽残341批次，占比21.1%；品质不合格271批次，占比16.7%；非食用添加剂190批次，占比11.7%。微生物超标144批次，占比8.9%；生物毒素污染100批次，占比6.2%；食品添加剂超标59批次，占比3.6%。将产品种类与被扣留的原因结合进行分析，导致不同产品被扣留及召回的主要原因不尽相同。其中水产品被扣留/召回的主要原因是品质不合格、农兽残超标，蔬菜产品主要是农兽残超标和品质检测不合格，肉类则主要是不符合进口国动物检疫规定。

表 5-19　　　　　　　　不同产品被扣留/召回的原因分析

产品种类	扣留/召回原因	具体扣留/召回原因	批次	比例（%）
水产及制品类	品质	品质检测不合格	141	8.71
		感官检测不合格	14	0.86
	农兽残	兽残不合格	73	4.51
		农残不合格	4	0.25
	微生物	细菌	64	3.95
	非食用添加物	非食用添加物	20	1.24
	污染物	有机污染物	5	0.31
		重金属超标	4	0.25
	标签不合格	标签不合格	6	0.37
	证书不合格	生产厂家没有按规定注册	2	0.12
		证书不合格	1	0.06
		生产厂家没有生产许可证	1	0.06
	包装不合格	包装不合格	3	0.19
	不符合储运规定	储运温度控制不当	2	0.12
	食品添加剂超标	食品添加剂超标	2	0.12
	不符合动物检疫规定	禁止进境动物产品	1	0.06
	总计		343	21.19
蔬菜及制品类	农兽残	农残不合格	142	8.77
	品质	品质检测不合格	51	3.15
	微生物	细菌	30	1.85
	标签不合格	标签不合格	17	1.05
	食品添加剂超标	食品添加剂超标	17	1.05
	证书不合格	生产厂家没有按规定注册	10	0.62
		没有提供生产加工资料	2	0.12
		生产厂家没有生产许可证	1	0.06
	非食用添加物	非食用添加物	11	0.68
	污染物	重金属超标	3	0.19
		有机污染物	1	0.06
	致敏源	致敏源	1	0.06
	包装不合格	包装不合格	1	0.06
	化学性能方面	可迁移元素	1	0.06
	总计		288	17.85

续表

产品种类	扣留/召回原因	具体扣留/召回原因	批次	比例（%）
肉类	不符合动物检疫规定	禁止进境动物产品	130	8.03
	证书不合格	没有提供产品相关资料	65	4.01
		没有提供安全证明材料	7	0.43
	微生物	细菌	9	0.56
	品质	品质检测不合格	8	0.49
	其他不合格项目	非法进口	5	0.31
	农兽残	兽残不合格	4	0.24
	标签不合格	标签不合格	1	0.06
	总计		229	14.14
其他加工食品类	非食用添加物	非食用添加物	40	2.47
	食品添加剂超标	食品添加剂超标	16	0.99
	标签不合格	标签不合格	16	0.99
	品质	品质检测不合格	13	0.80
	农兽残	农残不合格	9	0.56
		兽残不合格	1	0.06
	证书不合格	证书不合格	2	0.12
		生产厂家没有按规定注册	2	0.12
		产品不在注册的清单内	1	0.06
	微生物	微生物	5	0.31
	污染物	有机污染物	3	0.09
		重金属超标	1	0.06
	转基因成分	转基因成分	2	0.12
	生物毒素污染	生物毒素	1	0.06
	总计		112	6.92

资料来源：中国技术性贸易措施网。

（三）国别分布及扣留/召回原因分析

1. 美国

2016 年，美国 FDA 扣留我国出口不合格农食产品 796 批次，其中前三类产品分别是：水产品 227 批次，占比 28.5%；蔬菜产品 199 批次，占比 25%；糕点饼干类 71 批次，占比 8.9%。

从扣留原因看，农兽残不合格 265 批次，占比 33.30%；品质不合格 201 批次，占比 25.25%；含有非食用添加物 155 批次，占比 19.47%（见表 5-20）。其中水产品主要是由于品质不合格和农兽残不合格（186 批次），蔬菜产品主要是农兽残超标和品质不合格（165 批次），糕点饼干类主要是含有非食用添加剂（42 批次）。

表 5-20　　　　FDA 扣留我国不合格农食产品原因分析

扣留/召回原因	批次	比例（%）	具体扣留/召回原因	批次	比例（%）
农兽残	265	33.30	农残不合格	193	24.25
			兽残不合格	72	9.05
品质	201	25.25	品质检测不合格	201	25.25
非食用添加物	155	19.47	非食用添加物	155	19.47
标签不合格	108	13.57	标签不合格	108	13.57
证书不合格	32	4.02	生产厂家没有按规定注册	22	2.76
			生产厂家没有生产许可证	3	0.38
			产品不在注册清单中	3	0.38
			销售商没有按照规定注册	2	0.25
			没有提供生产加工资料	2	0.25
微生物	21	2.64	细菌	21	2.64
污染物	5	0.63	有机污染物	5	0.63
食品添加剂超标	4	0.50	食品添加剂超标	4	0.50
生物毒素污染	4	0.50	生物毒素	4	0.50
包装不合格	1	0.13	包装不合格	1	0.13
总计	796	100	总计	796	100

注：由于四舍五入的原因，比例合计有时不等于 100%。
资料来源：中国技术性贸易措施网。

2. 日本

2016 年，日本扣留我国出口不合格农食产品 134 批次，前三位分别是水产品类 38 批次，占比 28.37%；干坚果类 32 批次，占比 23.38%；蔬菜及其制品类 29 批次，占比 21.64%。结合扣留原因分析，微生物 55 批次，占比 41%；生物毒素污染 36 批次，占比 26.9%；农兽残不合格 20 批次，占比 14.9%；食品添加剂超标 11 批次，占比

8.2%。考虑产品种类分析，水产品主要由于微生物（33 批次），干坚果类主要是生物毒素污染（32 批次），蔬菜及其制品类主要是农兽残不合格（15 批次）。

表 5-21　日本扣留我国出口不合格产品原因分析

产品种类	扣留/召回原因	具体扣留/召回原因	批次	比例（%）
水产品类	微生物	细菌	33	24.63
	农兽残	兽残不合格	3	2.24
		农残不合格	1	0.75
	食品添加剂超标	食品添加剂超标	1	0.75
	总计		38	28.37
干坚果类	生物毒素污染	生物毒素	32	23.38
	总计		32	23.38
蔬菜及其制品类	农兽残	农残不合格	15	11.19
	微生物	细菌	8	5.97
	非食用添加物	非食用添加物	3	2.24
	食品添加剂超标	食品添加剂超标	3	2.24
	总计		29	21.64

资料来源：中国技术性贸易措施网。

3. 欧盟

2016 年，欧盟食品和饲料委员会召回我国出口的不合格农食产品 155 批次，前三位分别是干坚果类 42 批次，占比为 27%；油脂及油料类 21 批次，占比为 13.6%；水产品 13 批次，占比为 8.4%。从原因来看，生物毒素 51 批次，占比为 39.20%；微生物不合格 22 批次，占比为 14.19%；农兽残不合格 22 批次，占比为 14.19%。

表 5-22　欧盟食品和饲料委员会召回我国出口不合格农食产品原因

扣留/召回原因	批次	比例（%）	具体扣留/召回原因	批次	比例（%）
生物毒素污染	51	39.20	生物毒素	51	39.20
微生物	22	14.19	细菌	22	14.19

续表

扣留/召回原因	批次	比例（%）	具体扣留/召回原因	批次	比例（%）
农兽残	22	14.19	农残不合格	16	10.32
			兽残不合格	6	3.87
证书不合格	11	7.10	证书不合格	11	7.10
食品添加剂超标	8	5.16	食品添加剂超标	8	5.16
品质	7	4.52	品质检测不合格	7	4.52
非食用添加物	7	4.52	非食用添加物	7	4.52
污染物	7	4.52	有机污染物	4	2.58
			重金属超标	3	1.94
致敏源	6	3.87	致敏源	6	3.87
转基因成分	5	3.23	转基因成分	5	3.23
标签不合格	5	3.23	标签不合格	5	3.23
不符合各储运规定	2	1.29	储运温度控制不当	2	1.29
化学性能方面	1	0.65	生物毒素	1	0.65
有害生物	1	0.65	害虫	1	0.65
总计				155	100

资料来源：中国技术性贸易措施网。

4. 韩国

2016 年，韩国食药厅和农林部国立兽医科学检疫院扣留我国出口不合格农食产品共 443 批次，肉类 212 批次，蔬菜产品 45 批次，其他加工食品类 30 批次，饲料类 28 批次，植物性调料 24 批次，蛋及制品 22 批次，其中不符合动物检疫规定 174 批次，证书不合格 105 批次，微生物超标 36 批次，食品添加剂超标 35 批次，污染物（有机污染物和重金属超标）25 批次。肉类不符合动物检疫规定（130 批次），蔬菜和水果主要是微生物超标和食品添加剂超标（31 批次）等。

三 技术性贸易措施对我国农食产品出口企业的影响

自 2006 年开始，国家质检总局每年均进行大规模调研工作，以评判贸易伙伴国采取的技术性贸易措施对我国出口产品及企业的影响。农食产品行业是我国因技术性贸易措施受损最严重的部门之一。

从损失水平看，由于农产食品出口规模无法与工业制品相提并论，总损失金额低于工业制品，但从相对指标看，农食产品出口仍然是受影响最大的重灾区。2016 年的调查报告显示，我国出口企业因国外技术性贸易措施而遭受损失的平均直接损失率[①]水平为 4.1%，其中农食产品出口企业的损失率水平高达 7.3%，是所有行业中最高的。为了满足贸易伙伴国或地区对产品的要求，我国农食产品出口企业在技术改造、包装及标签更换、检验检疫、认证、处理和注册，以及采购、物流和通关等方面新增成本高达 5.6 亿美元。这些新增成本主要发生在欧盟、美国、日本等主要贸易伙伴国，对欧盟出口新增成本最高，为 2.1 亿美元，对美国为 1.6 亿美元，对日本为 0.5 亿美元。

从受影响范围看，近几年调研数据显示，规模越大的企业，承受风险能力越强，企业所受影响越小。以成本为例，2015 年，大型企业新增成本为 2.7 亿美元，小型企业为 2.9 亿美元，2014 年则分别为 1.9 亿美元和 5.2 亿美元。50% 左右的样本企业表示受到贸易伙伴国技术性贸易措施的影响，这一比例也是所有行业中最高的。

从措施类型看，农食产品企业遭遇最多的技术性贸易措施依次是农兽残、微生物指标、重金属等有害物质限量要求，食品标签要求，注册要求和食品添加剂要求等。在我国农食产品企业出口所有可能遭遇的障碍（技术性贸易措施、反倾销、反补贴、配额、许可证、关税、汇率）中，技术性贸易措施是仅次于汇率的第二大贸易障碍。

从近几年的调查结果中，能够发现一些十分重要的信息。一是从企业角度而言，为达到国外的技术要求导致成本过高、无力承担、国外检测项目繁多、技术水平达不到国外要求以及不了解国外规定是主因，认为对方要求苛刻、有歧视性的比例十分低。二是企业获取国外技术性贸易措施的渠道单一，主要是国家质检总局以及国外的经销商，这难免造成信息的滞后和不准确以及应对无力，因此企业的最大诉求是政府主管部门和相关中介结构能够及时提供最新信息和有针对性的技术咨询服务，以提高应对水平和能力。三是大部分企业有积极应对技术性贸易措施的意识，把加强管理、自主创新和提高产品竞争力等作为应对措施，

---

① 直接损失率等于损失额与出口额比值。

而不是被动地选择退出市场。

第三节 我国农产品的出口竞争力分析

我国从农产品净出口国变为净进口国在很大程度上与农产品在国际市场的比较优势不足及农业基础薄弱有关。本部分对当前我国农产品的国际市场竞争力用国际市场占有率和显示性比较优势指数两个指标进行测度，结合全球农产品市场的新格局和新发展趋势，并对测度结果进行具体原因分析。

一 国际市场占有率

在开放的国际市场条件下，一个产业或一种产品的国际竞争力大小，最终都表现在该产业或产品在国际市场上的占有率水平。某种产品的国际市场占有率（International Market Share，MS）计算公式如下：

$$MS = 国别出口额/世界出口额 \times 100\% \qquad (5-1)$$

本书选取了 5 大类农产品：肉类、水产品、乳蛋产品、蔬菜和水果测算产品的国际市场占有率。这 5 类产品对应的二分位 HS 编码分别是 02、03、04、07 和 08。对 2012—2016 年进行计算的结果表明，我国出口的水产品和蔬菜具有较高的国际市场占有率，说明这两类产品的国际市场竞争力较强，肉类和乳蛋产品市场占有率不足 1%，竞争力偏弱（见表 5 - 23）。

表 5 - 23　我国肉、水产品、乳蛋、蔬菜和水果的国际市场占有率　　单位:%

年份 种类	2012	2013	2014	2015	2016
肉类	0.84	0.80	0.90	0.93	0.81
水产品	12.11	12.34	12.97	13.67	13.00
乳蛋类	0.66	0.58	0.60	0.81	0.83
蔬菜	11.87	12.02	12.56	13.85	15.46
水果	4.32	4.34	4.26	5.17	5.20

资料来源：根据 UNComtrade 数据库数据计算。

二 显示性比较优势指数

显示性比较优势指数（Revealed Comparative Advantage Index，RCA）用于衡量一个产业或一种产品在国际贸易中的比较优势，因此是一个相对概念的指标。其具体计算方法如下：

$$RCA_{ij} = \frac{x_{ij}/x_{tj}}{x_{iw}/x_{tw}} \tag{5-2}$$

j 国产业 t 中 i 产品的显示性比较优势可以用式（5-2）进行表示。其中 x_{ij}/x_{tj} 表示 i 产品出口额在 j 国 t 产业出口额中所占比重，x_{iw}/x_{tw} 表示世界市场中 i 产品出口额占 t 产业出口额的比重。该指数反映了一国某单产品的出口相对于该产品全球平均出口水平的比较优势水平。从式（5-2）中不难看出，以 RCA=1 为分界线，RCA<1 意味着该国该产品出口额达不到全球平均水平，也即是表示，其在全球市场中缺乏比较优势。反之，RCA>1，表示该产品在世界市场中具有比较优势，且数值越大，比较优势越大。通常将 RCA>1.25 作为判断该产品具有较强出口竞争力的标准（见表5-24）。

表5-24　　我国农产品的显示性比较优势指数

种类\年份	2012	2013	2014	2015	2016
肉类	0.211	0.197	0.213	0.202	0.169
水产品	3.037	3.040	3.060	2.958	2.736
乳蛋类	0.165	0.144	0.142	0.175	0.175
蔬菜	2.977	2.960	2.964	2.998	3.254
水果	1.084	1.070	1.004	1.119	1.094

资料来源：根据 UNComtrade 数据库及 WTO 数据库数据计算。

表5-24 的计算结果显示，我国水产品和蔬菜产品具有较强的出口竞争力，水果没有表现出显著的竞争优势，在国际市场上处于相对平均水平，肉制品和乳蛋产品则处于绝对劣势。这一结论与 MS 计算结果相吻合，也印证了我国不同种类农产品在国际市场的地位。值得注意的

是,数值上体现出的产品竞争力水平,有可能被夸大,因为出口额仅可以表示出口的货币价值,由于缺乏出口量的指标进行横向比较,因此无法确定单位产品价值量。如果某产品的出口额增长主要靠出口量带动,而非附加值提高,那么很难说它在国际市场上具有绝对竞争优势,是一种低效率的出口模式。

第四节 小结

我国农业大而不强的现实,从农产品出口状况中得以充分体现。

我国农产品出口规模很大,是世界第三大单一农产品出口国,仅次于美国和巴西,其中蔬菜和水产品出口规模全球第一。庞大的出口规模无法掩盖农业大而不强的事实。从相对规模看,作为全球货物出口第一大国,农产品的贡献度不足4%,同时贸易逆差持续扩大,最高达508亿美元(2013年);从产品结构看,以劳动密集型为主,且加工制品比重不高,农产品产业链延伸不足;从市场结构看,以日本、欧盟、美国、韩国等发达国家和地区为主,这些国家严苛又多变的农产品质量安全标准,已经成为我国农食产品企业面临的仅次于汇率的第二大出口障碍。对受农产品质量安全标准影响最大5类产品的出口竞争优势进行分析的结果表明,水产品和蔬菜产品具有较强的出口竞争力,水果没有表现出显著的竞争优势,肉制品和乳蛋产品则处于绝对劣势。即便是从结果上显示优势的水产品和蔬菜产品,由于无法判断竞争优势的来源是产品的量还是质,仍然不能说这是一种高效率的出口模式。

自WTO成立至今,以发达国家和地区为主的WTO成员国通报的与农产品标准有关的SPS措施和TBT措施种类繁多,数量巨大,标准对农产品贸易的影响可见一斑。以发达国家为主的出口贸易方向决定了我国农产品出口每年遭遇的此类措施数量十分庞大。数据显示,近10年来,随着我国农产品出口规模的增加,遭遇主要贸易伙伴国的扣留和召回、拒绝入境批次不断增长。排在出口受限主要原因前三位的分别是农兽残超标、品质不合格和非食用添加剂超标。

由于产品质量安全标准不合格被贸易伙伴国拒绝造成的损失巨大。2016年国家质检总局的大规模调查结果显示,50%的农食产品企业出口受到国外技术性贸易措施的影响，直接损失率高达 7.3%，是所有行业中最高的，且小企业所受影响显著高于大企业。与此同时，另一个调查结果引人深思：大多数企业认为，技术水平难以达到国外要求或遵从成本过高是导致我国农产品出口受阻的主因，认为进口国的产品质量安全标准要求苛刻、有歧视性的企业数量极少。仅将出口受阻看作是遭遇到不公平待遇并不全面和客观，全面提高产品的质量标准，降低对贸易伙伴国的遵从成本才能从根本上解决问题。

第六章 标准对我国农产品出口的贸易效应分析

第一节 我国蔬菜与水产品遭遇主要贸易伙伴国扣留和召回情况

一 被扣留及召回的总体状况

水产品和蔬菜是我国农产品出口的主要顺差品类,也是受发达国家 SPS 措施限制的重灾区。这两类产品一直高居我国农产品出口受阻的前几位。近 10 年来,我国蔬菜出口遭遇国外扣留和召回等处理的情况日益严重,呈波动上升的趋势,尽管水产品一直是我国受阻第一位的农产品,但是近几年的情况略有好转,相比于 2007 年的峰值(548 批次),2016 年降至 343 批次。

表 6-1　2006—2016 年我国蔬菜①及水产品出口受阻情况

年份	蔬菜 总批次	占比②(%)	水产品 总批次	占比(%)
2006	201	13.71	379	25.85
2007	225	14.02	548	34.31
2008	191	11.50	388	23.50

① 包括蔬菜及蔬菜制品。
② 占当年我国农食产品出口受阻总批次的比重。

续表

年份	蔬菜		水产品	
	总批次	占比（%）	总批次	占比（%）
2009	209	9.10	394	17.10
2010	219	11.80	476	25.60
2011	211	12.96	433	26.60
2012	255	14.27	347	19.42
2013	270	14.35	341	18.12
2014	209	13.96	277	18.50
2015	386	20.96	353	19.16
2016	289	17.85	343	21.19

资料来源：中国技术性贸易措施网，其中各国涉及相关机构是：美国食品和药品管理局（FDA）、欧盟食品和饲料委员会和欧盟健康消费者保护总司、日本厚生劳动省、韩国农林部国立兽医科学检疫院和韩国食品药物管理局、加拿大食品检验署和澳大利亚农林渔业部。

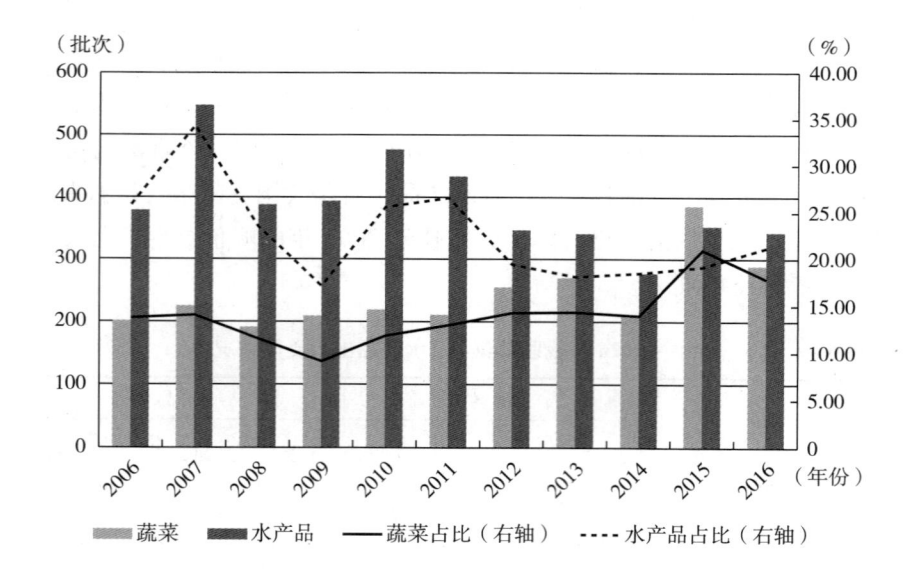

图 6-1　2006—2016 年我国蔬菜及水产品出口受阻情况

资料来源：中国技术性贸易措施网。

二 被扣留和召回原因分析

造成我国水产品出口受阻的主要原因是品质不符合进口国要求、农兽残超标、微生物超标和非食用添加物等。以2016年为例，在343批次受阻产品中，品质不合格45.19%，农兽残超标22.45%，微生物超标18.66%，非食用添加物5.83%，从近5年的情况来看，基本上90%以上被贸易伙伴国扣留和召回的产品都是由于与产品质量不达标相关，证书、标签和包装不合格，不符合储运规定和动物检疫规定等占比不超过3%（见表6-2）。蔬菜出口受阻的主要原因以农兽残超标、品质不合格、微生物超标、食品添加剂超标为主。2016年，在289个批次受阻产品中，农兽残超标占比49.13%，品质不合格占比17.65%，微生物超标占比10.38%，食品添加剂超标占比5.88%，农兽残超标已经成为我国蔬菜出口受阻的最主要原因。从近年的受阻情况看，90%以上是因为产品质量达不到进口国标准，证书、标签和包装不合格占比很低（见表6-3）。

表6-2　　　　　　　　我国水产品出口受阻原因

不合格原因	2012年 批次	2012年 占比（%）	2013年 批次	2013年 占比（%）	2014年 批次	2014年 占比（%）	2015年 批次	2015年 占比（%）	2016年 批次	2016年 占比（%）
品质	111	31.99	137	40.18	82	29.60	111	31.44	155	45.19
农兽残	46	13.26	62	18.18	69	24.91	115	32.58	77	22.45
微生物超标	64	18.44	68	19.94	55	19.86	50	14.16	64	18.66
非食用添加物	38	10.95	25	7.33	21	7.58	26	7.37	20	5.83
污染物	12	3.46	9	2.64	16	5.78	17	4.82	9	2.62
食品添加剂超标	16	4.61	4	1.17	5	1.81	0	0.00	2	0.58
其他	60	17.29	36	10.56	29	10.47	34	9.63	16	4.66
总计	347	100.00	341	100.00	277	100.00	353	100.00	343	100.00

资料来源：中国技术性贸易措施网。

表6-3　　　　　　　　我国蔬菜产品出口受阻原因

不合格原因	2012年 批次	2012年 占比(%)	2013年 批次	2013年 占比(%)	2014年 批次	2014年 占比(%)	2015年 批次	2015年 占比(%)	2016年 批次	2016年 占比(%)
农兽残	81	31.76	71	26.30	76	36.36	151	39.12	142	49.13
品质	70	27.45	78	28.89	41	19.62	72	18.65	51	17.65
微生物超标	35	13.73	26	9.63	29	13.88	28	7.25	30	10.38
食品添加剂超标	21	8.24	17	6.30	14	6.70	20	5.18	17	5.88
非食用添加物	13	5.10	17	6.30	15	7.18	61	15.80	11	3.81
污染物	7	2.75	15	5.56	9	4.31	6	1.55	4	1.38
其他	28	10.98	46	17.04	25	11.96	48	12.44	34	11.76
总计	255	100.00	270	100.00	209	100.00	386	100.00	289	100.00

资料来源：中国技术性贸易措施网。

三　国别构成

美国是对我国水产品和蔬菜产品扣留次数最多的国家，2016年，在我国出口被扣留和召回的产品中，69%的蔬菜和66%的水产品由美国发起。其中产品品质不合格及农兽残超标是最主要的原因。

在水产品贸易中美国实施的"自动扣留"措施使我国企业受损严重。2007年6月美国FDA以"中国输美水产品多次被检出含潜在危害性的残留物质"为由，宣布对我国出口的5种水产品实行自动扣留，要求入关时逐批检验，检验费用完全由进口商承担。解除自动扣留条件极其严格，不仅需要连续5批贸易产品经美国FDA检测合格，官方监管体系和企业自控体系还必须接受FDA极为严苛的实地检查。至今未全面解除"自动扣留"，只有少数企业通过FDA审核。

2015年9月，美国《食品安全现代化法》的首个配套法规117

法规①正式生效实施，企业被检查力度和频率大幅提升，除官方例行检查外，还面临着进口商指定的第三方机构检查。我国农产品出口企业在美国市场还会承受更高的遵从成本。

日本是我国第一大水产品和蔬菜出口目的国。2006年《食品中残留农业化学品肯定列表制度》实施后前两年，由于出口企业无法在短期内达到日本设置的严苛农兽残标准，我国水产品和蔬菜对日出口额和出口量双双下降，经过一段时间的调整和适应，2009年水产品对日出口、2010年蔬菜对日出口超过2006年水平，至今一直呈稳定增长趋势。在出口增长的情况下，我国对日出口的水产品和蔬菜被日方扣留的批次呈下降趋势。事实证明，发达国家的严格农产品标准既是压力，也可以转化为动力，促进我国农产品出口。

尽管加拿大并不是我国水产品出口的前三大目的国，但却是仅次于美国对我国水产品召回数量最多的国家，近年召回原因主要是品质不合格。加拿大对进口水产品质量监控十分严格。在联邦登记的水产品企业中强制实施GMP②，2012年12月10日进一步收紧了对进口水产品的质量控制，要求所有进口水产品都必须取得加拿大食品检验局（CFIA）的进口许可。我国水产品是加拿大进口水产品强制检查清单中出现频率最高的国家。在加拿大食品检验局发布的强制检查清单内，基本每月都会出现我国水产品企业的身影。

韩国是扣留我国蔬菜批次第二多的国家，食品添加剂和微生物超标是主要原因。韩国对进口农食产品历来实行高规格的质量监控，2016年，韩国食药厅（KFDA）正式颁布了由国会批准的《进口食品安全管理特别法》（以下简称《特别法》）和《农药肯定列表制度》（PLS）。《特别法》于2016年2月起实施，PLS第一期于2016年12月实行。这两部法律对进口农食产品制定了苛刻的准入条件和口岸检验检疫标准。作为韩国最大蔬菜进口来源国，进口蔬菜检测项目增加、成本提高、通关时间延长等对我国蔬菜出口产生不小负面影响（见表6-4、表6-5；图6-2、图6-3）。

---

① 全称是《食品现行良好操作规范和危害分析及基于风险的预防性控制》。
② 《良好生产规范》（*Good Manufacturing Practice*）。

表6-4　　　　　　我国水产品出口主要受阻国别构成　　　　　单位：批次

年份	美国	加拿大	日本	欧盟	韩国
2009	170	101	76	22	25
2010	233	110	84	36	13
2011	258	76	63	29	7
2012	181	51	68	31	16
2013	146	79	65	32	19
2014	109	52	49	28	13
2015	218	45	42	28	12
2016	227	46	38	13	10

资料来源：中国技术性贸易措施网。

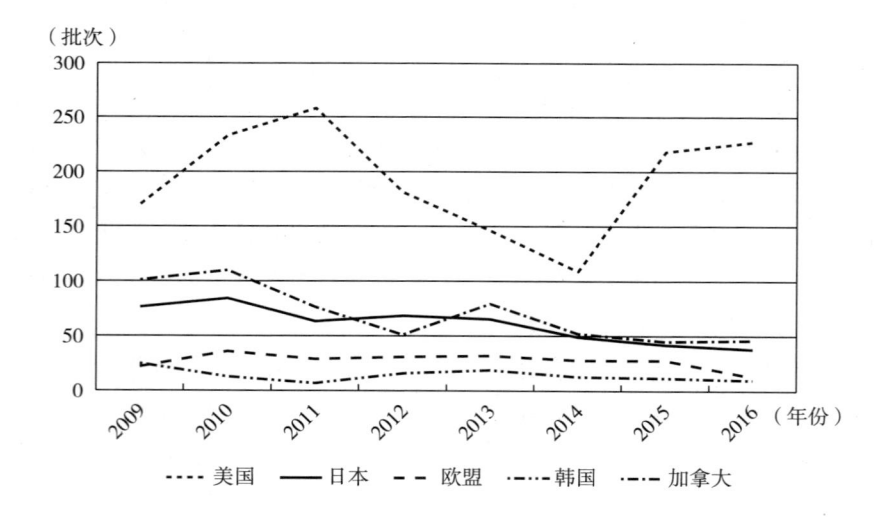

图6-2　我国水产品出口受阻国别构成

资料来源：中国技术性贸易措施网。

表6-5　　　　　　我国蔬菜出口主要受阻国别构成　　　　　单位：批次

年份	美国	韩国	日本	欧盟
2009	62	57	80	10
2010	120	42	52	5
2011	104	20	67	20

续表

年份	美国	韩国	日本	欧盟
2012	123	68	53	11
2013	154	43	49	24
2014	111	33	48	15
2015	271	46	47	16
2016	199	45	29	7

资料来源：中国技术性贸易措施网。

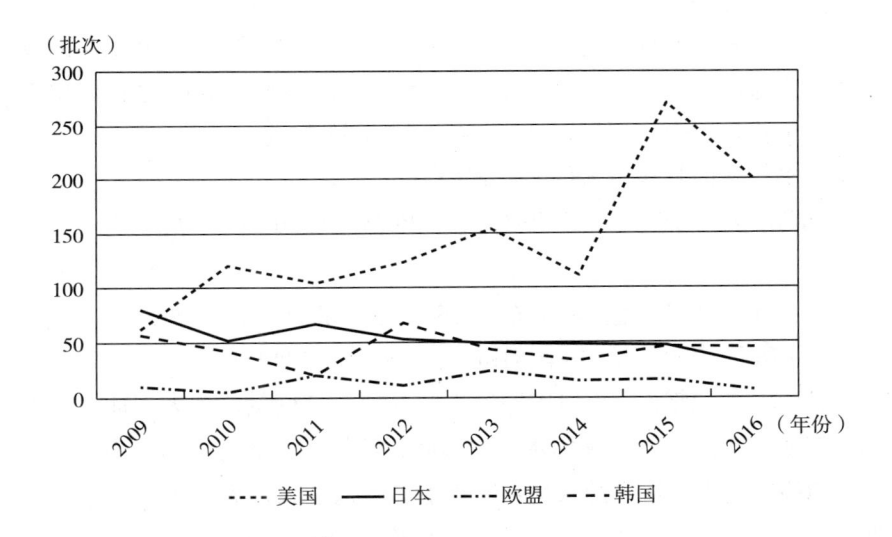

图 6-3　我国蔬菜出口受阻国别构成

资料来源：中国技术性贸易措施网。

第二节　标准对我国蔬菜和水产品出口的贸易效应分析

——基于面板数据的实证研究

一　模型构建和数据说明

（一）模型形式

现有的理论研究表明，标准的贸易效应可分为抑制作用、催化剂作用和不确定性的贸易效应。标准的抑制作用是指标准提高会造成对国外产品的贸易壁垒，提高国外产品进入进口国的门槛，增加外国出口商的遵从成本，限制有效竞争。贸易催化剂认为高标准能够消除买卖双方之间的信息不对称、缩减交易成本和活动稳定的农产品供应，特别是当国外出口商有能力遵从进口国设置的标准水平时，可以促进贸易增长。不确定性的贸易效应是指标准对贸易的效应不存在像关税等措施的确定性效应，标准的贸易效应取决于正面的信息效应与负面的成本效应之间的相对大小（净效应）。

在进行相关实证研究中，由于不同学者针对的研究对象和采用的具体研究方法不同，研究结果呈现出较大差异。根据研究问题和数据来源，本书构建引力模型用于分析标准的贸易效应。

本书构建的具体引力模型形式如下：

$$\ln EXPORT_{jt} = \beta_0 + \beta_1 \ln EGDP_{ct} + \beta_2 \ln PGDP_{jt} + \beta_3 \ln DIST + \beta_4 \ln SPS_{jt} + \mu_t \tag{6-1}$$

模型6-1中各变量的含义、预期符号及说明如下：

$EXPORT_{jt}$表示年份t中国对进口国j农产品出口额。

$EGDP_{ct}$表示年份t出口国国内生产总值，该变量值越大表征出口国的经济实力越强，贸易规模越大，因此，该变量系数符号预期为正。

$PGDP_{jt}$代表进口国的人均生产总值，数值越大，表明进口国市场消费能力越强，进口量越多，因此该变量符号预期为正。

$DIST$表征出口国与进口国的贸易距离，在引力模型中，它反映运输成本和消费者偏好的差异，一般认为两国间距离越远，贸易成本越高，发生贸易的可能性越小，因此该变量系数符号预期为负。

SPS_{jt}用来表征产品质量安全标准水平，在实证研究中使用的最多的是贸易伙伴国的SPS措施通报数量、农兽药最大残留限量、添加剂最大限量等具体指标。农兽药最大残留限量、添加剂最大限量等具体质量标准指标，由于涉及的药物和添加剂种类繁多，对应于每种农产品类型，会受到进口国的多种农兽药、添加剂最大限量的约束，只考虑其中一部分限量水平对贸易流量的影响，结论显然比较武断，而在数据层面要穷尽所有限量水平又不具有可操作性。因此本书选取的是贸易伙伴国的SPS通报数量。第一，SPS措施基本涵盖了WTO成员国在动植物卫生检验检疫方面的所有法律、法规和制度。第二，WTO 要求成员国及时上报实行的 SPS 措施，因此数据相对完善，能够满足研究所需。第三，一般来说，一国的 SPS 通报数量越多，表示其在农食产品领域的质量安全标准越严格，出口难度越大。近几年的《中国技术性贸易措施年度报告》调查结果均显示，SPS 措施已经成为我国农食产品企业出口中仅次于汇率的第二大贸易障碍。不考虑长期影响的情况下，短期内该变量系数的预期符号为负。

关于关税，在以往的引力模型中，进口国的关税水平也作为影响进出口国贸易流量的重要变量，在本书的模型设置中并未包括进去，主要基于如下考虑：随着各国农产品关税的削减和贸易自由化程度的加深，关税对贸易流量的阻碍作用正在减弱。已有研究中并未因为缺乏关税这个变量而高估了技术性贸易措施对贸易流量的影响程度（章棋等，2013）。

（二）数据说明

1. 研究对象

由于蔬菜和水产品是我国主要的贸易顺差产品，出口量大且国际市场竞争力相对较强，受 SPS 措施影响最大，遭遇主要贸易国的扣留、召回批次最多，本部分重点对蔬菜和水产品两类产品的标准贸易效应进行估计分析。

由于我国农产品出口遭遇国外扣留召回主要来自美国、日本、韩国、欧盟等发达国家和地区，因此纳入模型分析的国别主要为发达国家和地区，包括美国、日本、韩国、加拿大和欧盟成员国 14 国，共计 18 个国家。由于欧盟经过多次扩张，成员国数量并非一成不变，考虑到数据前后统一，2003 年以后加入欧盟的 13 个国家[①]未包括在内，仅对 2003 年以前加入欧盟的 14 国情况进行分析。

2. 数据来源及处理

本书涉及的时间范围是 2003—2016 年，总计样本数 252 个。模型中的贸易流量数据取自 UNComtrade 数据库，蔬菜产品选取 HS 编码

---

① 分别是 2004 年加入的爱沙尼亚、拉脱维亚、立陶宛、波兰、捷克、斯洛伐克、匈牙利、斯洛文尼亚、马耳他、塞浦路斯；2007 年加入的罗马尼亚和保加利亚；2013 年加入的克罗地亚。

0701－0714，水产品选取 HS 编码 0301－0308 进行统计；进口国的人均 GDP 数据来自世界银行数据库，以美元计价，采用 2010 年不变价；进口国的 SPS 通报数量来自中国技术性贸易措施网和 WTO 的 SPS 信息管理系统①；贸易距离采用两国首都间的直线距离；出口国的 GDP 数据来自世界银行，美元现价。模型中涉及的变量统计描述如表 6－6 所示。

表 6－6　　　　　　　　　模型中各变量的统计描述

变量	样本数	均值	标准差	最小值	最大值	预期符号
$EXPORT_{jt}$（百万美元）	252	140.3727	276.87	0.14	1405.56	—
$EGDP_{ct}$（万亿美元）	252	6.058571	3.360027	1.64	11.2	+
$PGDP_{jt}$（美元）	252	41845.26	10740.43	17137	69974.11	+
$DIST$（千米）	252	7487.43	2432.947	956.28	11159.4	-
SPS_{jt}（项）	252	69.42857	49.38207	16	379	-

注：—表示无意义。

二　模型估计

借助 Stata 软件，分别对标准对我国蔬菜出口和水产品出口的贸易效应进行模型估计。根据面板数据的特性，在回归模型的设定的有效性问题上，需要检验混合估计模型、固定效应模型以及随机效应模型的有效性。由于对两种产品的相关模型估计方法完全相同，因此以下仅以蔬菜为例将模型估计的详细过程进行分析，对水产品的模型估计的详细过程参见附录。

（一）混合估计模型和固定效应模型优选

两类模型估计的结果见表 6－7、表 6－8 和表 6－9。在表 6－8 的固定效应模型估计中，对于原假设："H_0：all $u_i = 0$" F 检验的 p 值为 0，故强烈拒绝原假设，认为固定效应模型优于混合回归，但是由于未使用聚类稳健标准误，对于结果的可靠性还需通过 LSDV 法进一步考察，结果见表 6－9。大多数个体虚拟变量均十分显著，因此认为存在个体效应，不应使用混合回归模型。

---

①　网址：http://spsims.wto.org/en/Notifications/Search。

表 6-7　　　　　　　　　混合效应模型估计结果

Source	SS	df	MS	Number of obs = 252	
模型	265.02703	4	66.2567575	Prob > F = 0	
Residual	1028.7937	247	4.16515667	R-squared = 0.2048	
				Adj R-squared = 0.1920	
总计	1293.82073	251	5.15466425	Root MSE = 2.0409	
lnEXPORT	Coef.	Std. Err.	t	P>|t|	[95% Conf. Interval]
lnPGDP	-0.7222693	0.4631428	-1.56	0.120	-1.634482　0.1899436
lnSPS	1.17928	0.3193274	3.69	0.000	0.5503285　1.808232
lnEGDP	0.5639045	0.1987067	2.84	0.005	0.1725288　0.9552802
lnDIST	-1.815202	0.2754143	-6.59	0.000	-2.357662　-1.272742
_cons	21.04947	4.630374	4.55	0.000	11.92942　30.16953

表 6-8　　　　　　　　　固定效应模型估计结果

Fixed-effects (within) regression				Number of obs	=	252
Group variable: state				Number of groups		18
R-sq: within = 0.6245				Obs per group: min	=	14
between = 0.0441				avg	=	14.0
overall = 0.0025				max	=	14
				F (3, 231)	=	128.06
corr (u_i, Xb) = -0.1374				Prob > F	=	0
lnEXPORT	Coef.	Std. Err.	t	P>|t|	[95% Conf. Interval]	
lnPGDP	0.7155094	0.3561839	2.01	0.046	0.0137251	1.417294
lnSPS	-0.1711332	0.069454	-2.46	0.014	-0.3079776	-0.0342889
lnEGDP	0.5519165	0.0313196	17.62	0.000	0.4902079	0.613625
lnDIST	0	(omitted)				
_cons	-4.633019	3.799513	-1.22	0.224	-12.11915	2.85311
sigma_u	2.3315233					
sigma_e	0.3034523					
rho	0.98334264		(fraction of variance due to u_i)			
F test that all u_i=0:		F (17, 231) =759.19			Prob > F = 0	

表 6-9　　　　　　　　LSDV 估计结果

Linear regression

Number of obs = 252
F (2, 17) = .
Prob > F = .
R - squared = 0.9836
Root MSE = 0.30345

(Std. Err. adjusted for 18 clusters in state)

lnEXPORT	Coef.	Robust Std. Err.	t	P > |t|	[95% Conf. Interval]	
lnPGDP	0.7155094	0.3873298	1.85	0.082	-0.101685	1.532704
lnSPS	-0.1711332	0.1305063	-1.31	0.207	-0.4464774	0.1042109
lnEGDP	0.5519165	0.0572168	9.65	0	0.4311995	0.6726334
lnDIST	6.842544	0.6928011	9.88	0	5.380862	8.304227
state						
2	12.22389	0.8795578	13.90	0	10.36818	14.07959
3	17.06669	1.248752	13.67	0	14.43206	19.70133
4	-1.530176	0.0504825	-30.31	0	-1.636685	-1.423667
5	-4.149328	0.1116791	-37.15	0	-4.384951	-3.913706
6	-0.031001	0.0502548	-0.62	0.545	-0.1370294	0.0750274
7	-2.078239	0.2218469	-9.37	0	-2.546296	-1.610183
8	-2.538458	0.2191077	-11.59	0	-3.000735	-2.076181
9	0.028857	0.0066858	4.32	0	0.0147511	0.0429628
10	1.47943	0.0869321	17.02	0	1.296019	1.66284
11	-1.172203	0.138757	-8.45	0	-1.464955	-0.8794515
12	-4.269322	0.1006019	-42.44	0	-4.481573	-4.05707
13	1.010922	0.0405358	24.94	0	0.9253987	1.096445
14	0.6901795	0.109382	6.31	0	0.4594037	0.9209553
15	-2.66028	0.3281975	-8.11	0	-3.352716	-1.967844
16	-0.9406387	0.1770583	-5.31	0	-1.314157	-0.5671204
17	-1.593255	0.221233	-7.20	0	-2.060016	-1.126494
18	0	(omitted)				
_cons	-65.55988	3.697234	-17.73	0	-73.36036	-57.7594

(二) 混合估计模型和随机效应模型优选

通过以上的模型优选过程，可以基本确认存在个体效应，但个体效应仍可能以随机效应的形式存在，通过 LM 检验进一步对随机效应和混合效应的估计结果进行对比。表 6 – 10 和表 6 – 11 的结果显示，LM 检验强烈拒绝"不存在个体随机效应"的假设，在随机效应和混合回归中，随机效应估计更优。

表 6 – 10　　　　　　　　　随机效应估计结果

Random – effects GLS regression　　　　　　　Number of obs　　=　　252
Group variable: state　　　　　　　　　　　　Number of groups　=　　18
R – sq: within = 0.6245　　　　　　　　　　　Obs per group: min　=　　14
　　　between = 0.1022　　　　　　　　　　　　　　　　　　avg　=　14.0
　　　overall = 0.1246　　　　　　　　　　　　　　　　　　max　=　　14
　　　　　　　　　　　　　　　　　　　　　　Wald chi2 (4)　　=　205.34
corr (u_ i, X) = 0 (assumed)　　　　　　　　Prob > chi2　　　=　　0
theta = 0.96288482

(Std. Err. adjusted for 18 clusters in state)

lnEXPORT	Coef.	Robust Std. Err.	z	P > |z|	[95% Conf. Interval]	
lnPGDP	0.6694648	0.3798612	1.76	0.078	– 0.0750495	1.413979
lnSPS	– 0.1682485	0.1270288	– 1.32	0.185	– 0.4172203	0.0807233
lnEGDP	0.5531917	0.0558473	9.91	0	0.4437329	0.6626504
lnDIST	– 1.432311	0.5199276	– 2.75	0.006	– 2.451351	– 0.4132719
_ cons	8.460588	6.426271	1.32	0.188	– 4.134672	21.05585
sigma_ u	2.1836125					
sigma_ e	0.3034523					
rho	0.98105378	(fraction of variance due to u_ i)				

表 6 – 11　　　　　　　　　　LM 检验结果

lnexport [state, t] = Xb + u [state] + e [state, t]

Estimated results：

	Var	sd = sqrt (Var)
lnexport	5.154664	2.270389
e	0.0920833	0.3034523
u	4.768163	2.183612

Test：Var (u) = 0

chibar2 (01) = 1440.37

Prob > chibar2 = 0

（三）豪斯曼检验

对固定效应模型和随机效应模型进行豪斯曼检验以确定最终的有效估计模型。结果显示，二者差异不明显。按照传统豪斯曼检验的假设，在 H_0 成立的情况下，随机效应模型最有效率，最终接受随机效应模型为最优化估计模型。

表 6 – 12　　　　　　　　　　豪斯曼检验

	\multicolumn{4}{c}{Coefficients}
	(b)	(B)	(b – B)	sqrt (diag (V_ b – V_ B))
	fe	re	Difference	S.E.
lnPGDP	0.6694648	0.7155094	– 0.0460446	
lnSPS	– 0.1682485	– 0.1711332	0.0028848	0.0019053
lnEGDP	0.5531917	0.5519165	0.0012752	

b = consistent under Ho and Ha； obtained from xtreg

B = inconsistent under Ha, efficient under Ho； obtained from xtreg

Test：Ho：difference in coefficients not systematic

chi2 (3) = (b – B)' [(V_ b – V_ B) ^ (– 1)] (b – B)

= 2.13

Prob > chi2 = 0.5462

(V_ b – V_ B is not positive definite)

采用同样的方法，水产品出口的优选模型为随机效应模型，模型过程详见附录。模型结果见表 6 – 13。

表 6 – 13　　　　　　　　随机效应模型估计结果

Random – effects GLS regression				Number of obs	=	252
Group variable：state				Number of groups	=	18

R – sq：within = 0.5533				Obs per group：min	=	14
between = 0.0785				avg	=	14.0
overall = 0.1266				max	=	14
				Wald chi2（4）	=	286.56
corr（u_i, X）= 0（assumed）				Prob > chi2	=	0

lnEXPORT	Coef.	Std. Err.	z	P > |z|	[95% Conf. Interval]	
lnPGDP	– 0.6236284	0.6932213	– 0.90	0.368	– 1.982317	0.7350604
lnSPS	– 0.3676563	0.1416042	– 2.60	0.009	– 0.6451954	– 0.0901171
lnEGDP	1.030279	0.0636996	16.17	0.000	0.9054295	1.155128
lnDIST	– 1.084327	1.07082	– 1.01	0.311	– 3.183095	1.014441
_cons	19.8599	11.27449	1.76	0.078	– 2.2377	41.95749
sigma_u	2.6094248					
sigma_e	0.61942372					
rho	0.94665685	(fraction of variance due to u_i)				

三　实证分析结果

根据模型估计的结果，可以得出一些基本结论：①进口国人均GDP 的增长对我国蔬菜出口具有促进作用（10% 显著性水平），随着人均收入水平的提高，进口国对蔬菜产品的需求增加，从而引致了更多的进口需求，尽管显著性水平很低，但是进口国人均收入水平与我国水产品出口呈负相关关系，原因可能与我国水产品出口的产品结构有关。尽管水产品出口额逐年增长，出口结构也在优化调整，但仍然是以成本优势为核心的数量推动型增长，比如进料加工比例偏高，以及在水产品出口中养殖和简单初级加工占比偏高，而发达国家国民的消费倾斜则表现为对加工程度高的水产品需求较大。②贸易距离对我国蔬菜和水产品出口有抑制作用，这和传统引力模型的预计结果一致，但是变量显著性水平不高，这说明尽管国际贸易活动仍然受制于贸易伙伴国之间的物理距离，信息技术、运输、仓储技术带来的全球物流系统的优化，使运输效率提高和运输成本下降成为普遍趋势，贸易距离在国际贸易中的重要性已经下降。③我国经济总量规模（GDP）对蔬菜和水产品出口具有显著促进作用。经济规模的扩大带来的内需增长，既可以直接带动产品的产出和双向贸易规模增长，也可以通过产业结构的优化调整，带动产品质量提升，进而对标准较高的发达国家出口机会增加。④总体来看，进口国国内标准的提高对我国蔬菜和水产品出口具有抑制作用，这与预期结果一致。尽管严格的产品标准能够使部分出口企业的产品质量被动提升，并获得更大的利润回报，高企的遵从成本仍然是许多出口企业的不可承受之重。

四　标准对我国农产品出口贸易效应的动态变化

第三部分的模型分析结果表明，发达国家设置的质量安全标准水平提高，对我国农产品出口具有显著的抑制作用。从第三章理论分析中可以得出这样的结论：如果出口国的生产者对进口国的政策措施有较强的遵从能力时，进口国设置的标准非但不一定会成为贸易阻碍，还可能成为贸易催化剂。在出口国的技术水平不断提高的动态变化中，出口国生产者对进口国的政策适应能力也在提高。通过进口国高标准的倒逼，出口国的产品技术水平被动提高，最终进、出口国的标准差距弥合，此时进口国的标准不再是出口国产品的出口障碍。我国对日本的蔬菜和水产品出口现实印证了这一点。

日本是我国最重要的农产品出口目的国之一。2006 年《食品中残留农业化学品肯定列表制度》的颁布和实施对我国农产品出口一度造成极大障碍，中国技术性贸易措施网数据显示，2008—2017 年 10 年间我国出口日本的农产品被扣留 2261 批次，2011 年高达 378 批次。蔬菜和水产品被扣留次数最多的年份分别发生于 2009 年（80 批次）和 2010 年（84 批次）。综合考虑近年的趋势会发现，伴随着我国对日本蔬菜和水产品出口额逐渐恢复和增长，同期被扣留的批次却在明显下降（见

图6-4、图6-5）。2009—2016年，我国对日本水产品出口额由12.83亿美元增加值20.08亿美元，增幅56%，同期水产品被日本海关扣留批次由84批减少至38批，降幅达50%。对日蔬菜出口的情况与此相

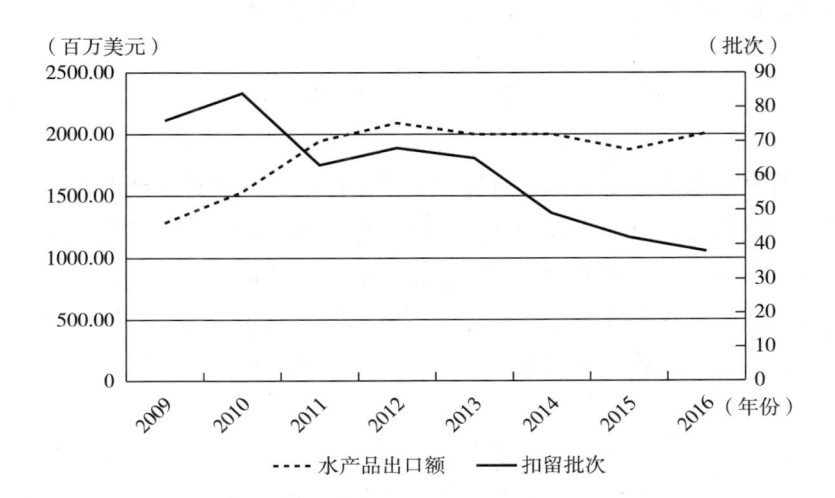

图6-4　2009—2016年我国水产品对日出口状况

资料来源：UNComtrade数据库。

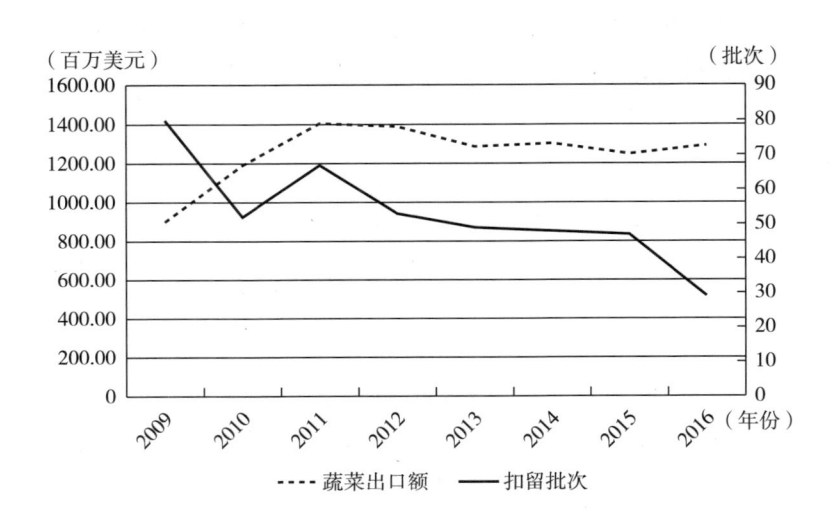

图6-5　2009—2016年我国蔬菜产品对日出口状况

资料来源：UNComtrade数据库。

同，出口额增长43%的同时被扣留批次下降64%。由此释放出的积极信号表明：通过进口国的高标准门槛倒逼，我国相关生产企业针对进口国标准水平的调整速度和遵从能力被动提高了，出口额增长和受限次数减少，说明标准可以成为我国农产品出口的催化剂。

第三节　小结

蔬菜和水产品是我国最具竞争力的农产品，也是最重要的出口顺差产品。这两类产品一直高居我国农产品出口受阻的前列。从被主要贸易伙伴国扣留和召回的原因看，90%以上的产品被拒是由于产品质量标准不合格，包括农兽残超标、品质不合格、微生物超标等。引力模型分析的结果表明，发达国家设置的质量安全标准水平提高，对我国农产品出口产生了显著抑制作用。

出口国农产品的技术水平处于不断动态变化中。对日本农产品出口的事例表明：出口国生产者通过研发和学习改进，可以有效缩小与进口国的标准差距，只要增加的遵从成本能够被出口利润所弥补，出口仍然有利可图，出口国生产者提高产品标准的过程就不会停止。因此，从长远看，提高遵从能力，降低遵从成本，比主动退出市场更有利，对一个国家和企业都成立。

第七章　促进我国高标准农产品出口的政策建议

我国是人口众多的农业大国，强劲的经济增长、快速的城镇化进程和居民收入增长催生了我国对高标准农产品需求的巨大市场，但近年食品安全事件的频繁发生、农药残留超标和环境污染的加剧使我国农产品安全问题日益突出，供求不均衡已经对我国农业发展形成巨大挑战。显而易见，抓住全球农产品价值链深化重组的历史机遇，尽快提高我国农产品标准，促进高标准的优质农产品出口，是深化农业供给侧结构性改革，促进农业可持续发展和提高我国农产品的国际竞争力的重要途径。为此，我国的农业政策要进行必要的调整，为高标准农产品出口创造良好的环境条件，尽快缩小我国农业标准与发达国家的差距，提高农民和食品企业的遵从能力，降低对发达国家标准的遵从成本，带动我国农业标准的整体提升，促进农业提质增效，增加农民收入，实现农村全面振兴。

第一节　构建以竞争力为导向的农业支持政策体系

农业在国民经济中的战略地位及其独特的弱质性特征客观上要求各国政府对其发展提供财政支持。在WTO《农业协定》对成员国的农业支持措施进行规范和约束下，各成员国的黄箱措施在不断削减，农业支持政策的改革由价格支持转向与生产脱钩的收入支持，不断增加不受约束的绿箱支持，致力于提高农业的整体竞争力。我国应该顺应农业政策的这种变化，对农业国内支持政策进行优化和整合，提高支持效率和政策效果，规避贸易摩擦，促进高标准农产品出口。

一 农业政策中纳入对高标准高附加值农产品的扶持

我国农业发展已经进入一个重要的战略和政策转型期（魏后凯，2017）。我国长期实行的农业政策核心目标是保障粮食供给和国家粮食安全，在增产导向型的目标驱动下，目前我国的农业政策支持和补贴重点的是与粮食安全和民生直接相关的产品，主要支持的农产品集中于小麦、大米、玉米等。较少涉及有竞争力的出口产品，缺乏促进出口的目标和导向。为了提高和保护农民的种粮积极性，保障国家粮食安全，2006年以来我国全面取消了农业税，先后出台了粮食补贴、最低收购价和临时收储等措施。在巨额财政资金托市政策下，国内粮食产量保持十几年增收，但由于国内外价格倒挂，国内粮食储备不断增加，财政压力加大，而与此同时，粮食进口量却保持了高速增长，形成了"高成本、高库存、高进口"的三高局面，"三高"问题成为我国农业的突出结构性矛盾。事实上，我国的粮食储备已经远高于FAO设定的17%库存消费比的粮食安全底线，2016年这一比例高达40%。2016年中央一号文件首次提出推进农业供给侧结构性改革，将提高农业质量效益和竞争优势，促进农民收入持续较快增长作为农业发展目标，而实现农业提质增效的目标，单靠传统的大宗粮食作物是很难达到的，必须寻找新的增长点。

农业主要的创收来源是经济作物。根据发改委数据，2014年我国"蔬菜平均每亩净利润为2069.78元，是稻谷的10.1倍，小麦的23.6倍，玉米的25.30倍"[①]。苹果每亩净利润为3480.85元，是稻谷的17倍，小麦的39.6倍，玉米的42.5倍。然而，目前对能够产生巨大收益的经济作物却较少政策支持。根据OECD的数据，2016年，我国对小

[①] 伍振军：《农业供给侧改革，资源配置是关键》，《农民日报》2015年12月9日第3版。

麦、玉米和大米 3 种粮食作物进行的市场价格支持①分别高达 1237.4 亿元人民币、1071.1 亿元人民币和 1683.9 亿元人民币，而对于高附加值农产品的支持力度，除了猪肉（1322.4 亿元人民币）外，在牛奶、牛肉、禽肉和羊肉方面的支持力度明显小于粮食作物，对于蛋制品甚至出现负支持。

表 7-1　　　　我国主要的市场价格支持农产品　　　　单位：百万元

年份 种类	2010	2011	2012	2013	2014	2015	2016
小麦	64404.39	34825.95	78694.49	82425.20	103240.63	109157.88	123741.32
玉米	49986.20	6552.40	64227.93	110380.28	125432.77	143345.53	107911.80
大米	-2300.59	-56274.26	162087.06	176253.08	185194.79	210779.17	168387.75
牛奶	16156.25	24297.16	45067.06	42271.31	46754.87	73178.13	58107.07
牛肉	23752.68	29929.62	38483.24	44098.82	43353.01	41410.31	42321.43
猪肉	99508.02	158781.69	112306.82	109315.67	101573.29	110979.54	132237.01
禽肉	43739.65	52812.61	47643.60	45016.80	49249.17	47966.40	51725.60
羊肉	18377.47	23859.83	27384.86	29139.05	28526.38	23073.93	22654.22
蛋	-5380.99	-536.72	-13415.66	-18556.79	-17394.14	-21626.91	-17982.43
进口果蔬	30922.26	41955.43	48928.03	54593.38	54118.71	54118.71	54118.71

资料来源：OECD 数据库。

在推进农业供给侧结构性改革中，新的农业政策体系设计要充分考虑多重目标导向，既要考虑增强农业质量效益和竞争优势，又要促进农民收入持续较快增长，因此充分培育和发挥农业的比较优势，将高附加值农产品作为政策的扶持重点，今后应重点关注提高产品的国际市场竞争力，将促进出口的目标纳入政策体系中。

具体来说，大力发展劳动密集型的水果、蔬菜、畜产品等生产和出

---

① 在市场价格支持的统计中，OECD 和 WTO 的统计口径有所不同。OECD 采用的方法包括国内支持、出口支持和进口支持三部分，因此并不仅限于财政支出部分。而 WTO 的国内市场价格支持仅考虑了国内支持部分，这是本书采用 OECD 数据的原因之一，第二个原因是中国对 WTO 的国内支持通报自 2010 年以后数据没有进行更新。

口，以充分利用我国的比较优势所提供的经济机会，有效地满足人民生活水平日益提高的需要，同时实现农业的结构调整和高级化。

发展外向型创汇农业，积极参与国际市场竞争。扶持发展具有出口优势的农产品，积极扩大畜禽、水产品、水果、蔬菜、花卉及其加工品等劳动密集型产品的出口。选择有基础、有潜力的地区和企业进行集中扶持，建设高标准、高起点的农产品出口基地。抓紧无公害农产品安全生产区和无规定疫病畜产品出口保护区建设，发展有机安全食品（绿色食品）。加快新产品开发，优化出口结构，提高出口产品加工水平和附加值，鼓励和引导国内有条件的企业到境外投资办厂，发展农产品加工贸易，参与国外农业开发。

二　对一般服务支持结构进行优化调整

一般服务支持是政府财政对整个农业部门实施的公共性服务政策，主要是指"政府在农业基础设施建设、信息服务、农业科研等方面进行的投资服务"（OECD，2004）。WTO的《农业协定》将之划归"绿箱"措施，成员国免于削减承诺，这类措施可以全面提高农业生产效率，在农产品贸易中不会引起与其他贸易伙伴国的摩擦，增加一般服务支持是目前全球主要农业国家农业支持政策的改革方向。

尽管和发达国家相比，我国在一般服务方面的支持力度明显不足，但支持总量增长迅速，OECD数据显示，自2001年加入WTO以来，从1048.4亿元人民币提高至2016年的2309.1亿元人民币，16年时间增长了1.2倍。当前我国对农业的一般服务支持结构中，公共储备占比最高，达33.76%，其次是农业基础设施、研发与农业推广服务，用于教育、农产品质量安全检验、病虫害防治、市场营销与推广方面的支出非常少。其中检验与控制占比6.05%，市场营销与推广仅为1.86%（见图7-1）。调整一般服务支持的内部结构，是当前我国进行农业供给侧结构性改革的要求。第一，改革当前的公共储备结构。公共储备是保障国家粮食安全的重要环节，但我国由政府主导的公共储备模式使财政不堪重负，可以通过粮储体系的市场化改革，逐渐扩大社会化储备的份额，以减轻财政压力，并提高粮储效率。第二，增加农业领域研发投入，我国农业研发经费投入强度不仅远低于主要发达国家水平，也低于全国行业平均水平（魏后凯，2017），科研投入不足导致农业发展的科技支撑乏力。第三，重点加大在短板领域，如农产品质量检验与控制、市场营销与推广方面的财政支持力度。尤其是对具有明显创汇优势的农产品，如蔬果、水产品等，由财政承担部分质量检验检疫、病虫害防控方面的费用，以增强优势农产品的国际市场竞争力。

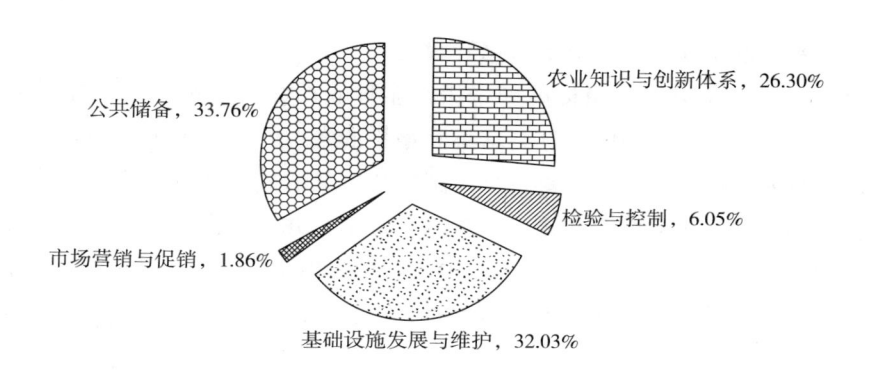

图 7-1　2016 年我国农业一般服务支持结构

资料来源：根据 OECD 数据库数据计算。

三　构建以保障农民收入为导向的经营风险管理体系

一个农业政策体系，如果没有充分考虑如何降低市场波动和自然灾害风险以保证农民的收入，是无法从根本上达到稳定农业生产的目的的。我国农业生产的低效率，一个极为重要的原因是农业生产的大部分风险得不到有效补偿，农民收入不稳定，进而影响到生产积极性的发挥。目前的农业政策体系中针对农业经营风险的覆盖范围十分有限，仅涉及对粮食的价格保护以及对自然灾害的补偿，既没有覆盖全部产品，也不能覆盖全部风险，农民从中受益有限，实施效果差强人意。对此，我国可以借鉴一些发达国家的做法，构建以农业经营风险管理为核心的农业支持政策体系，提高农户抵御经营风险的能力和对市场信号的反应灵敏度。

一是设立农民收入稳定与支持项目。设定基准线，针对农民净收入小幅度减少和大规模生产损失设计不同风险补偿方案，保证农民的预期收入水平。二是推出自然风险保险项目。针对因自然灾害和病虫害导致的作物产量减少对农民进行赔偿。三是完善重大灾害农业复苏项目。主要针对特大自然灾害时对农民提供特殊援助。项目资金来源，除财政拨款外，可以探索成立农业风险保障基金和政府主导下的商业化农业保险公司等多元化筹资渠道。

四 推动农产品价值链深化升级

农产品标准的普遍提高和采用是全球农产品价值链重组深化的表现。在高标准农产品的全球需求不断增长的大背景下，未来我国农业应加快融入全球农产品价值链进程，把发达国家的先进技术和管理经验与我国的劳动力优势结合起来，引进来与走出去并举，实现农产品生产过程的专业化，取得比较优势，获得农业贸易的好处。

第一，扩大和优化农业领域引资，吸引全球大的零售商和出口商进入中国。

全球农产品价值链由发达国家的大型零售商和出口商主导，他们具有先进的农产品标准和监控体系、农业生产技术、农产品加工技术、保鲜技术、物流渠道、市场开发战略和营销战略。20世纪90年代，东欧国家依托从西欧获得先进的技术、管理和资金支持，快速融入农产品价值链，使农产品标准和质量、劳动生产率和农产品竞争力大幅提高，高标准农产品出口实现了超常规的增长。借鉴东欧的成功经验，我国农业加入全球农产品价值链应从易于价值链分工细化的环节入手，发挥劳动密集优势，以取得规模效益。为此，应制定更加优惠的农业引资政策，吸引全球大型零售商和出口商进入中国，建立起我国农业融入全球农产品价值链的桥头堡，通过学习积累，优化升级我国农产品价值链。

第二，加快推进农业走出去战略。

一是加强对龙头企业的培育，增强企业国际竞争能力。重点扶持有一定规模，发展基础好，有较强经济实力的跨国涉农企业，发挥带动作用。

二是提升企业对外农业投资的层次，优化投资结构，提高投资效益。鼓励企业投向加工、物流、仓储、研发等资本和技术密集型行业，以带动国内农业产业的技术升级。

三是以"一带一路"倡议为契机,在沿线区域构建由我国主导的农产品价值链体系。区域经济一体化是全球经济发展的趋势,也是一国产业加速融入全球价值链的重要渠道。前面的研究表明,区域经济集团内部的农产品价值链深化升级效应十分显著。这主要因为区域贸易自由化平台内部取消了商品流动的障碍,生产要素得以自由转移、消化和吸收,较少的制度障碍使得区域内能够形成相对完整的分工体系和结构。在国家"一带一路"倡议实施的大背景下,与"一带一路"沿线及相关经济发展水平不同的国家建立双边与多边自贸区,是我国调整在全球农产品价值链中运行形态和关系的重要途径。具体而言,结合我国现有的资金、技术优势,在"一带一路"沿线相关区域内构建由我国主导的农产品价值链体系,着力提高与沿线国家的农业资源互补,形成规模和专业化分工,向设计、营销、品牌等价值链高端攀升,由点带面逐渐实现中国在全球农产品价值链中的地位升级。

第二节 推动内外贸产品质量和监管同标

近年来,国内频发农食产品安全危机,皮革奶、三聚氰胺奶粉、苏丹红、瘦肉精、塑化剂……引起国人对本土产品质量安全问题普遍忧虑,并开始对进口产品趋之若鹜。跨境电子商务的迅猛发展,给国人提供了更加便捷的进口食品购买渠道。据统计,2016 年全国网购的保税进口商品总额 256 亿元,其中近 1/3 是食品[①]。公众对国产品和进口品间的消费倾向反映目前我国农食产品整体质量堪忧的状况,必须加快建设与国际接轨的农产品质量安全标准体系。

一 我国农产品质量标准与发达国家的差异

我国虽然已经制定了各类农食产品质量安全标准并形成了比较完善的质量安全监管法律法规体系,其中不乏一部分直接对标国际标准。但与发达国家在质量标准上还存在着巨大差异。以食用菌为例。我国是全

[①] 马晓华:《食品占跨境商品销售额近三成,安全隐患仍难以监管》,《中国食品工业》2017 年第 7 期。

球第一大食用菌生产和出口国，产量占全球 70% 左右，主要出口日本、美国、欧盟和韩国等发达国家和地区。从农残标准水平看，我国设定的食用菌农残标准[①]在数量和种类上与主要进口国一致性较差。一是指标数量少，GB2763—2016 共规定了适用于食用菌的农残指标 21 项，涉及农药 26 种，与欧盟（470 项），日本（草菇 236 项、花菇 238 项、其他菇类 237 项）相比明显不足。二是与贸易国的交叉指标少，且限量指标较宽松。以欧盟[②]为例，在欧盟对食用菌规定的 470 项农残标准中，与我国有交叉的仅有 20 项，另外 450 项仅欧盟有限量要求而我国未做规定。在有交叉的 20 项农残标准中，由于对食用菌分类不同，各种农残宽严标准无法一一对照，其中 5 项宽严各异[③]，而另外 15 项我国标准比欧盟宽松。与美国[④]相比，5 项有交叉的指标中，3 项严于美国，2 项更宽松，5 项美国有限量要求而我国未做规定。

我国产品标准与国际标准接轨最成功的是工业产品领域。2015 年国家标准委发布了首批消费品安全国内外标准对比状况，结果显示，在工业消费品领域中，我国标准的总体水平与国际标准差距不大。通过对儿童用品等 12 个重点领域与 770 余项国际国外法规标准中 3816 项技术指标进行的对比显示，"2299 项严于国际标准和国外标准，728 项与国际标准和国外标准一致"，此外，"529 项宽于国际标准和国外标准，260 项与国际标准和国外标准存在差异"。与发达国家和地区相比，上述产品的国际市场准入门槛并不低。"71% 的指标严于或与欧盟相关指令与协调标准一致；74% 的指标严于或与美国相关法律法规与标准一致；90% 的指标严于或与日本、加拿大的相关法律法规与标准一致。"

2016 年，国务院办公厅下发《消费品标准和质量提升规划（2016—2020 年）》，进一步提出"提高消费品国内国际标准一致性程

---

① 现行食用菌标准为农业部与食品药品监督管理总局发布的 GB2763—2016。
② 现行有效的食用菌标准规定为 EC396/2005 及其修正案。
③ 我国限量指标严于欧盟的有除虫脲；氯氰菊酯在栽培食用菌中宽松于欧盟，在野生食用菌中严于欧盟；高效氯氟氰菊酯在栽培食用菌中宽松于欧盟，在野生食用菌中与欧盟相同；咪鲜胺和噻菌灵两种农药在栽培食用菌中严于欧盟，在野生食用菌中宽松于欧盟（董娇、邵丽梅，2017）。
④ 在美国联邦法规 Code of Federal Regulations（CFR）中对食品和饲料中的最大农药残留限量做了规定。

度，推动实现内外销产品'同线同标同质'"，计划到 2020 年，重点领域消费品①与国际标准的一致程度达到 95% 以上。

工业品领域中的高采标率在农业中并未实现，农业是我国目前进行国际采标率最低的行业。在我国农产品领域，长期存在着内松外严、内外有别的两套质量安全标准。农产品出口企业为了达到贸易伙伴国的进口要求，降低被进口国扣留和召回等风险，对出口产品采用了更严格的质量安全标准，如产品的追溯规则和认证体系等，但是国内流通的农产品则没有这样的要求。内外产品标准不一致对全面提升我国农产品整体质量极其不利。一方面，对于出口来说，如果农产品供应企业只是整条供应链的一个环节，极有可能出现供应链的其他环节按照低于出口的标准生产，或者农产品生产环境被污染，最终导致产品无法达到贸易伙伴国的要求。另一方面，对于供应国内市场的企业来说，国内标准较低，意味着较低的市场准入门槛和生产成本，从利己的动机考虑，自然没有像出口企业一样的压力和动力主动提高产品生产标准。

二 促进内外贸农产品质量安全标准一体化发展

按照国际标准建设国内农产品质量安全体系，通过外贸的带动效应，促进内外贸一体化发展，既可以有效缩小我国与国际标准和进口国标准的差距，进一步带动高质量农产品的出口，也能够实现国内农产品质量的跨越式升级，提高国民福祉。

1. 加强对主要国际组织、贸易国相关标准的跟踪，建立系统的预警通报机制

除了政府部门主导的专业化标准收集及处理的宏观机构外，应充分发挥行业与企业的优势，尤其重视出口企业的作用，建立直接与出口企业对接的信息收集与处理微观机构；建立全面系统的预警通报机制。将国际组织、重要贸易伙伴国的质量安全标准动态变化情况及时准确地向生产企业及公众发布，提供深入分析、趋势预测和解决方案。

---

① 包括家用电器、消费类电子产品、家居装饰装修产品、服装服饰产品、妇幼老年及残疾人用品、化妆品和日用化学品、文教体育休闲用品、传统文化产品、食品及相关产品几大类。

2. 建立权威、高效、便捷的产品国际标准化信息公共服务平台

目前，国内很多政府或行业协会主导的公共信息服务平台流于形式，信息不能及时更新或者不能为企业、消费者提供准确全面的信息参考，有鉴于此，应将相关国家机构、科研院所、行业协会、企业个体、消费者的所有信息囊括在一个共享体系中，满足不同层面利益相关者对国内外标准化信息的需求，并提高信息的流通速度，减少企业和消费者由于信息不对称遭受的损失和损害。

3. 全面开展风险评估与基础研究工作，完善现行的质量安全标准体系

针对我国与 CAC 及主要农产品出口国在产品质量安全方面的不同指标，尤其是对方要求标准更高的或者对方做出规定而我国未做规定的指标，以科学为依据，以风险评估为基础进行标准的制修订工作，在充分保证消费者健康并与生产实际情况匹配的前提下，逐渐实现与国际标准接轨，全面提升国内产品的质量安全标准。

4. 加强国际标准跟踪技术力量，健全国际标准跟踪评议体系

由于国际标准跟踪的专业性和技术性极强，需要建立专门的技术机构进行跟踪，专门从事国内外最新标准、技术法规和标准化的动态信息收集整理，开展热点问题的分析研究，组织国际标准评议，提供咨询服务等。在私营标准中值得一提的是，对国外有影响力的私营标准的分析研究也应常态化进行，以为企业应对提供支持和帮助。

5. 以通用性标准取代产品标准

国外运行高效的标准体系，更强调源头控制，通过制定跨行业领域的顶层通用法规，涉及前后产业链和相关产品，力求安全要求覆盖范围最大化。如欧盟 REACH 法规、ROHS 指令等，这些标准及法规、指令的规定并未针对具体产品，都是对大类产品的安全指标的具体规定及对检测标准的要求，在具体产品标准中不再涉及，以避免标准之间的重复、交叉和矛盾，而我国长期以来制定标准更多是为了服务于行业管理，局限在行业内部制定安全标准。虽然围绕具体某种产品的安全要求比较全面、系统，但标准适用范围窄，既容易出现标准的交叉重复，又容易出现标准覆盖不到的空白区域。加强标准的通用性，有助于规范企业的生产行为并提高标准的执行力度。

三 内外同标的成功经验——中国输港鲜活农产品质量控制体系

起自于 1962 年输港鲜活农产品的"三趟快车"是一条保障香港居民日常生活和社会必需物资的重要补给线。它涵盖了香港九成以上的蔬菜、肉类供应，这套行之有效、安全稳定的供应管理模式多年来为香港经济的稳定做出了重要贡献。

（一）输港鲜活农产品供应模式

由于其特殊的历史背景，输港"三趟快车"在建立之初不仅具有一定的经济性，更被赋予了重要的政治使命。在相当长的历史阶段，国家对于这条供应通道的管理始终带有浓重的计划经济色彩，即由原外经贸部下属的粮油进出口公司在全国二十几个省、市、自治区建立活猪、活牛、活羊生产基地和加工厂，铁道部每日拨出三趟专列快车将这些供港物资直接运抵深圳出关口岸；产品进入香港后，由华润集团下属的五丰行贸易公司独家代理批发零售业务。整个生产、流通、加工、运输、上市全过程实行封闭式管理。

1997 年香港回归后，输港鲜活农产品在"三趟快车"的基础上开辟了更多的供应渠道，增加了公路、水路运输，生产基地和销售方式也更加多元化，但管理模式仍延续从中央到地方层层把关的做法，原外经贸部继续负责供港活畜的品种和数量配额管制，国家质检总局承担供港食品从生产、加工到运输、出口全过程的质量检验监督，在地方则实行"公司＋基地＋标准化"的统一运营模式，将生产基地与加工企业绑定，对种植基地实施统一供应种子、统一田间管理、统一使用农药、统一使用化肥、统一采收的管理制度，对养殖基地实施备案登记、疫情疫病和药物使用监控制度，真正从源头上规范生产行为，严格把控产品质量。多年来这一整套供应管理体系不仅为香港提供了百分之百的肉菜数量保障，也提供了近乎百分之百的质量保障。

（二）输港鲜活农产品监管模式

经过 40 年的探索和努力，输港"三趟快车"积累了丰富的管理经验，形成一套比较完善的管理方法和管理制度，大体可以归结为 11 个方面：

1. 生产企业的备案制管理

生产企业的备案制管理是指对所有供港蔬菜、肉类生产及加工企业实行注册备案登记。纳入备案登记的企业需满足国家质检总局规定的条件，如：具有固定连片的土地，周围没有影响蔬菜、活畜质量安全的污染源，土壤和用水符合国家标准，有专职的兽医、植保员或食品安全管理人员，有健全的卫生防疫和安全用药制度等。申请备案登记的企业需向所在质检机构提交相关证明材料，检疫检验机构对企业提供的备案资料进行实地考核、采样检验，审核通过后，予以注册、发放备案证书，凡不符合备案条件或未经注册的企业产品均不得供港。

2. 疫情疫病监测制度

疫情疫病监测包括两个方面：一是在养殖基地建立疫情报告制度。发生疫情或疑似疫情时，饲养场需采取紧急防疫措施，并于12小时之内向所在地检验检疫机构报告。二是检验检疫机构对养殖基地实施长期的疫情监测，包括定期、不定期地检查饲养场卫生防疫制度的落实情况、动物卫生状况，在需要时可采集动物组织、进行动物病原体检测。一旦发生严重的动物传染病或出现疫情，立即对饲养场实行封闭管理，停止其活畜供港。如有隐瞒或谎报重大疫情者，检验检疫机构将取消其备案资格，从此不得供港。

3. 农兽药残留监控制度

农兽药残留监控也是一方面依靠种养殖基地和加工企业自检自控，包括在种养殖基建立农兽药残留监测室，由专职人员对每一批产品进行检测，并对农兽药使用状况做出记录。另一方面由国家检疫检验机构对种养殖基地和生产加工企业进行监督管理，其形式有日常监督检查、年度审核和向养殖及加工厂派遣驻在员等。检疫检验机构对于使用违禁农兽药或农兽药残留超标的企业，将责令限期整改，整改后仍不合格者，取消备案资格。

4. 产地准出制度

产地准出制度要求供港食品在启运前需向当地质检机构报检。质检部门对企业提供的检验报告进行审核，并对产品抽检，再结合日常监管、监测和抽查检验的情况进行合格评定，对于符合要求者签发准许出境单证，如《出境货物通关单》《出境货物换证凭单》《动物卫生证书》等。不符合要求者不得供港。

5. 供货证明文件制度

该制度要求各种、养殖基地为其提供给市场的每一批供港肉菜出具供货证明文件。其内容包括：基地名称、备案号、电话、传真、产品名称、规格、数量、重量、施用农药名称、用药浓度、施药时间、装车时间、车牌号、司机姓名等。文件一式四份，分别用于产品出关报检、种养殖基地存档、生产加工企业存档、种养殖基地所在地检验检疫机构存档。同时，要求生产加工企业对其进场的每一批肉菜原料的供货证明进行核查，并做台账记录。加工企业自身生产的产品，在出厂前也要进行出厂检验记录，包括：产品名称、数量、规格、生产日期、生产批号、购货者名称、联系方式等。

6. 标识管理制度

生产企业需在其供港肉菜的运输包装和销售包装上加施标识。标识内容包括：种养殖基地或收购企业名称、地址、备案号、产品名称、生产日期、批次号等，以便消费者识别以及对出现问题的产品进行追溯。未按规定标识的产品，一律不准出口。

7. 监装和铅封管理制度

该制度要求检验检疫机构对供港企业生产的肉菜进行监督装运。检验机构在监装时，须确认农产品是来自质检部门备案的种植基地或饲养场，且质量完好，活畜无任何传染疾病和伤残状况，然后对集装箱或箱式货车进行铅封。铅封工作必须由检验检疫机构监装人员负责，严禁将铅封工作交由企业代办。铅封号要记录在《出口货物换证凭单》上，口岸检验检疫机构在出境口岸要对铅封实施批批查验，只有铅封完整者方可放行。

8. 市场准入制度

当货物抵达香港进口检查站时，香港食物安全中心会查验供港肉菜货车的铅封标识，并检查相关出货文件。其中，蔬菜须附有识别标签、使用杀虫剂的报告单和《出境货物通关单》，肉类、家禽须附有内地质检机构签发的卫生证明书，并对这些货物抽取样本化验。凡检验不合格、无启运地质检机构出具的有效证明文件者，均不得入境。除此之外，食物安全中心还会在批发市场、屠房及零售市场进行更为详尽检查。

9. 质量追溯与不合格产品召回制度

该制度是指通过企业注册备案、出具加工原料供货证明、标识管理、监装和铅封管理等一系列手段，对供港农产品的生产、加工、仓储、运输、出口全过程建立可追溯的质量安全控制体系。一旦某个环节的产品检测结果不合格，或产品上市后发现质量问题，可以立即准确、快速地追究到直接责任人。同时，国家也要求生产企业对进入市场的质量不合格产品主动召回，并立即向所在地检验检疫机构报告。对于不主动召回者，检验检疫机构可按照有关规定责令召回。

10. 风险预警制度

风险预警制度即检验检疫机构通过调查研究和大量的文献、信息分析，对可能影响食品安全的潜在危害进行风险评估，并根据风险水平提出干预措施，做出风险预警报告并向社会公布，从而对供港农产品生产和质量监测给予指引，并提高整个社会的食品安全意识和认识。

11. 黑名单制度

在检验检疫机构建立生产企业不良记录制度。对发生过质量违规问题并受到行政处罚的企业，将其列入"违规企业名单"上网公布，以强化企业产品质量第一责任人的意识，促进企业形成自我管理、自我约束、自觉诚信的经营机制，被列入"黑名单"的企业产品不得对外出售。

（三）从出口与内销农产品在生产、流通环节的差异看内外贸同标的制约因素

推动内外贸同标，及包括农产品质量安全标准水平，也包括监管水平。除了标准水平与国际存在差距外，监管缺位也是长期困扰中国农业高质量发展的一大弊病。国内多次食品安全恶性事件的爆发，很大程度源于监管不严。相比而言，在严格标准和质量监管之下，大陆输港农产品几十年来未出现过严重质量问题，我国出口发达国家的农产品情况类似。既然我国出口农产品已经有了成熟的质量监管模式，为什么至今不能对接国内？

输港农产品与内销农产品在生产、流通方面有共同的内涵，但在组织形态、运行模式、管理方法及政策环境方面，又有很大差异，这些差

异主要表现在以下几个方面：

第一，我国出口农产品的主要生产模式是"公司＋基地＋标准化"。在这种模式下，各种以公司形式组织起来的经济实体，包括纯粹经营农业的农业公司、混合经营的农工商公司、农产品出口企业，甚至一些看好农业前景的科技公司、投资公司，通过合法手段取得一定时期内土地开发使用权，建立蔬菜生产和禽畜养殖基地，按照一定的技术规范从事专业化、规模化和标准化的蔬菜生产和养殖。这种模式在肉类、水产和蔬菜等高风险食品出口生产上非常普遍。多年来，正是在这种模式下，我国农产品出口企业可以采用与国际同步的质量标准体系，提高农业活动的规范和标准化程度，获得对产品质量全程的控制能力。但是，我国传统的种养殖则是以家庭为单位、小型分散模式。先天落后的农业组织形式，组织化程度低，政府对农产品生产源头的管理难度较大，很难像供港模式一样全面引入规范和标准化的生产技术及作业流程，也无法全面实行备案制管理，进而严格控制农兽药使用。要改变这种现状，必须大力发展农业规模化生产，加快土地流转，推动专业化生产公司、专业种养殖大户发展壮大，并培育更多规模化的新兴经营主体。

第二，订单农业也是对港出口有别于内销最显著的特征，这种模式可以使生产者的利益得到极大保障，帮助农户降低生产经营风险和成本，让农户能够更专注于生产，有利于产品质量的提高。而内销农产品供应，合同订购的方式很少，多数生产者还没有完全改变"生产驱动"的销售模式，供应带有盲目性，经济损耗大，经济效益也受到影响。因此，发展订单农业、鼓励龙头企业与农户合作，建立风险共担、利益共享的分配机制，是改变我国目前农业产销现状的出路之一。

第三，产地准出制度不完善是内销农产品监管最严重的问题，由于市场准出体系不严谨、存在漏洞、管理松散，使得对农业生产源头的品质管理难以严格奏效。在这方面，建议学习供港的管理经验，实施严格的准出审核凭证制度，将启运前抽检与日常的监管、监测和抽查检验情况相结合进行综合评定，只有这样才能形成一个有机的管理整体，迫使生产者不得不规范生产行为，遵守农兽药的使用制度，并形成倒逼机制，推动农户改进生产技术和生产管理方法。

第四，从表7-2可以看出，在扶持政策方面，国家为供港农产品企业提供了较好的发展环境。出口退税不仅调动了企业的生产积极性，也帮助企业减轻了成本上升的负担，还有政府出资建设良种厂和防疫站等方面的做法，这些都值得国内农业产销领域借鉴。建议政府加大对农业生产和供应的政策扶持力度，通过各种补贴措施帮助农民减轻负担，使其有能力提高生产技术水平，使用较高质量的化肥、农药，引进优良品种，并在农业保险方面给予一些优惠的政策，帮助农民减轻生产过程遇到的不可抗力的意外风险。

表7-2　　输港鲜活农产品与内销农产品全产业链比较

比较内容	出口	国内	差距
生产组织形态	全部为规模化的生产基地和标准化的加工厂	虽有一部分规模化组织形态，如专业化生产公司、生产大户、合作社，但多数还是分散的种养殖形式	农业组织形式相对落后，规模化程度低
生产源头管理	实施备案登记制度 建立农兽药使用记录和定期检查制度 疫情报告制度和定期检查、监控制度 统一种子、统一农药化肥、统一田间管理	只对部分产品实施备案登记（如肉类） 有相应的农兽药检查制度，但未强制推行农兽药使用记录制度 基层防疫体系不完善 种子、农药、化肥使用多种多样	生产管理相对粗放、松散，缺乏总体的把控；管理已实施一些必要的管理制度，但尚不能全面覆盖所有的肉菜生产企业和农户
流通环节的组织形态	供货渠道比较单一，由五丰行、广南行及一家香港当地代理商包揽所有供港肉菜的收购	多种收购方式：有产地批发收购，农超对接，农农对接；产地对团体销售单位、机关等	流通领域的组织形式分散，市场集中度低，供应盲目，损耗大
销售模式	全部为合同订购	少部分合同订购，多数通过批发市场销售	生产者与市场的衔接比较盲目，经营风险较大

续表

比较内容	出口	国内	差距
流通过程管理	供货证明文件制度 标识管理制度 监装和铅封管理制度	有供货登记制度，但登记内容比较简单； 实施包装标识管理； 部分（肉类）产品运输实施铅封制度	粗放式管理、管理制度不够严谨，不能全面覆盖
质量监控管理	产地准出制度 市场准入制度 质量追溯与召回制度 黑名单退市制度 风险预警制度	产地准出主要依靠批发市场，尚未形成完整的准出体系，农业部门对生产过程的质量监管比较薄弱； 有较好的市场准入制度，但尚不能全面覆盖所有进入青岛市的肉菜产品； 只在流通和销售终端实现质量可追溯； 尚未建立黑名单退市制度	出货管理制度较为松散，缺乏严格的产地准出制度，市场准入制度尚不能全面覆盖，未实现全程质量可追溯，对生产源头的监控是薄弱环节。另外，缺乏对违规行为严格的惩罚制度
政策扶持	出口退税、政府出资建立良种厂和防疫站，有些地方的农产品出口企业享受出口信用保险补贴政策	对农业保险保费给予补贴，对设施农业、冷链物流和农村合作社建设给予一定的财政、政策支持	与出口相比，政府对内销农产品的扶持力度较弱

资料来源：根据《青岛市"菜篮子"建设保障国际标准提升研究》整理。

第三节 增加人力资本投资，优化农业劳动力结构

农业劳动力的受教育程度和水平是我国所有行业中最低的。2017年，国家统计局《第三次全国农业普查主要数据公报》的数据显示，目前我国从事农业生产经营的人员受教育程度以小学和初中为主，占比高达85.4%，高中或中专教育程度人员占比7.1%，大专及以上占比仅为1.2%。这样的劳动力素质结构，很难适应农业技术和生产方式的创

新,更不用提支撑起国家的乡村振兴战略[①]。为此必须增加对农村劳动力的教育投资,大力发展农业职业教育;结合区域农业生产特点,常态化开展专项技术培训,并持续对培训效果进行跟踪;吸收外来高技术人才支持农业发展。全面建立高等院校、科研院所等事业单位专业人员到乡村和企业挂职、兼职和离岗创新创业制度。

表7-3 农业生产经营人员数量和结构　　　　单位:万人,%

农业生产经营人员总数	全国	东部地区	中部地区	西部地区	东北地区
	31422	8746	9809	10734	2133
农业生产经营人员性别构成					
男性	52.5	52.4	52.6	52.1	54.3
女性	47.5	47.6	47.4	47.9	45.7
农业生产经营人员年龄构成					
35岁及以下	19.2	17.6	18.0	21.9	17.6
36—54岁	47.3	44.5	47.7	48.6	49.8
55岁及以上	33.6	37.9	34.4	29.5	32.6
农业生产经营人员受教育程度构成					
未上过学	6.4	5.3	5.7	8.7	1.9
小学	37.0	32.5	32.7	44.7	36.1
初中	48.4	52.5	52.6	39.9	55.0
高中或中专	7.1	8.5	7.9	5.4	5.6
大专及以上	1.2	1.2	1.1	1.2	1.4
农业生产经营人员主要从事农业行业构成					
种植业	92.9	93.3	94.4	91.8	90.1
林业	2.2	2.0	1.8	2.8	2.0
畜牧业	3.5	2.4	2.6	4.6	6.4
渔业	0.8	1.6	0.6	0.3	0.5
农林牧渔服务业	0.6	0.7	0.6	0.5	1.0

资料来源:《第三次全国农业普查主要数据公报》,国家统计局,2017年12月16日。

---

① 2018年中央一号文件。

一 青年农民回流和培养计划

《第二次全国农业普查主要数据公报》和《第三次全国农业普查主要数据公报》显示，2006年年末，全国农业生产经营人员共53100万人，到2016年年末降至31422万人，10年时间降幅高达69%；从年龄结构看，2006年年末，30岁以下农业从业人员16131万人，到2016年年末，35岁以下人员仅为6023万人[①]，劳动力外流，尤其是青壮年劳动力外流，是我国农业面临的严峻现实。

从经济学角度分析，农业劳动力外流是必然趋势，由于农村产业结构的变化，第二、第三产业的相对快速发展以及农业相对于其他产业的低投入产出比等，造成大量农民无法通过农业生产获得足够或满意的收入，必然使大量劳动力迁移至其他产业。

但是，也应该看到，一个产业的劳动力年龄结构中，青年劳动者占比过低，这个产业的未来发展势必会受到极大负面影响。对于我国这样的传统农业大国，青壮年劳动力持续外流已经成为我国农业可持续性发展的桎梏，导致劳动生产率提高缓慢，农业劳动力再生产受限等负面影响。从这个角度看，能否培养和吸引高素质青年劳动力回归农业是关系到我国农业未来发展的重大问题。

农业从业者的老龄化是一个世界性趋势。据统计，英国农场主的平均年龄达59岁，日本则将近70岁。发达国家的成功经验可以为我国提供一些借鉴。青年农民是欧盟共同农业政策改革的核心议题之一。为了鼓励青年从事农业生产经营活动，欧盟在《共同农业政策（2014—2020）》改革法案中，新增了对青年农民的直接支付。将2%的直接支付专门用于支持40岁以下的青年农民从事农业。日本直接以立法[②]形式规定政府对青年农民的培训义务。法国政府规定，农场主退休前如果没有找到合适的继任者，其土地要通过租赁并购等市场途径转让给周围农场经营。德国采取一系列优惠政策吸引高学历青年从事农业生产，在同等条件下可以优先购买或租赁土地。加拿大政府在《企业发展促进

[①] 第二次和第三次普查的年龄统计结构有所不同，无法进行直接比较。

[②] 《青年振兴法》。

计划》中将对青年农民的资助作为增强农业弹性和可持续性的重要手段。

借鉴发达国家的发展思路，结合我国的实际国情，通过切实有效的支持措施鼓励更多的青年人致力于农业生产经营，第一是资金和政策的倾斜，未来农业不仅需要越来越多的专业知识，而且需要很大的资金能力，这对青年农民来说，是一个重要的限制因素。为此，应给青年农民提供就业补贴支持和获得银行贷款的便利。第二是加强技术培训。青年接受新事物能力强，通过强化培训的方式可以促使其由体力型劳动转变为技术型、智力型劳动。第三是鼓励懂技术、懂经营管理的青年农民进行规模化经营，提升土地资源利用率。第四是引进有经验、有资金、有市场、有技术的外出务工人员回乡发展，带动外流劳动力回流，提升经济活力。

二 加快推动农民职业化

在发达国家，农民是一个职业，与身份、地位、等级无关。在我国，农民被认为代表着从事低技术含量、低收入、高劳动强度的身份符号，尽管我国已经效仿发达国家的做法，逐步开展职业农民的认定和培训，但是长期形成的刻板偏见根深蒂固，要想未来我国农业发展"后继有人"，走职业化农民的道路，增强农民的职业认同感，完善对农民的保障是必须提上日程的一件大事。

第一，提高农业生产经营资格准入门槛，增强职业认同感。世界发达农业大国大都实行农业生产经营资格准入，尤其对规模经营实行农民资格考试，保证农业资源由高素质的农民使用和经营。将认定标准、认定程序、培训考核和动态化管理全部纳入职业农民培育和管理框架体系。让认定管理工作在法律的监督下完成，这正是发达国家推动农民职业化取得成功的重要手段。

第二，对职业农民的全方位保障。对获得资格认定的职业农民，政府应在资金支持、财政补贴、农业保险、土地使用、教育培训等方面给予政策倾斜。一是资金补助、小额信贷、贷款贴息、农业保险等财政金融政策支持。二是农业培训、技术指导、信息支持、品牌创建、涉农项目申报等农业服务政策支持。三是土地经营权流转、社保医保、涉农基础设施建设等配套政策支持。此外，为了激发农民的积极性，可以将政策扶持力度与职业农民的认定级别挂钩，级别越高，政策扶持力度越大。

第三，构建政府主导下的农业教育培训体系。对农民职业技能和素质的培训关系国家农业发展的未来，带有公共物品属性，由政府提供最高效。一是通过立法强化政府干预。将接受职业教育培训作为农民的基本权益，这已经成为发达国家的通行做法。英国《农业教育法》规定，农业就业人员只有在完成11年义务教育后，方可进入农业学校进行1—2年的学习。德国《联邦职业教育培训促进法》规定，农业从业者进岗前必须经过3年的正规职业教育，上岗后在农场还有3年学徒期。二是建立层次分明、衔接贯通的农民教育培训体系，以政府资金投入为主渠道，借助先进的设备和现代教育技术，为农民提供免费、便捷的终身教育培训服务。在德国除了分工明确的初、中、高三个层次的农村职业教育体系，还有50多所农村业余大学为农民提供终生教育。澳大利亚有效利用社会资源开展农民教育培训，对农业职业教育实行学分制，建立起文凭、学位与各类资格证书相辅相成的农业教育体系。英国将农民教育培训作为唯一可以得到政府资助的产业培训项目。三是推进产教融合、校企结合、农学交替，贴近农业、贴近农民，突出在生产实践中提高农民生产技能和经营决策能力。德国的农业职业教育采取"双元制"模式，将农业实践和理论教学相结合，保障了学生理论培训与实习交互进行，对学员实习的农场资格也有明确要求。英国要求农业职业院校的教学内容以实用为先，强调实际技能教学，实践与理论教学的比率至少达到4:6。

三 政府、企业、民间的全方位支持体系

2017年1月，我国农业部出台了《"十三五"全国新型职业农民培育发展规划》，目标是到2020年全国新型职业农民总量超过2000万人，主要手段是"认定"和"培训"，但是，高素质的农民队伍单单依靠培训和资格认定是不够的，与来自政府、企业和民间的系统性支持分不开。这些不同的力量相互合作，形成了一个全面的生态系统，无论农民需要土地、资金、技术、市场、财务、管理哪一方面的支持，都能找到

对应的资源。

同样地，在我国推动农民职业化的进程中，也需要构建起多方参与、全方位的支持体系。比如，在农业技术上，针对有意从事生态种植的农民，结合科研院校和在地传统知识，为他们提供切实的技术支持，让他们既能减肥、减药，同时又尽量不减产、不亏钱。在经营和财务安排上，使职业农民方便地获取他们所需的信贷、保险等金融服务，除了传统的银行和保险公司，还可以探索资金互助社等形式。农民在与市场对接时，除了常规渠道，可以通过农夫市集、社区支持农业、消费合作社等方式使城市消费者直接对接农民，并引导和支持农民培养起直接对接消费者的能力，争取到更合理的定价和收入。此外，农民自组织和民间团体也可以在其中发挥一定的作用。

第四节　培育农产品领域的私营标准

私营标准在全球农产品贸易中的重要性正随着全球农产品价值链的兴起而迅速提升。虽然私营标准游离在官方标准体系外，不具有强制性执行的法律约束力，但却成为许多发达国家市场准入的事实标准。企业要想进入一个市场或者在一个市场维持原有的地位就必须遵循这些标准。私营标准对农产品生产者在产品质量、安全性和可追溯性等方面提出了更高的要求，许多企业由于无力承担设备设施升级改造、生产加工技术、审核与认证等遵从成本而选择退出。符合要求的生产者却可以成功融入全球价值链，并形成长期稳定的合作。大量的案例研究已经证明，私营标准的采用在生产效率、市场竞争力、利润、环保等方面为企业带来积极影响。

一　私营标准发展的一个成功例子——有机谷

发起于1988年的有机谷（Organic Valley）家庭农场合作有限公司是美国小规模家庭农场的一个有机团体组织，目前拥有遍布美国32个州的2000多个家庭农场会员。有机谷已经成为北美地区最大的有机自营品牌，也是全球最大的有机消费品牌之一。

有机谷品牌产品包括牛奶、奶油、奶酪、黄油、酸奶、鸡蛋、果汁、豆奶、土豆等。此外在有机草原（Organic Prairie）品牌下还经营牛肉、猪肉、鸡肉等有机肉制品。

从企业成立开始，在美国和全球推广有机理念，致力于推动经济和环境的可持续发展，是被美国环保署（EPA）认定的 30 个环保组织之一。

Organic Valley 的有机牛奶生产获得了美国乃至全球最高级别的有机食品认证——美国农业部（USDA）的有机认证，并且执行了更严格的标准。有机谷公司旗下有 2000 多个小型牧场，平均每个牧场畜群仅 72 头左右，使农场主有充足的精力照顾每头奶牛。牧场的放牧率不超过 4000 磅/英亩，即每英亩牧场中大概仅有 3—4 头成年奶牛。奶牛的饲养采用放养模式，每头奶牛腿上均装有计步器，农场经营者和消费者可以实时查看其运动量。饲料不使用任何农药、化肥、化学除草剂等，保证完全天然。牧场采用划区轮牧，规划和控制牧场的土壤和不同牧草的种植比例，以为奶牛提供均衡合理的营养。一天中每隔 12 个小时，要将奶牛由牧场的一个区域移到另一个区域，以保证奶牛能够得到足够新鲜的牧草供应。为了减少对奶牛的压力，奶农每天挤奶少于 50 磅，低于传统（70 磅）30% 左右。对患病奶牛使用顺势疗法而不是抗生素，选用的药物全部以天然植物、矿物或动物为原料经现代高科技提纯，无任何化学物质添加。

自 1988 年成立以来，Organic Valley 的产品消费市场由美国 50 个州迅速延伸至加拿大、澳大利亚、英国、中国和日本等全球 25 个国家，2016 年的销售额高达 11 亿美元，比 2003 年（1.56 亿美元）增长了 6 倍之多。

借鉴美国有机谷的经验和做法，我国也在推动类似项目，比如，湖北襄阳的中国有机谷项目，此外主打有机农业、绿色农业等生态农业的项目层出不穷。巨大的消费空间使我国成为有机农业最有市场潜力的国家。国际有机联盟（IFOAM）最新发布的《2017 年世界有机农业概况与趋势预测》显示，2015 年，我国的有机农地面积 161 万公顷，位于澳大利亚、阿根廷、美国和西班牙之后，世界排名第 5 位，有机产品销售额 47 亿欧元，位于世界第 4 位，仅次于美国、德国和法国。但是时至今日，我国有机农业的发展仍然没有形成合力，各个企业在市场上单打独斗，没有任何一个品牌和企业能够像美国的有机谷一样，成为行业的领导者，树立行业标准并影响整个产业的发展。

二 我国农产品私营标准发展存在的问题

在我国，农产品质量安全标准体系逐步完善，官方标准的国际化程度不断提升，然而私营标准发展尚处于起步阶段，几乎是空白。私营标准发展滞后是制约我国农产品出口的一个短板。

一是数量少，覆盖面小。我国现有的私营标准主要是企业标准，作用是填补国家标准在单一产品上的空白，没有像发达国家由大型零售商或行业内处于领导地位的生产者根据生产和市场需求制定的统一技术要求和管理要求，因此难以在出口中发挥作用。

二是原创性不足。我国应用比较成熟的农产品标准，是将国外标准进行国内评估转化，如中国良好农业规范认证（GAP）、乳制品 HACCP/GMP 认证等，这类标准因为发展成熟，最容易受到零售商和消费者的采信，监管难度相对较低，可以减少企业进入国际市场的贸易障碍，因而是出口企业进行产品质量标准认证的首选。对比起来，有影响力的自主性原创标准尚属空白。

三是市场公信力低。尽管近年来一些行业协会和社团组织也在探索制定私营标准。但是食品安全追溯体系和管理体系不健全以及从事标准认证的第三方机构能力和水平参差不齐，伪造、超期、超范围认证时有发生，乱象横生导致这些私营标准缺乏市场信任度和公信力，无法对规范市场和促进出口发挥作用。

三 培育和发展农产品私营标准的思路

第一，清晰界定政府、行业协会等管理部门的作用。首先是政府的引导作用。政府仅在官方标准的制定过程中起主导性作用，保障国家基本的食品安全，在私营标准培育中政府应让位于市场，以引导为主。如通过政策、资金等激励形式引导标准制定，管理组织根据我国国情和市场运行规律开展私营标准制定、管理，并鼓励企业采标实施。同时引导资源流向成熟领域和区域，循序渐进、由点及面逐步试验推广。其次是行业协会的责任主体作用。行业协会是政府和企业之间的沟通桥梁，既可以纵向协调政府和企业间的关系和利益，又可以横向协调科研院所、检验认证机构、企业共同推动私营标准的制定和实施。应该在私营标准制定和实施过程中发挥组织、监督作用。

第二，以市场为导向培育具有一定知名度和影响力的团体标准制定机构。作为重要的市场规则，标准应该充分体现市场属性，既要能够维持市场经济秩序，同时更要通过市场竞争机制优胜劣汰。因此引入市场主体参与标准制定，是实现标准有效供给的最佳途径。充分肯定和发挥民间组织在私营标制定中的主体性作用。这些民间组织处于生产和消费领域的前沿，或者反映消费者诉求，比如家乐福、乐购等大型零售商的企业标准，或者反映生产者的生产理念，比如前述的 Organic Valley。事实上，国际上有重要影响力的私营标准，很多都是出自民间组织。在美国的9.3万个标准中，其中一半以上是由620个民间组织制定的（徐万学等，2016）。尽管缺乏法律约束力，但是这些标准的权威性已经得到市场的认可。

第三，平衡国内适应性与国际化的关系，我国农业的发展水平与发达国家不同，一味强调与发达国家完全一致可能会适得其反，私营标准的水平要适应农业的发展水平并能够激发发展潜力，最终带动整体水平的提升。同时为了提升国际竞争力，在优势和特色领域保持标准的国际化水平，推动与主要贸易国之间的标准互认。

第五节　小结

本章探讨了标准对我国农产品出口发挥促进作用的政策建议。

第一，构建以竞争力为导向的农业支持政策体系。农业政策体系的设计既要考虑农产品"量"的安全，又要考虑"质"安全，在推进农业供给侧结构性改革中，必须转变对粮食作物"一边倒"式的支持，应充分培育和发挥农业的比较优势，关注提高产品的国际市场竞争力，将促进出口的目标纳入政策体系中。

第二，构建内外同标的质量安全标准体系。内松外严内外有别的两套农产品质量安全标准，从长远看，不利于全面提升我国农产品整体质量。逐步实现内外同标，既可以有效缩小我国与国际标准和进口国标准的差距，进一步带动高质量农产品的出口，也能够实现国内农产品质量的跨越式升级，提高国民福祉。

第三，增加人力资本投资，优化农业劳动力结构。在我国，农业劳动力的平均素质是所有行业中最低的，低素质的生产者极大扰乱了农业生产秩序。保证农业技术和生产方式的创新的关键是培养高素质的从业者。为此，应着眼于长远，增加农业对青年的吸引力，鼓励青年从业，提高从业门槛，推动农民职业化。

第四，充分体现标准的市场属性，引入市场主体，培育农产品领域的私营标准。我国的农产品质量标准是由政府主导的，侧重于保证食品基本安全，已经无法适应市场的更高要求。应该让作为市场规则的标准充分体现市场属性，引入市场主体参与标准制定，既能够维持市场经济秩序，同时通过市场竞争优胜劣汰，以实现标准的有效供给。

除此之外，严格监管和收入保障对我国农产品质量的提高尤其关键。与发达国家农场为生产单元的农业生产格局不同，我国的土地分散于小农户手中，FAO数据表明，2015年，我国各类型农业经营者的土地规模在2公顷以下的比例高达98%[①]，虽然国家正在鼓励土地流转，推动规模化经营，但是短期内以小农户作为主要生产单元的生产模式无法根本改变。很大程度上，小农的生产水平和能力直接影响着我国整体农业生产的标准化进程和速度。我国农业从业者职业教育程度低是不争的事实，只能通过职业培训等方式逐步提高。此外，政府部门执行及监管工作不到位，很多地区农业标准的执行仍然停留在文件下发阶段。监管环节更加薄弱，很多法律法规沦为问题发生后用来追责的依据，至于如何使农业经营者严格按照标准组织生产反倒成为其次。为了提升农业生产质量提升，我国设立了很多国家、省、市、县区级农业标准化示范区、农产品质量安全示范区，示范区内严格按照标准化生产，示范区外，小农户和涉农企业生产几乎没有准入门槛。由于众多分散的、小规模的生产使监管成本极其高昂，监管难以完全到位。在没有监管的情况下自行组织生产，产量为王思想驱动下，可以毫无顾忌地采取各种极端方法增产、破坏自然生态。

---

① 世界银行（2007）把土地经营规模低于2公顷的农户称为小土地所有者。

从经济学角度分析，产量最大化并非生产者追求的目标，利润最大化才是。因此，必须让生产者知道他最经济的生产边界在哪里，归根结底，保证生产者的收入是关键，既要保证生产出来的产品卖得掉，也要保证高成本、高标准生产的产品能够获得高回报。用经济手段去约束生产者的行为是成本最低、见效最快的。订单生产、保护价收购方式由于实现了保护价收购，极大地降低了农产品生产者面临的市场价格波动风险，在保障产品品质的稳定方面意义极大，是一种可供借鉴的模式。但是分散的生产者很难与大市场（通过订单）衔接是最大的问题。对于有众多分散的生产者的地区，通过强有力的农民组织和中介，建立共同上市的机制，再通过批发市场实现与终端消费者的对接。日本就是一个典型的例子。随着国内超市等蔬菜终端销售机构的大型化、蔬菜生产基地和蔬菜专业合作组织的发展，订单销售形式在国内蔬菜供销中已经占有一席之地，并有不断扩大之势，但要使其成为主流形式必须建立价格波动风险分担机制。

在我国出口供应中采用的"保护价收购＋二次结算"模式可作借鉴。使生产者始终专注于产品的质量，不因担心销售价格的波动而在质量管理上有所松懈，从而降低生产、经营风险和成本，使产品质量有更大的保障。

附 录

2016 年我国被扣留/召回农食产品主要种类

产品种类	批次	比例（%）	具体产品种类	批次	比例（%）
水产及制品类	343	21.19	鱼产品	144	8.89
			其他水产品	102	6.30
			贝产品	40	2.47
			虾产品	31	1.91
			水产制品	14	0.86
			海草及藻	8	0.49
			蟹产品	4	0.25
蔬菜及制品类	289	17.85	蔬菜及制品	190	11.74
			食用菌	99	6.11
肉类	229	14.14	其他肉类及其制品	72	4.45
			禽肉及其制品	49	3.03
			牛肉及其制品	38	2.35
			熟肉制品	34	2.10
			猪肉及其制品	19	1.17
			羊肉及其制品	14	0.86
			肠衣	3	0.19
干坚果类	138	8.52	干果	90	5.56
			干（坚）果、炒货（熟制）	48	2.96

资料来源：中国技术性贸易措施网。

我国出口农食产品被扣留/召回的主要原因

扣留/召回原因	批次	比例（%）	具体扣留/召回原因	批次	比例（%）
农兽残	341	21.06	农残不合格	252	15.57
			兽残不合格	89	5.50
品质	271	16.74	品质检测不合格	257	15.87
			感官检测不合格	14	0.86
非食用添加物	190	11.74	非食用添加物	190	11.74
不符合动物检疫规定	175	10.81	禁止进境动物产品	175	10.81
证书不合格	151	9.33	没有提供产品相关资料	96	5.93
			生产厂家没有按规定注册	22	1.36
			证书不合格	14	0.86
			没有提供安全证明材料	9	0.56
			生产厂家没有生产许可证	3	0.19
			产品不在注册的清单中	3	0.19
			销售商没有按照规定注册	2	0.12
			没有提供生产加工资料	2	0.12
微生物	144	8.89	细菌	144	8.89
标签不合格	114	7.04	标签不合格	114	7.04
生物毒素污染	100	6.18	生物毒素	100	6.18
食品添加剂超标	59	3.64	食品添加剂超标	59	3.64
污染物	46	2.84	有机污染物	27	1.67
			重金属	19	1.17

资料来源：中国技术性贸易措施网。

2016 年 FDA 对我国主要农食产品扣留情况

产品种类	批次	比例（%）	具体产品种类	批次	比例（%）
水产及制品类	227	28.52	鱼产品	113	14.20
			其他水产品	51	6.41
			贝产品	31	3.89
			虾产品	23	2.89
			海草及藻	4	0.50
			水产制品	3	0.38
			蟹产品	2	0.25
蔬菜及制品类	199	25.00	蔬菜及制品	101	12.69
			食用菌	98	12.31
糕点饼干类	71	8.92	糕点饼干	71	8.92
其他加工食品类	61	7.66	其他加工食品	48	6.03
			其他水果制品	13	1.63
植物产品	53	6.66	水果	48	6.03
			植物类其他	4	0.50
			活植物	1	0.13
干坚果类	47	5.90	干果	46	5.78
			干（坚）果、炒货（熟制）	1	0.13
饮料类	22	2.76	饮料	22	2.76
糖类	19	2.39	原糖和制糖原料	10	1.26
			糖与糖果，巧克力和可可制品	9	1.13
粮谷及制品类	19	2.39	粮食食品	12	1.51
			粮食加工食品	6	0.75
			粮谷	1	0.13
中药材类	15	1.88	植物性中药材	15	1.88
饲料类	13	1.63	饲料	13	1.63
茶叶类	12	1.51	调味品	12	1.51
罐头类	9	1.13	水果罐头	6	0.75
			水产罐头	3	0.38
植物性调味料	9	1.13	植物性调料	9	1.13
调味品类	9	1.13	调味品	9	1.13
动物产品	4	0.50	动物类其他	3	0.38
			活动物	1	0.13
其他植物源性食品类	4	0.50	其他植物源性食品	4	0.50
蜜饯类	1	0.13	蜜饯	1	0.13
乳制品类	1	0.13	乳及乳制品	1	0.13
肉类	1	0.13	其他肉类及其制品	1	0.13

资料来源：中国技术性贸易措施网。

2016年日本对我国农食产品扣留情况

产品种类	批次	比例（%）	具体产品种类	批次	比例（%）
水产及制品类	38	28.36	鱼产品	13	9.70
			其他水产品	11	8.21
			贝产品	8	5.97
			蟹产品	2	1.49
			虾产品	2	1.49
			水产制品	2	1.49
干坚果类	32	23.88	干（坚）果、炒货（熟制）	26	19.40
			干果	6	4.48
蔬菜及制品类	29	21.64	蔬菜及制品	28	20.90
			食用菌	1	0.75
肉类	9	6.72	禽肉及其制品	5	3.73
			猪肉及其制品	4	2.99
			其他水果制品	18	1.11
植物性调料类	6	4.48	植物性调料	6	4.48
其他加工食品类	5	3.73	其他加工食品	5	3.73
糕点饼干类	74	4.57	糕点饼干	74	4.57
粮谷及制品类	5	3.73	粮食制品	4	2.99
			粮食加工产品	1	0.75
中药材类	4	2.99	植物性中药材	3	2.24
			动物性中药材	1	0.75
植物产品	3	2.24	水果	2	1.49
			植物种苗	1	0.75
动物产品	1	0.75	活动物	1	0.75
油脂及油料类	1	0.75	油籽	1	0.75
糖类	1	0.75	糖与糖果，巧克力和可可制品	1	0.75

资料来源：中国技术性贸易措施网。

欧盟食品和饲料委员会召回我国出口不合格农食产品种类

产品种类	批次	比例（%）	具体产品种类	批次	比例（%）
干坚果类	42	27.10	干（坚）果、炒货（熟制）	30	19.35
			干果	12	7.74
油脂及油料类	21	13.55	油籽	21	13.55
水产及制品类	13	8.39	鱼产品	9	5.81
			海草及藻	2	1.29
			虾产品	1	0.65
			水产制品	1	0.65
饲料类	13	8.39	饲料	13	8.39
其他加工食品类	13	8.39	其他加工食品	12	7.74
			其他水果制品	1	0.65
茶叶类	10	6.45	茶叶	10	6.45
肉类	7	4.52	肠衣	3	1.94
			其他肉类及其制品	2	1.29
			禽肉及其制品	1	0.65
			牛肉及其制品	1	0.65
粮谷及制品类	7	4.52	粮谷	3	1.94
			粮食加工产品	3	1.94
			粮谷及制品类	1	0.65
蔬菜及其制品类	7	4.52	蔬菜及其制品	7	4.52

资料来源：中国技术性贸易措施网。

模型中各变量的统计描述

变量	样本数	均值	标准差	最小值	最大值	预期符号
$EXPORT_{jt}$（百万美元）	252	3.850074	2.783994	-6.907755	7.645364	—
$EGDP_{et}$（万亿美元）	252	1.61342	0.6501173	0.4946962	2.415914	+
$PGDP_{jt}$（美元）	252	10.60225	0.2965476	9.748995	11.15588	+
DIST（千米）	252	8.810453	0.5827808	6.863051	9.320038	-
SPS_{jt}（项）	252	4.098451	0.4855253	2.772589	5.937536	-

注：—表示无意义。

混合效应模型估计结果

Source	SS	df	MS	Number of obs	= 252
Model	391.557644	4	97.8894109	Prob > F	= 0
Residual	1553.8491	247	6.29088706	R – squared	= 0.2013
				Adj R – squared	= 0.1883
Total	1945.40675	251	7.7506245	Root MSE	= 2.5082

lnEXPORT	Coef.	Std. Err.	t	P > |t|	[95% Conf. Interval]	
lnPGDP	-1.569955	0.5691873	-2.76	0.006	-2.691035	-0.4488754
lnSPS	1.437767	0.3924429	3.66	0.000	0.6648058	2.210728
lnEGDP	1.017928	0.244204	4.17	0.000	0.5369401	1.498916
lnDIST	-1.755301	0.3384751	-5.19	0.000	-2.421967	-1.088636
_cons	28.42516	5.690578	5.00	0.000	17.21692	39.63341

固定效应模型估计结果

Fixed – effects (within) regression		Number of obs	=	252
Group variable: state		Number of groups	=	18
R – sq: within = 0.5533		Obs per group: min =		14
between = 0.0183		avg =		14.0
overall = 0.0716		max =		14
		F (3, 231)	=	95.39
corr (u_i, Xb) = 0.0146		Prob > F	=	0

lnEXPORT	Coef.	Std. Err.	t	P > |t|	[95% Conf. Interval]	
lnPGDP	-0.5428634	0.7270624	-0.75	0.456	-1.975385	0.8896579
lnSPS	-0.3811857	0.1417734	-2.69	0.008	-0.6605201	-0.1018514
lnEGDP	1.028229	0.0639313	16.08	0.000	0.9022658	1.154192
lnDIST	0	(omitted)				
_cons	9.508953	7.755777	1.23	0.221	-5.772151	24.79006

sigma_u	2.6866442	
sigma_e	0.61942372	
rho	0.94952661	(fraction of variance due to u_i)

F test that all u_i = 0: F (17, 231) = 250.57　Prob > F = 0

LSDV 估计结果

Linear regression

Number of obs = 252
F (2, 17) = .
Prob > F = .
R - squared = 0.9544
Root MSE = 0.61942

(Std. Err. adjusted for 18 clusters in state)

lnEXPORT	Coef.	Robust Std. Err.	t	P>|t|	[95% Conf. Interval]	
lnPGDP	-0.5428634	1.245552	-0.44	0.668	-3.170748	2.085022
lnSPS	-0.3811857	0.1244991	-3.06	0.007	-0.6438559	-0.1185155
lnEGDP	1.028229	0.1294708	7.94	0	0.7550693	1.301388
lnDIST	7.571321	1.022826	7.40	0	5.413347	9.729296
state						
2	12.0113	1.467148	8.19	0	8.91589	15.10671
3	17.26551	1.511198	11.43	0	14.07717	20.45386
4	-1.705272	0.0546023	-31.23	0	-1.820472	-1.590071
5	-6.875261	0.2741956	-25.07	0	-7.453763	-6.296758
6	-1.05996	0.1416729	-7.48	0	-1.358864	-0.7610564
7	-1.309462	0.5992278	-2.19	0.043	-2.573722	-0.0452015
8	-3.29118	0.4216489	-7.81	0	-4.180781	-2.401578
9	-0.6906826	0.0239274	-28.87	0	-0.7411651	-0.6402001
10	1.429915	0.1661282	8.61	0	1.079415	1.780415
11	-2.452181	0.4860811	-5.04	0	-3.477722	-1.42664
12	-6.61003	0.3357745	-19.69	0	-7.318452	-5.901608
13	-1.433245	0.131686	-10.88	0	-1.711078	-1.155412
14	-0.3899331	0.3168302	-1.23	0.235	-1.058386	0.2785202
15	-3.199376	0.896894	-3.57	0.002	-5.091657	-1.307095
16	-1.226999	0.4445507	-2.76	0.013	-2.164919	-0.2890794
17	-0.2515727	0.5118842	-0.49	0.629	-1.331554	0.8284085
18	0	(omitted)				
_cons	-57.20957	6.691662	-8.55	0	-71.32774	-43.0914

随机效应估计结果

Random-effects GLS regression				Number of obs =		252
Group variable: state				Number of groups =		18
R-sq: within = 0.5533				Obs per group: min =		14
between = 0.0785				avg =		14.0
overall = 0.1266				max =		14
				Wald chi2 (4) =		286.56
corr (u_i, X) = 0 (assumed)				Prob > chi2 =		0

lnEXPORT	Coef.	Std. Err.	z	P>|z|	[95% Conf. Interval]	
lnPGDP	-0.6236284	0.6932213	-0.90	0.368	-1.982317	0.7350604
lnSPS	-0.3676563	0.1416042	-2.60	0.009	-0.6451954	-0.0901171
lnEGDP	1.030279	0.0636996	16.17	0.000	0.9054295	1.155128
lnDIST	-1.084327	1.07082	-1.01	0.311	-3.183095	1.014441
_cons	19.8599	11.27449	1.76	0.078	-2.2377	41.95749
sigma_u	2.6094248					
sigma_e	0.61942372					
rho	0.94665685		(fraction of variance due to u_i)			

LM 检验结果

Breusch and Pagan Lagrangian multiplier test for random effects

lnEXPORT [state, t] = Xb + u [state] + e [state, t]

Estimated results:

	Var	sd = sqrt (Var)
lnEXPORT	7.750624	2.783994
e	0.3836857	0.6194237
u	6.809098	2.609425

Test: Var (u) = 0

chibar2 (01) = 1305.59

Prob > chibar2 = 0

豪斯曼检验结果

	\multicolumn{4}{c}{Coefficients}
	(b)	(B)	(b − B)	sqrt(diag(V_b − V_B))
	fe	re	Difference	S.E.
lnPGDP	− 0.5428634	− 0.6236284	0.080765	0.2234006
lnSPS	− 0.3811857	− 0.3676563	− 0.0135295	0.010866
lnEGDP	1.028229	1.030279	− 0.0020498	0.0066199
_cons	9.508953	19.8599	− 10.35094	

b = consistent under Ho and Ha; obtained from xtreg

B = inconsistent under Ha, efficient under Ho; obtained from xtreg

Test: Ho: difference in coefficients not systematic

chi2 (3) = (b−B)' [(V_b−V_B)^(−1)] (b−B)

= 0.02

Prob > chi2 = 0.9994

(V_b − V_B is not positive definite)

参考文献

[1] ［意］路易吉·柯斯塔托、费迪南多·阿尔彼斯尼著，孙娟娟等编译：《欧盟食品法》，知识产权出版社 2016 年版。

[2] 鲍晓华：《技术性贸易壁垒政策择优：一个局部均衡的分析框架》，《财贸研究》2004 年第 5 期。

[3] 鲍晓华：《食品安全标准促进还是抑制了我国谷物出口贸易？——基于引力模型修正贸易零值的实证研究》，《财经研究》2011 年第 3 期。

[4] 边红彪：《中日食品安全保障体系对比》，中国质检出版社 2017 年版。

[5] 崔鸽：《现阶段非关税措施量化的研究与改进》，《河南师范大学学报》（哲学社会科学版）2006 年第 2 期。

[6] 董娇、邰丽梅：《国内外食用菌农药残留限量标准比较分析》，《中国食用菌》2017 年第 5 期。

[7] 董银果：《SPS 措施对中国水产品出口贸易的影响分析》，《华中农业大学学报》（社会科学版）2011 年第 2 期。

[8] 董银果：《中国农产品应对 SPS 措施的策略及遵从成本研究》，中国农业出版社 2011 年版。

[9] 董银果、李圳：《SPS 措施对农产品贸易的影响——基于 Heckman 两阶段方法的实证分析》，《浙江大学学报》2016 年第 12 期。

[10] 董银果、严京：《私营标准对农产品国际贸易的影响分析》，《农业经济问题》2010 年第 7 期。

[11] 段辉娜：《SPS 措施对中国农产品出口影响的局部均衡分析》，

《统计与决策》2010 年第 13 期。

[12] 葛京、李尉：《标准的形成及其与国际贸易关系综述》，《科技进步与对策》2009 年第 1 期。

[13] 谷克鉴：《国际经济学对引力模型的开发与应用》，《世界经济》2001 年第 2 期。

[14] 郭俊芳、武拉平：《食品安全标准的贸易效应分析——以中国农产品出口为例》，《AO 农业展望》2014 年第 11 期。

[15] 国际有机农业联盟：《2017 年世界有机农业概况与趋势预测》，https://www.ifoam.bio/。

[16] 国家质检总局：《中国技术性贸易措施年度报告（2017）》，中国质检出版社 2017 年版。

[17] 国家质检总局：《主要贸易伙伴技术性贸易措施研究报告（2017）》，中国质检出版社 2017 年版。

[18] 国务院：《深化标准化工作改革方案》，国发〔2015〕13 号。

[19] 河南省食品药品监督管理局：《美国食品安全与监管》，中国医药科技出版社 2017 年版。

[20] 金中夏：《全球贸易与投资规则的重建》，《新金融评论》2014 年第 6 期。

[21] 李心萍：《中国标准比国际标准低吗》，《人民日报》2016 年 10 月 10 日第 19 版。

[22] 李鑫、王崇民：《欧洲食品安全放心，其原因竟然是这样——德、法等欧洲国家食品安全体系浅谈》，《食品安全导刊》2015 年第 34 期。

[23] 梁晓：《肯定列表制度对中国输日水产品贸易的影响及对策研究》，博士学位论文，中国海洋大学，2010 年。

[24] 刘汉成：《SPS 措施影响我国水果出口贸易的实证分析》，《生态经济》2008 年第 5 期。

[25] 罗兴武、谭晶荣、杨兴武：《中国大宗农产品进口非关税措施的效应分析——以大豆、棉花、植物油、谷物、食糖为例》，《农业经济问题》2014 年第 3 期。

[26] 马磊、胡麦秀：《技术—环境贸易壁垒对中国农产品出口影响的

局部均衡分析》,《中国农学通报》2014年第5期。

[27] 马欣:《中国农业国内支持水平及典型政策效果研究》,博士学位论文,中国农业大学,2015年。

[28] 麦文伟:《出口水产品如何应对美国117法规》,《海洋与渔业》2016年第1期。

[29] 农业部农产品贸易办公室、农业部农业贸易促进中心:《中国农产品贸易发展报告(2016)》,中国农业出版社2016年版。

[30] 农业部农产品贸易办公室、农业部农业贸易促进中心:《中国农产品贸易发展报告(2017)》,中国农业出版社2017年版。

[31] 戚亚梅、白玲、郑床木:《农产品国际贸易中私营标准及其影响研究》,《标准科学》2010年第7期。

[32] 秦臻、倪艳:《SPS措施对中国农产品出口贸易影响的实证分析——基于HMR和极大似然法的比较》,《国际贸易问题》2014年第12期。

[33] 商务部:《实施卫生与植物卫生措施协定》,http://sms.mofcom.gov.cn/article/zt_ jshfw/subjectee/201409/20140900724790.shtm。

[34] 商务部:《中国农产品进出口月度统计报告》,http://www.mofcom.gov.cn/。

[35] 沈宇丹、张富春、王雅鹏:《农产品、食品安全标准演化与现代农业发展》,《经济问题》2012年第8期。

[36] 师华、徐佳蓉:《WTO〈SPS协定〉与我国农产品应对SPS措施对策研究》,知识产权出版社2015年版。

[37] 史豪:《农业标准化理论与实践研究》,博士学位论文,华中农业大学,2004年。

[38] 宋海英:《质量安全标准的贸易效应分析:以浙江食品出口日本为例》,《华东经济管理》2013年第5期。

[39] 宋海英、Jensen H. Helen:《SPS措施对中国蜂蜜出口欧盟的影响——基于面板数据的实证分析》,《国际贸易问题》2014年第1期。

[40] 田东文、叶科艺:《安全标准与农产品贸易:中国与主要贸易伙伴的实证研究》,《国际贸易问题》2007年第9期。

［41］王芳：《欧盟的食品新法规》，《明胶科学与技术》2006 年第 2 期。

［42］王可山、王芳：《发达国家农产品质量安全保障体系及其借鉴》，《食品工业科技》2012 年第 1 期。

［43］王磊：《国内标准低于出口标准得不偿失》，《企业标准化》2008 年第 Z2 期。

［44］王耀中、贺婵：《标准差距对我国农产品贸易影响的实证分析》，《国际经贸探索》2008 年第 5 期。

［45］魏后凯：《中国农业发展的结构性矛盾及其政策转型》，《中国农村经济》2017 年第 5 期。

［46］吴宏、邹宇中：《私有标准及其对中国农产品国际化的启示》，《国际贸易》2008 年第 10 期。

［47］伍振军：《农业供给侧改革，资源配置是关键》，《农民日报》2015 年 12 月 9 日第 3 版。

［48］徐风：《首批消费品安全国内外标准对比结果出炉，超六成对比指标严于国际和国外标准》，《中国质量报》2015 年 10 月 23 日第 1 版。

［49］徐学万、闫晓阳、张新明：《我国农产品私营标准发展思路探析》，《农产品质量与安全》2016 年第 6 期。

［50］严皓、凌潇：《差异化标准下农产品贸易中的食品安全问题》，《食品工业》2015 年第 5 期。

［51］杨圣明：《科技兴贸：建设贸易强国的基础》，《人民日报》2013 年 6 月 4 日第 7 版。

［52］杨圣明：《中国对外经贸中的热点问题》，《河北经贸大学学报》2006 年第 1 期。

［53］杨圣明：《走向贸易强国的理论创新》，经济科学出版社 2011 年版。

［54］杨圣明、赵瑾：《创建中国以内需为主导的对外开放新模式》，《全球化》2013 年 5 月。

［55］叶贞琴：《建设农业强国的根本途径、着力点》，《农村工作通讯》2017 年 8 月 23 日。

[56] 于连超：《私营标准的反垄断法分析》，《西南政法大学学报》2011年第3期。

[57] 张丽虹：《技术标准对国际贸易影响的理论与实证研究》，博士学位论文，上海社会科学院，2015年。

[58] 张丽丽：《我国农产品价值链质量标准实施研究》，博士学位论文，南京大学，2012年。

[59] 章棋、张明杨、应瑞瑶：《双边技术性贸易措施对我国蔬菜出口贸易的影响分析》，《国际贸易问题》2013年第3期。

[60] 浙江标准化研究院：《东盟主要贸易国农产品安全法规与标准比较研究》，浙江工商大学出版社，2014年版。

[61] 中国技术性贸易措施网：《国外扣留（召回）我国产品情况分析报告》，http：//www.tbtsps.cn/page/tradez/IndexTrade.action。

[62] 周艳：《我国水果生产状况分析》，《南方农业》2015年第9期。

[63] 周云龙、崔野韩：《国内外农产品质量安全标准对比研究》，中国农业出版社2014年版。

[64] 朱铁志：《国内标准不该低于出口标准》，《今日浙江》2010年第4期。

[65] 朱彤：《标准的经济性质与功能及其对技术创新的影响》，《经济理论与经济管理》2006年第5期。

[66] Afsaw, S, Mithöfer, D. and Waibel, H., "What Impact are EU Supermarket Standards Having on Developing Country Exports of High-Value Horticultural Products? Evidence from Kenya", *Journal of International Food & Agribusiness Marketing*, Vol. 3, 2007.

[67] Aksoy, M. A. & Beghin, J. C., "Global Agricultural Trade and Developing Countries", Washington DC, The World Bank, 2005.

[68] Anderson, K. & Martin, W., "Agricultural Trade Reform and the Doha Development Agenda", *World Economy*, Vol. 28, 2005.

[69] Antonelli, C., "Localized Technological Change and the Evolution of Standards as Economic Institutions", *Information Economics and Policy*, Vol. 3-4, 1994.

[70] Baldwin, Richard E., "Globalisation: The Great Unbundling(s)",

Globalisation Challenges for Europe, Helsinki: Office of the Prime Minister of Finland, 2006a.

[71] Baldwin, R. and Venables, A. J., "Spiders and Snakes: Offshoring and Agglomeration in the Global Economy", *Journal of International Economics*, Vol. 2, 2013.

[72] Barrientos, S., Dolan, C. and Tallontire, A., "A Gendered Value Chain Approach to Codes of Conduct in African Horticulture", *World Development*, Vol. 9, 2003.

[73] Begbin, J. C., Bureau, J. C., Park, S. J., "Food Security and Agricultural Protection in South Korea", *American Journal of Agricultural Economics*, Vol. 3, 2003.

[74] Beghin, J. C., Disdier, A. C., Marette, S., "Trade Restrictiveness Indices in the Presence of Externalities: An Application to Non – tariff Measures", *Canadian Journal of Economics*, Vol. 48, No. 4, 2015.

[75] Beghin, J. C., Xiong, B., "Economic Effects of Standard – Like Nontariff Measures: Analytical and Methodological Dimensions", Working Paper, Center for Agricultural and Rural Development, Iowa State University, 2016.

[76] Beghin, J. C., "Mearurement of Sanitary? Phytosanitary and Technical Barriers to Trade", A Consultants' Report Prepared for the Food, Agriculture and Fisheries Directorate, OECD, 2001.

[77] Cadot, O., and Gourdon, J., "Non – tariff Measures, Preferential Trade Agreements, and Prices: New Evidence", *Review of World Economics*, Vol. 152, 2016.

[78] Casella, Alessandra, "Product Standards and International Trade Harmonization Through Private Coalitions", KYK – LOS, Vol. 54, 2001.

[79] Clougherty, J. A., Grajek, M., "International Standards and International Trade: Empirical Evidence from ISO 9000 Diffusion", *International Journal of Industrial Organization*, Vol. 36, No. 2, 2014.

[80] Colen, L., Maertens, M. & Swinnen, J., "Private Standards,

Trade and Poverty: GlobalGAP and Horticultural Employment in Senegal", *The World Economy*, Vol. 35, No. 8, 2012.

[81] Deardorff, A., Stern, R., "Measurement of Non – Tariff Barriers", Economic Department Working Papers, 1997, No. 179, OECD.

[82] Dietzenbacher, E., Los, B., Stehrer, R., Timmer, M., and de Vries, G. J., "The Construction of World Input – Output Tables in the WIOD Project", *Economic Systems Research*, Vol. 25, 2013.

[83] Disdier, A. C., Marette, S., "The Combination of Gravity and Welfare Approaches for Evaluating Non – tariff Measures", *American Journal of Agricultural Economics*, Vol. 92, No. 3, 2010.

[84] Dries, L. & Swinnen, J., "Foreign Direct Investment, Vertical Integration, and Local Suppliers: Evidence from the Polish Dairy Sector", *World Development*, Vol. 32, No. 9, 2012.

[85] Dries, L. & Swinnen, J., "The Impact of Interfirm Relations on Investments: Evidence from the Polish Dairy Sector", *Food Policy*, Vol. 35, 2010.

[86] Drogué, S., DeMaria, F., "Pesticides Residues and Trade: the Apple of Discord?", *Food Policy*, Vol. 37, No. 6, 2012.

[87] Ederington, J., Ruta, M., "Non – tariff Measures and the World Trading System", *Handbook of Commercial Policy*, Vol. 1, 2016.

[88] Egan, Michelle, "Setting Standards: Strategic Advantages in International Trade", *Business Strategy Review*, Vol. 13, No. 1, 2002.

[89] EU, "Agri – food Trade in 2015: China Boosts EU Exports", https://ec.europa.eu/agriculture/index_en.

[90] FAO, "The State of Agricultural Commodity Markets 2015 – 16", http://www.fao.org/home/en/.

[91] Faria, R. N. D., Wieck, C., "Empirical Evidence on the Trade Impact of Asynchronous Regulatory Approval of New GMO Events", *Food Policy*, Vol. 53, 2015.

[92] Feenstra, Robert C., *Offshoring in the Global Economy: Microeconomic Structure and Macroeconomic Implications*, Cambridge: MIT Press,

2010.

[93] Feenstra, Robert C. and Gordon H. Hanson, "The Impact of Outsourcing and High – Technology Capital on Wages: Estimates for the U. S. , 1979 – 1990", *Quarterly Journal of Economics*, Vol. 114, 1999.

[94] Feenstra, Robert C. , "Integration of Trade and Disintegration of Production in the Global Economy", *Journal of Economic Perspectives*, Vol. 12, No. 4, 1998.

[95] Fernandez – Stark, K. , Bamber, P. & Gereffi, G. , "Skills for Upgrading: Workforce Development and Global Value Chains in Developing Countries", Durham, USA, Duke University Center on Globalization Governance and Competitiveness and RTI International, 2011.

[96] Ferro, E. , Otsuki, T. , Wilson, J. S. , "The Effect of Product Standards on Agricultural Exports", *Food Policy*, Vol. 50, 2015.

[97] Fischer, R. , Pablo, S. , "Standards and Protection", *Journal of International Economics*, Vol. 52, No. 2, 1998.

[98] Gawande, K. , Hoekman, B. , Cui, Y. , "Global Supply Chains and Trade Policy Responses to the 2008 Crisis", *The World Bank Economic Review*, Vol. 29, No. 1, 2011.

[99] Gebrehiwet, Y. , Ngqangweni, S. , Kirsten, J. F. , "Quantifying the Trade Effect of Sanitary and Phytosanitary Regulations of OECD Countries on South African Food Exports", *Agrekon*, Vol. 46, No. 1, 2007.

[100] Gelan, A. , Omore, A. , "Beyond Tariffs: The Role of Non – Tariff Barriers in Dairy Trade in the East African Community Free Trade Area", *Development Policy Review*, Vol. 32, No. 5, 2014.

[101] Gow, H. & Swinnen, J. , "Private Enforcement Capital and Contract Enforcement in Transition Countries", *American Journal of Agricultural Economics*, Vol. 83, No. 3, 2001.

[102] Graffham, A. , Karehu, E. , Macgregor, J. , "Impact of EurepGAP on Small – Scale Vegetable Growers in Kenya, Fresh Insights",

London: International Institute for Environment and Development, 2007.

[103] Gregory, T., "Standardization in Technology – based Markets", *Research Policy*, Vol. 29, No. 4, 2000.

[104] Handschuch, C., Wollni, M. & Villalobos, P., "Adoption of Food Safety and Quality Standards among Chilean Raspberry Producers – do Smallholders Benefit?", *Food Policy*, Vol. 40, 2013.

[105] Henson, S. & Jaffee, S., "Understanding Developing Country Strategic Responses to the Enhancement of Food Safety Standards", *The World Economy*, Vol. 31, No. 4, 2008.

[106] Hoekman, B., Nicita, A., "Trade Policy, Trade Costs, and Developing Country Trade", *World Development*, Vol. 39, No. 12, 2011.

[107] Hummels, David, Jun Ishii, and Kei – Mu Yi, "The Nature and Growth of Vertical Specialization in World Trade", *Journal of International Economics*, Vol. 54, 2001.

[108] IMF, World Economic Outlook Database, October, 2016. http://www.imf.org/external/index.htm.

[109] ISO. What are Standards? [DB/OL]. http://www.iso.org//iso/en/aboutiso/introduction/index.htm/, 2006 – 03 – 26.

[110] Jaffee, S. and Henson, S. J., "Standards and Agri – food Exports from Developing Countries: Rebalancing the Debate", Policy Research Working Paper 3348, Washington D. C.: The World Bank, 2004.

[111] Jakobs, K., "Standardization Processes in IT: Impact, Problems and Benefits of User Participation", Wiesbaden: Vieweg, 2000.

[112] John C. Beghin and Bo Xiong, "Economic Effects of Standard – Like Non – tariff Measures: Analytical and Methodological Dimensions", Working Paper 16 – WP 569, October 2016.

[113] Johnson, R. C. and Noguera, G., "Accounting for Intermediates: Production Sharing and Trade in Value Added", *Journal of Interna-*

tional Economics, Vol. 86, 2012a.

—— "Fragmentation and Trade in Value Added over Four Decades", NBER Working Paper 18186, 2012b, Cambridge, MA.

[114] Jongwanich, J. "The Impact of Food Safety Standards on Processed Food Exports from Developing Countries", *Food Policy*, Vol. 34, No. 5, 2009.

[115] Jungmittag, A. "Trade and the Impact of Innovations and Standards: the Case of Germany and the UK", *Applied Economics*, Vol. 37, No. 12, 2005.

[116] Kee, H. L., Nicita, A., Olarreaga, M., "Estimating Trade Restrictiveness Indices", Policy Research Working Paper, Vol. 119, No. 534, 2009.

[117] Koopman, Robert, Zhi Wang, and Shang-Jin Wei, "How Much of Chinese Exports is Really Made in China? Assessing Foreign and Domestic Value-Added in Gross Exports", *Journal of Development Economics*, Vol. 99, 2014.

[118] Korinek, J., Sourdin, P., "Maritime Transport Costs and Trade: New Data and New Evidence", *Schools and Disciplines*, 2008.

[119] Krugman, P. R., "Increasing Returns and Economic Geography", *The Journal of Political Economy*, Vol. 3, 1991.

[120] Krugman, P. R., "Towards a Counter-counter-revolution in Development Theory", Cambridge, USA: World Economy Laboratory at Massachusetts Institute of Technology, 1992.

[121] Laird, S., Yeats, A. J., "Quantitative Methods for Trade-Barrier Analysis", New York University Press, 1990.

[122] Lenzen, M., Moran, D., Kanemoto, K., and Geschke, A., "Building Eora: A Multi-region Input-Output Database at High Country and Sector Resolution", *Economic Systems Research*, Vol. 25, 2013.

[123] Li, Y., Beghin, J. C., "Protectionism Indices for Non-tariff Measures: An Application to Maximum Residue Levels", *Food Poli-*

cy, Vol. 45, No. 3, 2014.

[124] Link, A., "Market Structure and Voluntary Product Standards", *Applied Economics*, Vol. 15, 1983.

[125] Liu, L., Yue, C., "Investigating the Impact of MRL Standards' Similarity on Trade", Chapter 6 in Beghin, J. C. (ed.), 2013.

[126] Los, B., Timmer, M. P., and de Vries, G. J., "How global are Global Value Chains? A New Approach to Measure International Fragmentation", *Journal of Regional Science*, Vol. 55, 2015.

[127] Los, B., Timmer, M. P., and de Vries, G. J., "Tracing Value – Added and Double Counting in Gross Exports: Comment", *American Economic Review*, Vol. 106, No. 7, 2016.

[128] Maertens, M. & Swinnen, J., "Food Standards, Trade and Development", *Review of Business and Economics*, Vol. 54, No. 3, 2009a.
— "Agricultural Trade and Development: A Value Chain Perspective", *WTO Working Paper* ERSD – 2015 – 04.

[129] Maertens, M. & Swinnen, J., "Trade, Standards and Poverty: Evidence from Senegal", *World Development*, Vol. 37, No. 1, 2009b.

[130] Maertens, M., Colen, L. & Swinnen, J., "Globalization and Poverty in Senegal: A Worst Case Scenario?", *European Review of Agricultural Economics*, Vol. 38, No. 1, 2011.

[131] Mano, Y., Yamano, T., Suzuki, A. & Matsumoto, T., "Local and Personal Networks in Employment and the Development of Labour Markets: Evidence from the Cut Flower Industry in Ethiopia", *World Development*, Vol. 39, No. 10, 2011.

[132] Marette, S., Beghin. J. "Are Standards Always Protectionist?", *Review of International Economics*, Vol. 18. 1, 2010.

[133] Mariani, A., Napoletano, F., Pomarici, E., Vecchio, R. "Tariff and Non – Tariff Barriers to Wine Exports and Initiatives to Reduce Their Effects", *Agricultural Economics Review*, Vol. 15, No. 1, 2014.

[134] Matutes, C., Regibeau, P., Rockett, K., "Optimal Patent De-

sign and the Diffusion of Innovations", *Rand Journal of Economics*, Vol. 27, No. 1, 1996.

[135] Meng, B., Zhang, Y., and Inomata, S., "Compilation and Applications of IDE – JETRO's International Input – Output Tables", *Economic Systems Research*, Vol. 25, 2013.

[136] Minten, B., Randrianarison, L. & Swinnen, J., "Global Retail Chains and Poor Farmers: Evidence from Madagascar", *World Development*, Vol. 37, No. 11, 2009.

[137] Mithöfer, D., Asfaw, S., Ehlert, C., Mausch, K. and Waibel, H. "Economic Impact of EUREPGAP Standard on Small to Large Scale Producers and Farm Worker Welfare in Kenya", Paper Presented at Regional Workshop Good Agricultural Practices in Eastern and Southern Africa: Practices and Policies, Nairobi, 2007.

[138] Moenius, J., "The Bilateral Standards Database (BISTAN) Technical Reference Manual", Mimeo University of California, 1999.

[139] Negash, M. & Swinnen, J., "Biofuels and Food Security: Micro – evidence from Ethiopia", *Energy Policy*, Vol. 63, 2013.

[140] Neil, G., Shy, O., "Standardization Policy and International Trade", *Journal of International Economics*, Vol. 53, No. 2, 2001.

[141] Nicita, A., Gourdon, J., "A Preliminary Analysis on Newly Collected Data on Non – tariff Measures", UNCTAD Policy Issues in International Trade and Commodities Study Series, No. 53, 2013.

[142] Niven, W., Rau Marie – Luise, Christian, G. et al., "The Impact of Regulatory Heterogeneity on Agri – food Trade", *World Economy*, Vol. 35, No. 8, 2012.

[143] OECD and WTO, "Trade in Value Added: Concepts, Methodologies and Challenges", Joint OECD – WTO note (2013), available at http://www.oecd.org/sti/ind/statisticalqualityoftiva.htm.

[144] OECD, "Final Report on Private Standards and the Shaping of Agro – food System", 2016. http://www.oecd.org/.

[145] Otsuki, T., Wilson, J. S., Sewadeh, M., "Saving Two in a Bil-

lion: Quantifying the Trade Effect of European food Safety Standards on African Exports", *Food Policy*, Vol. 26, No. 5, 2001.

[146] Penello, D., "Study of Average Effects of Non – Tariff Measures on Trade Imports", Policy Issues in International Trade and Commodities Research Study Series No. 66. UNCTAD, 2014.

[147] Pierluigi, M., Nenci, S., Salvatici, L., "Trade, Value Chains and Food Security", Background paper prepared for The State of Agricultural Commodity Markets 2015 – 16, FAO.

[148] Porter, M. E., "The Competitive Advantage: Creating and Sustaining Superior Performance", NY: Free Press, 1985.

[149] Reardon, T., Barrett, C. B., Berdegué, J. A. & Swinnen, J., "Agrifood Industry Transformation and Farmers in Developing Countries", *World Development*, Vol. 37, No. 11, 2009.

[150] Subervie, J. & Vagneron, I., "A Drop of Water in the Indian Ocean? The Impact of GlobalGAP Certification on Lychee Farmers in Madagascar", *World Development*, Vol. 50, 2015.

[151] Swann, G. M. P., Temple, P., Shurmer, M., "Standard and Trade Performance: The UK Experience", *Economic Journal*, Vol. 106, No. 438, 1996.

[152] Swann, G. M. P., "The Economics of Standardization, Final Report for Standards and Technical Regulations Directorate Department of Trade and Industry", Manchester Business School University of Manchester, 2000.

[153] Swann, G. M. P., "The Economics of Standardization", Final Report for Standards and Technical Regulations Directorate Department of Trade and Industry, 2000.

[154] Swinnen, J. & Vandeplas, A., "Rich Consumers and Poor Producers: Quality and Rent Distribution in Global Value Chains", *Journal of Globalization and Development*, Vol. 2, No. 2, 2011.

[155] Swinnen, J., Deconinck, K., Vandemoortele, T. & Vandeplas, A., "Quality Standard, Value Chains, and International Develop-

ment: Economic and Political Theory", Cambridge University Press, 2015.

[156] Swinnen, J. F. M. & Vandemoortele, T., "Are Food Safety Standards Different from Other Food Standards? A Political Economy Perspective", *European Review of Agricultural Economics*, Vol. 364, 2009.

[157] Swinnen, J., "Global Agricultural Value Chains, Standards, and Development", EUI Working Paper RSCAS 2014/30. European University Institute, Robert Schuman Centre for Advanced Studies (available at http://cadmus.eui.eu/handle/1814/31334).

[158] Timmer, M. P., Erik Dietzenbacher, Bart Los, Robert Stehrer, and Gaaitzen J. de Vries, "An Illustrated User Guide to the World Input – Output Database: the Case of Global Automotive Production", *Review of International Economics*, Vol. 23, No. 3, 2015.

[159] UNCTAD, Challenges and Opportunities Arising from Private Standards on Food Safety and Environment for Exporters of Fresh Fruit and Vegetables in Asia: Experiences of Malaysia, Thailand and Viet Nam, 2007.

[160] UNCTAD, Cost of Agri – food Safety and SPS Compliance United Republic of Tanzania, Mozambique and Guinea Tropical Fruits, 2005.

[161] UNCTAD, SPS Compliance and Costs of Agrifood Safety and Quality Standards in Selected Least Developed Countries in the Pacific Region, 2007.

[162] UNCTAD, World Investment Report 2016. http://unctad.org/en/Pages/Home.aspx.

[163] Vigani, M., Raimondi, V., Olper, A., "International Trade and Endogenous Standards: the Case of GMO Regulations", *World Trade Review*, Vol. 11, No. 3, 2012.

[164] Wilson, J., Otsuki, T., Majumdar, B., "Balancing Food Safety and Risk: Do Drug Residue Limits Affect International Trade in Beef?", *Journal of International Trade and Economic Development*,

Vol. 12, No. 4, 2003.

[165] Wilson, J. S, Otsuki, T., "To Spray or not to Spray: Pesticides, Banana Exports, and Food Safety", *Food Policy*, Vol. 29, No. 2, 2004.

[166] WTO, Trade, Standard and WTO, Annual Report 2005, http://www.wto.org.

[167] WTO, World Trade Report 2012: Trade and Public Policies: A Closer Look at Non-tariff Measures in the 21st Century, https://www.wto.org/english/res_e/publications_e/wtr12_e.htm.

[168] WTO/TBT、WTO/SPS 国家通报咨询中心：《国外技术性贸易措施对中国重点产品出口影响研究报告（2017）》，中国质检出版社 2017 年版。

[169] Xiang, T., Huang, J., Kancs, D., Rozelle, S. & Swinnen, J., "Food Standards and Welfare: General Equilibrium Effects", *Journal of Agricultural Economics*, Vol. 63, No. 2, 2012.

[170] Xiong, B., Beghin, J. C., "Disentangling Demand-Enhancing and Trade-Cost Effects of Maximum Residue Regulations", *Economic Inquiry*, Vol. 52, No. 3, 2014.

[171] Yue, C., Beghin, J. C., Jensen, H. H., "Tariff Equivalent of Technical Barriers to Trade with Imperfect Substitution and Trade Costs", *American Journal of Agricultural Economics*, Vol. 88, No. 4, 2006.